机械车辆集中润滑系统模糊控制、装置设计及应用研究

彭　晗　范以撒　著

·北京·

内容提要

本书综合运用摩擦学、流体力学、模糊控制理论、计算机仿真技术、现代设计方法等知识，对机械车辆集中润滑系统的特点进行分析，应用模糊仿真控制技术对该系统进行模糊控制，应用现代设计方法对该系统进行装置设计，并对其具体应用展开研究。本书内容丰富、实用性强，在对机械车辆集中润滑系统的模糊控制与装置设计的理论知识进行研究的基础上，又通过具体实例和应用分析，使理论知识变得浅显易懂，增强其操作性及应用性。

本书对机械车辆集中润滑系统模糊控制、装置设计及应用进行了系统全面的研究，可供机械车辆相关领域的大学生、研究生、教师、科研工作者、管理工作者等参考阅读。

图书在版编目（CIP）数据

机械车辆集中润滑系统模糊控制、装置设计及应用研究 / 彭晗，范以撒著. -- 北京 ：中国水利水电出版社，2020.7（2024.1重印）
ISBN 978-7-5170-8606-2

Ⅰ. ①机… Ⅱ. ①彭… ②范… Ⅲ. ①车辆－集中润滑－润滑系统－模糊控制－研究②车辆－集中润滑－润滑装置－研究 Ⅳ. ①U464.137

中国版本图书馆CIP数据核字(2020)第101008号

策划编辑：石永峰　　责任编辑：石永峰　　封面设计：李　佳

书　　名	机械车辆集中润滑系统模糊控制、装置设计及应用研究 JIXIE CHELIANG JIZHONG RUNHUA XITONG MOHU KONGZHI、ZHUANGZHI SHEJI JI YINGYONG YANJIU
作　　者	彭　晗　范以撒　著
出版发行	中国水利水电出版社 （北京市海淀区玉渊潭南路 1 号 D 座　100038） 网址：www.waterpub.com.cn E-mail：mchannel@263.net（万水） sales@waterpub.com.cn 电话：（010）68367658（营销中心）、82562819（万水）
经　　售	全国各地新华书店和相关出版物销售网点
排　　版	北京万水电子信息有限公司
印　　刷	三河市华晨印务有限公司
规　　格	170mm×240mm　16 开本　13 印张　243 千字
版　　次	2020 年 7 月第 1 版　2024 年 1 月第 2 次印刷
印　　数	0001－3000 册
定　　价	58.00 元

前　　言

目前，全世界开发的能量有很大一部分消耗于摩擦过程中，节约能源已经成为了一个世界性的课题。据不完全统计，全世界三分之一左右的能源损耗在摩擦、磨损上，但通过应用润滑技术和选用正确的润滑剂可以降低这部分能源消耗比例。机械零部件间的润滑状况对其使用寿命至关重要，在设备故障中，将近一半是因润滑不良而造成的。润滑事故不仅损害机械装备本身，由此造成的机械装备停产还将造成更大的经济损失，因此，各种机械和车辆均需要采用合理的集中润滑系统。

集中润滑系统从一个润滑油/脂供给源通过若干分送管道和分配器，按照一定的时间把定量的润滑油/脂准确地供往多个润滑点，凭借“定时定量、安全高效、省工降费、延长寿命”等多方面优越性能，已成为国内外大力提倡的“节能减排”新技术之一。集中润滑系统弥补了传统人工润滑的不足，它能在机械运作时定时、定点、定量地给予润滑，不仅注入方便、强制润滑、增加设备可用时间、节省润滑油/脂、降低维修保养成本，而且使机件的磨损降至最低，集中润滑系统在满足环保和节能的同时，降低了机件的损耗和保养维修的时间，延长了机械设备使用寿命，从而达到提高综合效益的最佳效果。集中润滑技术是维持机械车辆高质量运行的重要保障，在“工业 4.0”和“中国制造 2025”的大背景下，以及节能环保的要求下，集中润滑系统已逐步成为机械车辆装备中的标配。

因此，开展对机械车辆的润滑特性分析、润滑控制研究、先进润滑装置设计是机械车辆高质量生产和高效率使用中极为重要的一环。本书通过查阅、收集与机械车辆集中润滑系统相关的文献和数据资料，借鉴已有的研究成果，综合相关权威参考文献已有的各种观点，为本书的研究提供了一个合理的研究基础、理论框架和技术集。本书总结了机械车辆润滑特点，对机械车辆集中润滑系统进行模糊控制模型、开发软件及实例仿真分析，同时针对润滑系统整体及关键部件的设计要求进行实例设计。本书通过对机械车辆集中润滑系统的模糊控制、装置设计及应用研究，在充分发挥机械和车辆的性能和作用、延长使用寿命、节约能源和材料、提高生产效率等方面起到不可估量的作用。本书的理论和方法也能够为机械车辆润滑相关问题研究提供新的思路和技术，为同等规模或同种类型机械车辆润滑研究提供参考依据，对集中润滑系统的应用具有一定的借鉴意义。

本书共分为 6 章：第 1 章是绪论，本章对问题提出、研究意义、国内外研究现状做出说明，对研究内容进行概述并给出研究的技术路线；第 2 章是集中润滑系统基础知识，本章研究集中润滑系统用润滑材料，包含润滑材料的性能和特点、油脂润滑机理、润滑材料的作用和选用，分析了集中润滑系统分类、组成及原理；第 3 章是机械车辆集中润滑系统模糊控制，本章分析机械车辆的润滑特点、使用现状、存在润滑问题、润滑要求，对润滑控制运用仿真软件分析，同时结合控制仿真变量的选择和模糊控制策略的确定等进行软件设计，并对润滑间隔、润滑量、润滑时间模糊控制进行分析；第 4 章是机械车辆集中润滑系统装置设计，本章充分分析机械车辆集中润滑系统装置整体设计要求、关键部件设计要求，进行装置设计实例分析，主要包括对可视集中润滑装置、移动智能润滑装置、自动润滑装置、多部位润滑装置、多功能润滑装置等的分析；第 5 章是机械车辆集中润滑系统应用实例分析，本章阐述了机械车辆的工作特点及润滑要求、分析了集中润滑系统的应用及使用建议，具体包括集中润滑系统在抱罐车上、开口机、电动挖掘机、车辆底盘、压缩机、开坯轧机、连轧管机上的应用等等；第 6 章是未来研究的展望，本章对研究进行总结并提出未来研究内容。本书由彭晗组织编写并通稿，其中第 1、5、6 章由范以撒撰写，其他由彭晗撰写。

本书是河南省高校重点科研项目——基于流变特性分析的车载集中润滑系统模糊控制研究（19A460024）和河南省科技攻关项目——高铁车体 CFRP 粘接结构疲劳退化规律及服役寿命预测方法研究（202102210044）的研究成果之一，同时受河南省高校科技创新团队支持计划资助（19IRTSTHN011），因此本书研究成果包含了课题组成员和科技创新团队成员的辛勤劳动，在此深表谢意。本书参考和吸收了国内外专家学者在相关领域的研究成果，在此表示诚挚的感谢。本书在编写的过程中得到华北水利水电大学上官林建、王丽君、姚林晓、车辆工程专业师生、交通运输专业师生等的大力支持和帮助，在此表示衷心的感谢。

由于作者水平有限，书中难免有疏漏之处，恳请广大读者不吝批评指正。

作 者

2020 年 2 月

目　　录

第 1 章　绪论

目前，节能环保已经成为了一个世界性课题。在“工业 4.0”和“中国制造 2025”的大背景下，以及节能环保的要求下，集中润滑系统已逐步成为机械车辆装备中的标配。本章提出了机械车辆集中润滑技术中的模糊控制、装置设计及应用研究等研究问题，讨论了研究的意义，分析了国内外研究现状并做出说明，最后对研究内容进行概述并给出研究技术路线。

1.1　问题提出及意义

“工业 4.0”和“中国制造 2025”已经成为国家高度重视的强国战略。从“互联网+”，到新材料新能源的产业变革；从自动化、智能化的制造业改造升级，再到信息化与工业化的深度融合，中国制造业正经历全球第四次工业革命的浪潮。在《国家中长期科学和技术发展规划纲要（2006－2020）》和《河南省中长期科学和技术发展规划纲要（2006－2020）》中，明确提出相关领域要重点研究开发机械和车辆成套设备。国家提出“一带一路”倡议后，大量的基础设施建设走马开工，这就需要足够的机械车辆设备投入到各个工程项目上，同时也对机械车辆设备的使用情况提出了更高的要求。从而使机械车辆，尤其是工程机械和运输车辆，势必向着高精度、高效率、高速度、重载、节能的方向飞速发展，其结果必然导致这些装备摩擦部位所处的条件更加严酷，再加上很多机械和车辆作业工况环境恶劣，经常处于高温高负荷状态，启动频繁，现场维护条件差，对摩擦部位的润滑也提出了更为苛刻的要求。而集中润滑技术正是维持工业设备高质量运作的重要保障，无奈国内制造业起步滞后，制造业技术发展屡遇瓶颈，集中润滑技术匮乏正是其中的症结之一。开展对机械车辆的润滑特性分析、润滑控制研究、先进润滑装置设计是机械车辆设计、制造、使用和维修工作中极为重要的一环。对机械车辆集中润滑系统模糊控制、装置设计及应用的研究在充分发挥机械和车辆的性能和作用、防止事故的发生、延长使用寿命、节约能源和材料、提高生产效率、降低维修费用等方面起到不可估量的作用。

《“十三五”国家战略性新兴产业发展规划》中第五条（三）大力发展高效节能产业。适应建设资源节约型、环境友好型社会要求，树立节能为本理念，全面推进能源节约，提升高效节能装备技术及产品应用水平，推进节能技术系统集成和示范应用，支持节能服务产业做大做强，促进高效节能产业快速发展。到 2020 年，高效节能产业产值规模力争达到3万亿元。大力提升高效节能装备技术及应用水平。鼓励研发高效节能设备（产品）及关键零部件，加大示范推广力度，加速推动降低综合成本。制订强制性能效和能耗限额标准，加快节能科技成果转化应用。发布节能产品和技术推广目录，完善节能产品政府采购政策，推动提高节能产品市场占有率。完善能效标识制度和节能产品认证制度，在工业、建筑、交通和消费品等领域实施能效领跑者制度，推动用能企业和产品制造商跨越式提高能效。

良好的润滑一直以来不仅是解决磨损问题的良方，也是降低运动副摩擦和磨损的主要手段，它不仅使机械结构的安全性能得到了提升，更提高了能源的利用率，达到节能降耗、绿色环保的功效。通过对如何解决机械车辆使用过程中润滑相关的技术难题，如何提高机械车辆润滑技术研究水平，如何促进集中润滑系统技术的发展与创新，如何充分发挥集中润滑技术在机械和车辆润滑中的独特优势等问题的深入研究，工程机械和运输车辆向高精度、高效率、高速度、重载、节能环保等符合国家装备制造业发展趋势的方向发展，同时也促进我国经济快速发展，为“一带一路”贡献力量。

我国机械行业的产值在 2012 年达到了 6000 亿元，在“一带一路”倡议的催化下，中泰铁路、中老铁路、雅万高铁等大型工程的实施，让国内机械主要厂家受益，从而促进工程机械产品销售和发展。另一方面，工程机械设备的淘汰周期约为 8 年，从 2008 年设备销售高峰至今，大量设备需要更新换代。此外，国III标准的强制实施，使得大量不符合规定的现有设备将退出使用，为新设备腾出了空间。在设备更新换代过程中，伴随着国家标准的强制实施，机械润滑技术及润滑装置必将迎来更广阔的空间。同时，自改革开放以来，我国制造业持续快速发展，建成了门类齐全、独立完整的产业体系，有力推动工业化和现代化进程，显著增强综合国力。然而不可否认的是，与世界先进水平相比，我国制造业仍然大而不强，在自主创新能力、资源利用效率、产业结构水平、信息化程度、质量效益等方面与传统产业强国差距明显，实现从制造大国向制造强国的转变依然任重而道远。

相互接触的机件存在相对运动，相对运动必然使机件接触的表面发生一定的摩擦，摩擦的直接后果就是导致磨损，而长期的摩擦不但导致零件磨损失效，更造成能源浪费。目前全世界开发的能量有很大一部分消耗于摩擦过程中，节约能源已经成为了一个世界性的课题。据不完全统计，世界 30%左右的生产能源损耗在摩擦、磨损上，其中有 30%可以通过应用润滑技术加以避免，有 5%可以通过选用正确的润滑剂来进行弥补，而 80%的机器零件失效是磨损引起的。全球机械零部件间的润滑状况对其使用寿命至关重要，在设备故障中，因润滑不良而造成的故障占 40%以上。润滑事故不仅损害机械装备本身，由此造成的机械装备停产会造成更大的经济损失，因此，各机械和车辆均采用了润滑技术，如手动润滑（采用油枪或润滑泵对润滑点逐点人工供油的润滑）、单线递进式润滑、单线容积式润滑、双线式集中润滑、多线集中润滑等。

运动副之间的润滑方式虽然很多，但要实现高效率的润滑，集中润滑技术的表现最为突出，其在工业界的应用也最为广泛。以汽车行业为例，近年来，随着汽车工业飞速发展，中国已成为世界最大的汽车生产国。底盘作为汽车基本的承载部件，分布着大量运动副，除车轮轮毂采用预装油脂润滑外，在底盘中根据车型用途的不同，还配置了 6 至 60 个需要周期供油的润滑点，并在各润滑点安装黄油嘴，以用于人工分散式注油/脂。这种传统的注油/脂润滑方式，不仅注油/脂量、注油/脂周期随意性大，而且开放式注油/脂极易带进泥沙，反而加剧运动副的磨损，难以保证各运动副处于持续有效的润滑，甚至经常因此出现制动凸轮轴润滑不良而导致制动蹄片回复不到位，从而产生附加阻力，以致燃油消耗增加，制动鼓异常发热促使轮胎早期损坏，极端情况下会引起爆胎等交通事故。汽车底盘集中润滑润滑系统，系润滑泵、油脂分配器、程序控制器、润滑状态参数传感器及管路附件集成于一体，可在车辆运行过程中，对底盘润滑点实现定时定量注油/脂、状态监测、集中控制、自动润滑等功能，以代替人工分散式润滑，对提高润滑可靠性、节省人工、节能减排、延长车辆寿命及提高行驶安全性等都具有一定的积极意义。

集中润滑系统从一个润滑油/脂供给源通过若干分送管道和分配器，按照一定的时间把定量的润滑油/脂准确地供往多个润滑点，凭借“定时定量、安全高效、省工降费、延长寿命”等多方面优越性能，已成为国内外大力提倡的“节能减排”新技术之一。集中润滑系统弥补了传统人工润滑的不足，它能在机械运作时定时、定点、定量地给予润滑，不仅注入方便、强制润滑、增加设备可用时间、节省润滑油/脂、降低维修保养成本，而且使机件的磨损降至最低，在满足环保和节能的同时，降低了机件的损耗和保养维修的时间，延长了机械设备使用寿命，从而达到提高综合效益的最佳效果。同时，由于集中润滑系统经常使用的润滑脂属于非牛顿流体，其独特的流变性使得润滑脂可以在润滑油不能够进行润滑的地方使用，还可以对润滑部件起到密封和保护的作用，使得该系统在挖掘机、工程运输车、装载机、平地机、重型货车等各种工程机械和运输车辆中得到越来越多的应用。集中润滑技术是维持机械车辆高质量运行的重要保障，在“工业 4.0”和“中国制造 2025”的大背景下，以及节能环保的要求下，集中润滑系统已逐步成为机械车辆装备中的标配。

目前，集中润滑系统的结构设计和使用主要依赖于工程技术人员的经验和技巧，这具有很大的盲目性，致使集中润滑系统存在各摩擦副的润滑效果欠佳，润滑油/脂消耗量偏大等缺陷。同时，车载集中润滑系统在温度较高的季节工作时，为了达到良好的润滑效果，采用稠度高的润滑脂，但因其泵送性能差，会造成抽空现象和油路堵塞等问题；在寒冷季节工作的时候，为了达到良好的泵送性能，采用泵送性能较好的锂基润滑脂，但因其黏度、吸附性差，易流失，会造成工作环境污染，并降低了润滑时效。同时，由于机械车辆的结构日趋复杂，需要润滑的部位越来越多，常见的小型机械车辆就有几十个润滑点，大型车辆或机械的润滑点可高达百个，而国内开发的集中润滑系统的自动化控制程度较低，往往采用人工设定加油脂的周期，其不能随着环境温度的变化而自动准确调整加油脂的周期，结果造成车辆行驶在温度变化较大的环境中时，注油脂的周期还是靠盲目设定来决定，从而造成电机使用寿命降低，能耗浪费，甚至烧毁电机的现象。这就需要充分研究润滑系统智能控制技术。

综上所述，如何针对不同温度、不同工况下机械车辆润滑要求进行分析，选择高性能润滑材料以适应机械车辆集中润滑系统的使用需要是合理润滑的前提基础；如何通过科学控制的方法，使集中润滑系统在满足润滑功能的基础上，实现更自动智能化的控制，使润滑油脂注加更合理，是发挥集中润滑系统作用的关键。因此，润滑系统的基本理论研究和先进控制方法在车载集中润滑系统中的应用对实现高效润滑、降低成本、节约能源至关重要。本书充分分析集中润滑系统的原理及方法，如集中润滑系统用润滑材料的性能和特点，油脂润滑机理，润滑材料的作用，润滑材料的选用，集中润滑系统的分类、组成及原理等，针对机械车辆润滑特点、使用现状、存在润滑问题、润滑要求及高效润滑特点，对机械车辆集中润滑系统进行模糊控制分析，同时针对润滑系统整体及关键部件设计要求进行实例设计，并对机械车辆集中润滑系统应用实例进行研究。本书的研究理论和方法也能够为机械车辆润滑油脂的合理选择及研发、主要润滑装置设计、集中润滑系统自动智能控制等相关问题提供新的思路和技术，具有十分重要的理论价值和实际意义。

1.2 国内外研究现状

通过查阅、收集与机械车辆集中润滑系统相关的文献和数据资料，为本书的研究提供了一个合理的研究基础、理论框架和技术集。本节对机械车辆集中润滑系统模糊控制、装置设计及应用等方面的国内外研究现状进行分析，并做出简要说明，重点分析的是2013－2019年的国内外相关研究成果。

1.2.1 国外研究现状

1835年，Partridge提出专利申请的钙基润滑脂成为工业时代的第一个润滑脂，自此以后润滑脂开始被人们熟悉并在工业上被广泛应用。润滑脂由早期的钙基润滑脂（俗称黄油或黄干油）逐渐发展成由钠基、钡基和其他各种脂肪酸金属皂基制成的润滑脂，后来由于润滑脂的基础理论、结构和相关性质的研究有了新的突破，同时工业部门对润滑脂的性能提出了更为苛刻的要求，相继出现了性能更加优良的锂基、复合钙基、复合铝基、复合锂基等润滑脂以及一些不含皂基的烃基润滑脂、硅胶润滑脂、膨润土润滑脂、有机染料润滑脂、有机氟润滑脂等。相较于其他润滑材料，润滑脂具有温度适用范围宽、抗压能力强、承受载荷大、粘附性强、抗水冲击性强和防锈性好等优点，因而在汽车正常行驶中承担着十分重要的作用，每年有超过 1/3 润滑脂用于汽车相关的润滑。

早在 1960 年，Sasaki 等人就用宾汉姆模型描述了润滑脂的流变特性，之后 Wolff 等人对宾汉姆模型进行了修正。1994 年 Kauzlarich 利用流变的本构方程，推导出一维线接触的润滑方程，并对脂润滑 H-B 模型的弹流接触问题进行过数值求解，建立了比较完整的流变理论。集中润滑系统在国外起步较早，林肯公司德国分部在 1928 年首次提出了双线集中润滑系统的概念，并设计出世界上第一套集中润滑系统。集中润滑系统的出现结束了长期以来人工加油的垄断地位，进入 21 世纪，集中润滑系统得到了长足发展，并开始在各个领域的工程机械上得到广泛使用。整体来讲，机械车辆集中润滑系统模糊控制相关关键技术的研究起步较早、理论较成熟。近几年国外的主要研究成果如下。

2019 年，Kouki Nakamura，Ryo Ookawa，Shugo Yasuda 等发表了论文 *Solidification of the Lennard-Jones Fluid Near A Wall in Thermohydrodynamic Lubrication*，文中采用分子动力学（Molecular Dynamics，MD）模拟方法，研究了 Lennard-Jones（LJ）流体在 LJ 粒子组成的平行平板通道中的热流体动力润滑，发现了 LJ 流体在壁面附近的反直觉凝固，即黏性加热诱导凝固，只有当 LJ 流体的黏性加热足够大时才会发生凝固。该文从宏观和微观两个角度对 LJ 流体的凝固机理进行了研究，同时指出 LJ 分子通过热流体运动被限制在壁面附近，当壁面附近的局部密度接近相图中的凝固线时，LJ 分子由于与结晶壁面分子的相互作用而被凝固。Lee C Y，Veera D J，Chen H Y 等发表了论文 *Optimization of the Lubrication System in A Turbocharged Engine*，文中指出如何在不同的转速下对发动机往复部件实施有效地润滑是一个科学的发动机润滑系统的重要衡量因素。该文重点对一台 700cc 双缸增压发动机的润滑系统进行优化，并针对几种改进措施进行了试验，包括纠正管道偏差、管道直径一致性和更换低流阻油冷却器。与普通发动机相比，油泵和主油道之间的压差（Differential Pressure，DP）在发动机转速在 2000r/min 和 7000r/min 时达到最小值 19%和最大值 54%。压降越低，流动阻力越小，机械损耗也因此得到改善。Kazuhisa Miyoshi 出版了著作 *Solid Lubrication Fundamentals and Applications*，书中回顾了对干固体薄膜润滑剂和材料的粘附、摩擦、磨损和润滑行为的研究和观察，包括强调环境效应和基本材料特性的金刚石和相关固体薄膜，同时分析了如何简便、快速地将固体润滑剂应用于干润滑。该书还通过具有重要意义的实例分析了固体表面特征和特性、润滑摩擦及磨损特点。Wilfried J. Bartz 出版了著作 *Engine Oils and Automotive Lubrication*，该书涉及汽车润滑领域的最新技术，特别是发动机润滑。书中指出润滑油和润滑技术在汽车工业中是必不可少的，由于发动机工作环境的主要特点为高温、高负荷和高速度，所以润滑剂必须满足极端要求。需要对润滑剂进行适当的分类、按配方生产、测试应用及专业处理。该书主要研究内容包含发动机轴承中的油膜厚度、汽车润滑油的基础油及添加剂、发动机机油及其评估、汽油发动机中的污泥沉积、发动机润滑的特殊方面等。

2018 年，Hawryluk M，Gronostajski Z，Ziemba J 等发表了论文 *Analysis of the Influence of Lubrication Conditions on Tool Wear Used in Hot Die Forging Processes*，文中介绍了国内外有关冷却润滑剂使用效果、用量、使用方向及影响摩擦学条件因素的文献的研究和作者自己的研究。该文在目前工业上应用的润滑装置和系统的基础上，提出了一种新的润滑装置，该装置通过控制润滑油用量和使用频率，使达到最佳摩擦学条件成为可能，同时该装置可以替代人工注油，不仅解决人为因素的不稳定性，又克服了完全自动化但价格昂贵的问题。试验结果指出，通过与机械手的集成，提高了将所构建的装置永久引入其他锻造工艺的潜在可能性，保证了润滑条件的稳定性和重复性，提高了生产效率，从而大大降低了锻件生产的单位成本。Zhengfang Li，Shihong Lu 等发表了论文 *A Simple and Low-Cost Lubrication Method for Improvement in the Surface Quality of Incremental Sheet Metal Forming*，该文采用石墨润滑油/脂的新型润滑方法，对铝合金板料渐进成形工艺进行了研究，与以往的润滑方法相比，该文的方法更简单、成本更低。同时，采用油润滑和石墨润滑两种润滑方法作为对照组。试验结果表明，该文的方法得到的表面粗糙度分布和表面形貌均优于对照组，即该文的方法可以有效地改善试件成形表面的加工和台阶轨迹、厚度分布和成形力。Liou M S，Huang K L，Wan-Ting C 等申请了专利 *Adaptive Lubrication Control Device and Method for Axial System of Machining Center*，该专利是应用于具有轴向系统的加工中心进行自适应润滑控制的方法，主要包括控制器和润滑系统。该方法采用内置的宏程序单元和控制器的可编程逻辑单元，获取加工中心轴系统的进给速度和载荷数据，以计算轴向系统的换挡参数，从而确定最佳的润滑时间和润滑时间长度，以控制润滑。Fast M J，

Katragadda S，Demitroff D H 等申请了专利 *Differential with Lubricant Control*，该专利提供一种用于调节差速器腔内润滑剂温度的系统。该系统由一个包含差速器的主腔室和一个与主腔室分离的辅助腔室组成，主腔室和辅助腔室均安置于差速器壳内。主腔室中设计一个集油槽，用于收集润滑剂。辅助腔室的入口允许润滑剂从主腔室流入辅助腔室。这两个腔室的出口均允许将储存在腔室中的润滑剂流入油底壳。当润滑剂低于某一临界温度时，温度响应阀关闭，以阻止流体通过出口。当润滑剂的温度上升到超过临界值时，阀门打开允许润滑剂通过出口。通过温度响应阀开关控制润滑剂的流动，进而实现对润滑剂温度的调节。

2017 年，Steffen Praetorius，Britta Schößer 出版了著作 *Lubrication Technology*，该书除了解释各种润滑策略的方法外，还总结了必要的润滑技术，并详细研究了顶管润滑中管柱润滑点的各种可能布置和间距，以及每个润滑点对应的喷油嘴。此外，该书还详细介绍了注入口的止回阀、环隙中端面支撑与压力的相互作用、启动区的膨润土供给、润滑油压力、用量及压力损失的处理等。Sparham M，Sarhan A A D 等人发表了论文 *ANFIS Modeling to Predict the Friction Forces in CNC Guideways and Servomotor Currents in the Feed Drive System to Be Employed in Lubrication Control System*，该文采用自适应神经模糊推理系统（Adaptive Network-based Fuzzy Inference System，ANFIS）建模方法，对干润滑条件下计算机数控（Computer Numerical Control，CNC）直线导轨摩擦力和进给驱动系统伺服电机电流进行了预测。首先，对数控直线导轨在干润滑条件下切削时的切削力进行了分析计算；其次，对相同条件下切割过程中 X 轴和 Z 轴上的伺服电机电流进行测量；最后，利用切削加工数据建立数控直线导轨摩擦力和伺服电机电流的 ANFIS 模型。此外，该文还研究了摩擦力和伺服电机电流的 ANFIS 预测误差和精度。结果表明，所提出的 ANFIS 模型能在误差分别为 1.38%和 4.1%的情况下预测摩擦力和伺服电机电流，低误差率使得 ANFIS 建模还可以应用于绿色制造润滑控制系统的新技术中。Gritsenko A，Plaksin A，Shepelev V 等人发表了论文 *Studying Lubrication System of Turbocompressor Rotor with Integrated Electronic Control*，文中指出强制将发动机性能提高 5%～50%后会有很多缺点，比如可靠性降低。该文显示，涡轮压缩机的故障频繁出现的主要原因有：操作人员不遵守启停方式；检修违反标准；负荷在 10%～150%间随意增减。该文提出了一种涡轮压缩内燃机润滑系统，可以提高涡轮压缩内燃机及其元件的可操作性和无故障性。使用带有自动润滑制动装置和涡轮压缩机转子制动自动控制系统的涡轮压缩内燃机润滑系统，可防止涡轮压缩机润滑系统通道中的润滑油残渣在突然停机（紧急负载）时结焦使涡轮压缩机转子启用停转模式，这意味着涡轮压缩机轴承中的油需要进行供应调节（按体积、时间和温度）、泵轮压缩到涡轮进口的空气也需要进行供应调节（按温度），从而使涡轮部件的温度降低到 600～700℃，提高轴承、转子、机体和涡轮压缩机的使用可靠性。通过在汽车、拖拉机和联合收割机柴油机上应用自动润滑制动装置的工程实例显示，该润滑系统使涡轮压缩机的故障次数减少10%～15%。Yamauchi Y 等人申请了专利 *Lubrication Control Device for In-wheel Motor Unit for Vehicle*，该专利是用于车辆轮内电机单元的润滑控制装置，可由车辆通过相应的轮内电机单元驱动至少一对左右轮来运行。润滑控制装置安放在轮内电机单元的左右内侧，通过各油泵从轮内电机组的下部出油；润滑控制装置还包括油泵驱动控制部分，主要功能为控制和驱动油泵，通过从油泵中抽油使得轮内电机单元中的左、右壳体的下部的油位量相同。

2016 年，Fujita N，Kimura Y，Kobayashi K 等人发表了论文 *Dynamic Control of Lubrication Characteristics in High Speed Tandem Cold Rolling*，文中指出连续过程中的摩擦随材料条件、润滑条件和工业环境的不同而变化。尽管通过反复试验，经验性地改进了工业过程中的摩擦控制，但是对于每个过程而言，将摩擦控制在最佳范围内是至关重要的。该文提出了一种智能型防抖润滑控制系统，采用自激振动模型对轧机的振动稳定性进行了研究，文中指出多机架轧机的摩擦系数平衡是实现高速稳定冷轧的关键。同时，该文提出了一种控制摩擦系数平衡的新型驱动器，并采用基于 MATLAB/Simulink 的动态轧制仿真和实际轧机的演示实验，对混合润滑系统中流量反馈控制的润滑特性进行了评价，混合润滑系统的压析油膜反馈控制可以作为平衡前、后机架间摩擦系数的执行器。研究结果表明，采用该执行机构的混合润滑系统可以有效地防止冷连轧机高速冷轧区的颤振。Janssens O，Rennuy M，Devos S 等人发表了论文 *Towards Intelligent Lubrication Control: Infrared Thermal Imaging for Oil Level Prediction in Bearings*，文中指出滚动元件轴承在使用过程中可能遭受能量损失，通过主动调节轴承中的油位可以将能量损失降到最低。要自动调节油位必须自动确定油量多少，因此该文采用红外热成像技术，利用不同的转速、负载、油温和流速拍摄了一个旋转装置的红外热视频，并将这些红外热视频作为图像处理和机器学习系统的输入，系统自动提取相关的感兴趣区域、特征，然后对轴承中的油位进行预测。评价结果表明，该系统的准确率达到 96.67%，但该系统也对一段红外热视频进行了误分类，主要原因是这段热视频是在极高的转速下拍摄的，这也是该系统的缺点。Shayler P J，Cheng L，Li Q 等人发表了论文 *A Modified Oil Lubrication System with Flow Control to Reduce Crankshaft Bearing Friction in A Litre 4 Cylinder Diesel Engine*，文中指出汽车轻型发动机的油分配系统通常具有一个油泵，该油泵通过前端辅助部件驱动或直接从曲轴上机械地驱动。排放压力由溢流阀调节，以在发动机完全暖机的情况下提供通常为300～400Pa绝对压力的油道压力。油泵驱动器的电动化是将泵的输出与发动机转速分离的一种方法，但这不会改变发动机中需要润滑的零件之间的流量分配。因此，该文研究了带有电动固定排量泵和分配器的系统的性能和优点，其中，分配器可控制到曲轴主轴承和大端轴承的流量；目的是证明通过控制流向这些轴承的流量而不改变流向发动机其他部分的流量，可以显著降低发动机的摩擦力。该研究是在1.5升4缸涡轮增压柴油发动机上进行的。通过将轴承的进给压力从300Pa绝对值的基线压力降低到150Pa绝对值，在轻载条件下已将发动机摩擦力的平均有效压力降低了14%。在1000～2000r/min的速度范围内记录到类似的摩擦减小，并且净指示的平均有效压力高达350Pa。保守地限制范围以防止轴承损坏。该文提供了机油系统修改和测试结果的详细信息，仅由于减少摩擦而获得的燃油经济性收益（不包括因减少油泵工作而获得的任何收益）约为新欧洲行驶周期的1.5%。Kuvaja J，Vehmaa R等人申请了专利*Advanced Lubrication System*，该专利涉及一种核心装置是一个向润滑点供给润滑剂的注油装置的先进润滑系统，且由计算机控制装置控制。注油装置根据计算机控制装置发出的控制信号实施注油，并按照控制装置的要求调整每个润滑点的润滑量，各个润滑点的注油量各不相同。

2015年，Sharma V S，Singh G R等人发表了论文*A Review on Minimum Quantity Lubrication for Machining Processes*，文中指出最小量润滑（Minimal Quantity Lubrication，MQL）是实现干式切削的基础工作之一。然而，MQL在使用过程中总是出现一些困难，也没有完美的解决方案。因此，该文分析了不同材料的各种加工过程所使用的各种MQL方法，同时还指出了该领域未来的研究方向。Kimura Y，Fujita N，Matsubara Y等人发表了论文*High-speed Rolling by Hybrid-lubrication System in Tandem Cold Rolling Mills*，文中指出润滑是提高串联冷轧机生产率最重要的因素之一，因为对于轧制抗形变能力高的材料，可以通过润滑来提高薄规格钢带的轧制速度并防止颤动。文中提出了一种新的混合润滑系统，并阐明了其有效性。该系统是基于润滑剂再循环的灵活润滑控制系统，实现该系统的关键在于高速轧制条件下控制钢带表面上积垢的油膜形成。文中研究了乳液的析出油膜形成机理，阐明了获得足够的析出油膜的条件，发现了油膜随时间变化的特性，解释了油滴大小和乳液浓度对积垢行为的重要影响。此外，该文还从实现有效的积垢控制的角度讨论了混合润滑系统的实际应用条件。该混合润滑系统成功地实现了润滑条件的灵活可控性，并在实现了高速稳定地轧制的同时，保持了与再循环系统相同的油耗率。Bansal P，Chattopadhayay A K等发表了论文

Linear Stability Analysis of Hydrodynamic Journal Bearings With A Flexible Liner and Micropolar Lubrication，文中提出了流体动力轴颈轴承的线性稳定性分析，包括衬套的弹性变形和微极性润滑的影响，求解了润滑剂的流体动力学方程和轴颈的运动方程以及轴承表面的变形方程，从理论上预测了流体膜压力分布。考虑到衬套的柔韧性和润滑剂的微极性特性，该文针对变化的偏心率，计算出反映轴颈轴承动态特性的刚度、阻尼系数、临界质量参数及涡流比组成部分。研究表明，稳定性随着轴承衬套的弹性参数值的增加而降低，与牛顿流体相比，微极性流体表现出更好的稳定性。Sloan R J 申请了专利 *Universal Synthetic Lubricant Additive with Micro Lubrication Technology to Be Used with Synthetic or Miner Host Lubricants From Automotive，Trucking，Marine，Heavy Industry to Turbines Including，Gas，Jet and Steam*。发明人认为，一种通用的合成润滑剂添加剂可以极大地提高现有润滑剂的性能标准，无论是石油基还是合成基，都赋予了原有油中不存在的新的、理想的性能，或者增强了已经存在于石油中的理想性能。这种具有微润滑技术的通用合成润滑油添加剂，按指示使用时，将减少主体油的氧化或热降解，显著减少润滑零件中有害沉积物的沉积，最大程度地减少生锈和腐蚀，控制摩擦性能，降低磨损、减少油泥等，并防止金属与金属之间的破坏性接触，同时在通过提高功率和扭矩来提高性能时可减少油耗和有害排放。

2014 年，Mardi N A，Hamdi M 人发表了论文 Designing and Manufacturing An Automated Lubrication Control System in CNC Machine Tool Guideways for More Precise Machining and Less Oil Consumption，文中指出机器润滑系统是制造和生产车间维护的重要组成部分。自动润滑系统克服了手动润滑的缺点，为机器润滑提供了一种更安全、更频繁、更及时的监控方法。然而，传统的自动润滑系统存在固有的环境和技术经济问题。因此，该文以提高机械加工精度、成本效益、润滑性能和降低油耗为目标，研究了一种计算机数控机床导轨新型自动润滑控制系统。该系统安装在机床导轨上的温度敏感传感器收集数据，润滑控制单元进行数据分析并向执行器发送信号，以触发油泵的喷油，显示单元显示实时测量的随泵运行状态变化的温度。通过温度信号识别不仅可以进行故障检测，还可以反映摩擦、磨损和负载情况。Gaca H，Ruiter J，Mehr G 等出版了著作 *Metering Valves Distributors in Centralized Lubrication Systems*，指出计量阀分布器属于集中润滑系统中的五种分配系统之一。与容积计量活塞分配器不同，计量阀分配器是液压电阻器，润滑油的计量受许多因素的影响，如泵压、润滑油的工作黏度、集中润滑系统的几何结构、计量阀分配器下游的截面背压等。一般情况下，计量阀分配器用于全损耗润滑系统和循环润滑系统。小型计量阀系统通常由活塞泵驱动，活塞泵在每个输送冲程期间将泵的整个容积分配给整个系统。Harumichi Tokuyama，Masahiko Mori 等人申请了专利 *Lubrication-condition Detector*，*Lubricant Feeder*，*Injection Molding Machine and Method of Detecting Lubrication-condition*，该专利提出了一种润滑状况检测器，主要用来检测在预定周期而润滑不足重复预定操作的目标部分。润滑状态检测器包括：一个测量单元，用于连续测量与目标部分相关的物理量；一个计算机，用于根据物理量确定是否存在润滑剂短缺。计算机包括：一个循环提取器，用于从包括物理量及其测量时间在内的连续数据中提取每个操作循环的循环数据；一个代表值计算器，用于计算多个循环数据的代表值，以及确定是否存在润滑油短缺的确定单元基于复数代表值。Mang T 等人出版了著作 Encyclopedia of Lubricants and Lubrication，书中全面介绍了润滑领域的研究现状、基础数据、基本概念、实例应用。

2013 年，Mahidi Sparham 等人发表了论文 *Smart Lubrication Via Pump Response Interval（PRI） Variation in the Machining Process*，文中为满足当时机械加工行业的要求，开发了用于数控机床的智能集中润滑系统，该系统采用了智能最优量润滑技术，在此之前数控机床的润滑系统只是通过注射方法进行优化的。该系统在数控机床的坐标轴上安装了热电偶，实时监测机床的工作温度，并将温度采集到润滑控制系统中与设定值比较，根据比较结果控制润滑系统对导轨及传动系统进行润滑，同时还考虑喷油时间、润滑油用量、输油条件的变化对精密加工的影响。采用智能最优量润滑技术，克服了机械加工过程中实际参数的意外变化。当泵响应间隔（Pump Response Interval，PRI）为 15s 时，智能最优量润滑的油耗达到了最佳值，油耗降低了 25%。智能最优量润滑技术对缓解目前数控润滑系统面临的问题具有重要作用。Hovi I B，Grønland S E，Madslien A 等人发表了论文 *Application and Improvement of Centralized Lubrication System for Vehicle Chassis*，论文研究了集中润滑系统的特点、车辆底盘部件、工作原理、优点及安装要点，并提出了集中润滑系统存在的问题及改进方向。Nguyen T D，Sukumaran J，De Pauw J 等人发表了论文 *Tribological Behaviour of Polymer Bearings Under Dry and Water Lubrication*，该文试图评估在干燥和润滑条件下，相对于铬镍铁合金不锈钢轴承，聚合物轴颈轴承滑动性能的优势。文中所使用的“润滑剂”包括四种：蒸馏水、软化水、自来水和河水。实验是在室温下投影压力约为 0.3MPa，滑动速度分别为 0～1.07m/s 的条件下进行的。结果表明与干式滑动接触相比，含四种水润滑剂的聚合物轴承具有更好的摩擦学性能，通过水润滑，超高分子量聚乙烯聚合物轴承在启动时显示出低摩擦，但实验过程中下降并不是太多；聚对苯二甲酸聚合物轴承在开始时显示出相当高的摩擦力，但随后却显示出明显的下降趋势。

Erill D G I 申请了专利 *Method for Dynamically Lubricating A Wind Turbine Pitch Blade Bearing*，该专利提出了一种应用于风轮节距叶片轴承，并根据操作条件或俯仰活动参数确定是否需要润滑的动态润滑方法；如果确定需要润滑，则对变桨叶片轴承进行润滑。润滑可以在一段时间内注入润滑脂，并在注入润滑脂的过程中根据需要使风力涡轮机的叶片旋转。该专利提出的装置包括风力涡轮机运行状况的识别装置、与桨距活动相关参数的识别装置、根据运行状况和桨距活动性参数确定是否需要润滑的风力涡轮机主控制器及润滑装置。

1.2.2 国内研究现状

我国对机械车辆润滑技术的研究是近些年来才逐渐开展的，国内各润滑设备公司，包括原机械工业部确定的润滑设备重点专业生产企业，大多成立于 20 世纪 80 年代，经过多年的发展，在技术、管理上取得了很大的突破，产品质量也达到了一定水平，有的产品甚至出口全世界多个国家和地区。但总体来看，国内润滑设备公司由于历史较短，技术、管理较为落后，总体竞争力比发达国家厂商低一些。目前，我国正在大力发展的公共交通事业、客车、商用车、大型设备、风力发电等领域迫切需要符合国家倡导的低碳经济，具有低污染、低能耗、低排放等优点的集中润滑系统。作为一项国家重点推广的汽车新技术，交通部标准《营运客车类型划分及等级评定》（JT/T 325－2002）和建设部标准《城市客车分等级技术要求与配置》（CJ/T162－2002）均将汽车底盘集中润滑系统规定为高二等级以上客车的标准配置，2009 年 3 月底召开的《公共汽车分等级技术要求与配置》国标定稿会进一步将集中润滑系统列为中等级以上城市客车的标准配置。从 2004 年开始，中国润滑油市场进入十余年的高速发展，这也就是“润滑油 1.0 时代”。今天，随着经济环境的变化和市场的成熟，润滑油市场也随着进入了拼品牌、拼服务、拼技术的“润滑油 2.0 时代”。在 2016 年，中国润滑油市场总需求量约 500 万吨，保持了相对平稳的状态，随着“一带一路”发展战略的提出，中国润滑油企业已经拥有了世界一流的技术及市场开拓能力。一些有实力的润滑油企业，可以通过发力高端市场获得更高的利润，从而引领润滑油行业走进一个全新的“2.0 时代”，这也对润滑技术提出了新的挑战。而润滑脂的使用历史很悠久，我国在战国时代就已经在畜力车轴上使用动、植物油脂，在埃及出土三千年前的古战车的车轴上，就已经使用了由牛、羊油和石灰组成的润滑脂——钙基润滑脂。有相关实验表明，在使用润滑脂润滑和润滑油润滑的过程中，当润滑脂的基础油黏度与润滑油的黏度相同时，润滑脂油膜厚度仅相当于润滑脂基础油油膜的 50%～70%，由此可见，润滑脂带来的润滑效果提升是显而易见的，近年来润滑脂的使用也越来越受到人们的关注。由于润滑脂具有独特的流变特性，同时兼有密封和保护作用，所以被广泛应用在汽车、矿山机械和航空航天等各个行业的润滑系统中。总之，近年来有关机械车辆集中润滑系统模糊控制的关键技术研究工作在我国也不断发展，主要包括润滑机理分析、油脂润滑流变特性分析、关键润滑装置研发、智能润滑控制系统设计、集中润滑系统控制等。近几年国内的主要研究成果如下。

2019 年，张宇、王建平、唐冶等在《车辆底盘典型润滑点集中润滑系统设计》中针对汽车因为各类运动件、传动件磨损等出现运行故障的问题，对汽车底盘集中润滑系统进行设计，以及对关键部件进行校核，主要是通过三维制图软件和优化分析软件来进行的。通过 UG（Unigraphics NX）软件，在建模环境中完成各部件的结构设计，并将设计好的部件通过 UG 软件的装配功能完成整体集中润滑系统在底盘上的安装。针对主要部件的结构强度，依靠 ANSYS 软件对 UG 软件的接口进行集成分析，保证整体系统的结构合理。陈光、周元聪、钱雪凌等在《高速齿轮喷油润滑模拟研究》中建立了某高速齿轮啮合喷油润滑模型，并通过实验验证模型的正确性，同时对高速齿轮啮合喷油润滑进行仿真分析，研究了喷油系统参数如喷油角度、喷油点和喷油流量对喷油润滑效果的影响。王子阳在《常温和低温自润滑轴承复合材料性能研究与仿生轴承设计研究》中分析了常温和低温两种条件下轴承自润滑复合材料的主要摩擦磨损机理，并利用仿真模拟对比、计算了普通自润滑轴承和仿生自润滑轴承在相同载荷情况下的承载能力。汪家辉在《柔性支点固定瓦-可倾瓦组合轴承润滑特性及主动控制研究》中针对高性能燃气轮机在向高服役可靠性方向发展时对其关键部件固定瓦-可倾瓦组合轴承-转子系统提出的高运行稳定性的要求，围绕组合轴承的润滑性能及主动控制方法、组合轴承-转子系统的动力学特性展开研究。首先，针对固定瓦-可倾瓦组合轴承，考虑可倾瓦块支点的柔顺性，建立了组合轴承的流体动力润滑模型。通过分析可倾瓦块的受力特性和求解润滑模型，获得了组合轴承的油膜压力分布，研究了静平衡位置处轴承参数对润滑油膜流量、承载力、摩擦系数、功耗及温升等的影响规律。其次，考虑固定瓦-可倾瓦组合轴承润滑油膜的摩擦致热，在分析润滑油膜流变学特性演变规律的基础上，运用广义 Reynolds 方程、能量方程和热传导方程，建立了柔性支点固定瓦-可倾瓦组合轴承的热流体动压润滑模型，研究了组合轴承的压力和温度等物理场的分布情况，分析了油膜热效应对组合轴承润滑性能的影响规律。最后，构建系统的主动润滑控制策略，提出了系统主动润滑的 PID 控制算法。

2018 年，皮彪、丁上、王叶枫等在《基于 MPS 的某重型汽车主减速器润滑系统优化与分析》中为优化和改善某重型汽车驱动中桥主减速器的润滑系统，在原有壳体基础上提出增加油勺和油道等部件的优化方案，并运用移动粒子半隐式法（Moving Particle Semi-implicit Method，MPS）分析该优化方案的润滑效果。以一级柱齿轮和二级锥齿轮为研究对象，选取高速和低速两种典型工况，得到润滑油液的飞溅状态和速度分布，两种工况下润滑油都能通过油勺和油道浸入到轴承和差速器等相关部件，润滑效果得到了改善，从而验证了优化方案的可行性。将MPS成功地运用到减速器润滑分析之中，为润滑系统的分析提供了一种新方法。薛晓昕在《面向风力发电机的GY08YA集中润滑系统可靠性试验研究》中指出集中润滑系统为风力发电机各部分的正常运行提供了良好的工作环境，并保证了其可靠性。在实际应用中，由于集中润滑系统的不稳定以及低可靠性造成的风力发电机故障比重非常高。因此，通过对风力发电机用GY08YA集中润滑系统进行可靠性试验，对提高集中润滑系统的可靠性具有重要的指导意义。该文主要针对GY08YA集中润滑系统可靠性进行了研究：首先，对单线式、双线式、智能式集中润滑系统的工作原理、优缺点等进行对比分析，并对集中润滑系统的常见故障失效模式进行了深入研究和分析。对在实际应用中引起GY08YA集中润滑系统失效的因素进行统计、对比后进行深入探究。为GY08YA集中润滑系统可靠性试验方案的制定以及在可靠性试验过程中故障模式判别和处理具有重要的指导意义。其次，建立了GY08YA集中润滑系统的故障树，并进行系统的定性分析，从而得到了集中润滑系统的薄弱环节。同时将得到的薄弱环节与在实际应用中出现的故障进行对比、分析，验证故障树分析的正确性。再次，对GY08YA集中润滑系统进行可靠性试验，并制定系统的可靠性试验方案。对在可靠性试验过程中出现的故障原因、故障时间、维修时间等可靠性指标进行详细的统计、分析。通过可靠性试验得到的数据，求得集中润滑系统关键零部件以及重要单元的可靠度，最终求得GY08YA集中润滑系统的可靠度。最后，基于GY08YA集中润滑系统可靠性试验，对影响试验的重要因素进行分析，对在可靠性试验过程中出现的故障提出具有针对性的解决方案和措施，从而提高GY08YA集中润滑系统的可靠性。将可靠性试验得到的结果与故障树分析以及在实际应用中出现的问题进行相互验证，从而确定GY08YA集中润滑系统可靠性试验的正确性。

2017年，孙佳斯、佟文伟、郎宏等在《燃气轮机润滑系统磨损趋势预测》中为预测燃气轮机润滑系统试验阶段潜在的磨损故障，应用神经网络及遗传算法（Genetic Algorithm，GA）对某型燃气轮机长时试验用润滑油中典型元素的光谱监控数据趋势进行预测。通过改变光谱分析数据归一化的范围及调整学习率的自适应性对标准误差反向传播神经网络进行改进，并利用遗传算法对改进的反向传播神经网络的权值和阈值进行优化，建立适合某型燃气轮机润滑系统试验阶段磨损趋势预测的模型。所建模型具有很高的预测精度和很强的实用性，能有效地提高磨损故障的预测成功率。李瑾宁在《商用车变速箱自增力同步过程动力学及润滑系统研究》中提出供油量显著影响变速箱的使用寿命，从而建立了整个变速箱的润滑油路模型，分析了包括同步器在内的各个部件的润滑油量分配。通过一维流场模型的灵敏度分析结果优化商用车变速箱供油孔孔径，有效提升润滑油在各挡位分布的合理性，极大地提升变速箱的使用寿命。同时通过验证润滑理论计算结果，自主设计专门针对变速箱润滑油路的新型流量试验平台，并针对润滑系统油路流量进行试验研究，总结出一整套符合实际的测试方法和过程，进一步验证仿真及优化结果。吴松在《集中润滑系统标准件的二次开发与仿真》中指出目前润滑系统已广泛应用在冶金、机床、车辆、生产线、风电场、工程机械等各行业，随着润滑对象的多样化，集中润滑方案层出不穷，但在进行集中润滑系统产品设计时，由于没有统一的零件参数标准，设计人员需要花费大量时间进行重复性图纸绘制工作，从设计到生产周期长，不利于新技术、新产品的推广。针对上述问题，该文对集中润滑系统的标准件库开发和零件的虚拟拆装进行研究：首先，分析成组技术的应用原则，利用成组技术原理对现有集中润滑系统各元件进行标准件分类，并基于逆向工程数学模型和空间拟合方法，使用全自动影像测量仪提取了集中润滑系统标准件的特征参数；其次，以提取的特征参数为基础利用 Access 软件建立集中润滑系统模型数据库，利用 Visual Basic 语言完成交互界面设计，以三维设计软件 SolidWorks 的宏录制代码为基础，经过修改后完成集中润滑系统的参数化设计过程，建立集中润滑系统标准件库；再次，基于 Unity3D 软件对虚拟仿真关键技术进行研究，分析了虚拟拆装建立的软硬件基础和碰撞检测方法，并结合数据手套和电磁式位置追踪器的工作原理，建立手部动作和空间位置参数传递程序，完成了对虚拟环境中手部模型的交互控制，为实现集中润滑系统虚拟拆装奠定基础；最后，对 SolidWorks、3Ds Max、Unity3D 三种软件间的数据传递方式进行研究，确定了数据传递的最优转化方法。在 Unity3D 环境中完成拆装设置关键程序开发，实现同一个场景下零件的拆卸和装配的转换，并进行实例测试。基于成组技术和逆向工程设计理论，应用全自动测量仪获取各零部件特征参数，以 SolidWorks 软件为平台，以 Visual Basic 为开发工具完成了集中润滑系统标准件库的二次开发。该标准件库将大幅缩短润滑产品的开发周期，降低技术人员的劳动强度，有利于集中润滑新产品的研制，同时也为其他机械产品提高设计效率提供了设计思路，并便于其参考和借鉴。赵润在《基于 PLC 和 WinCC 组态软件的工程机械智能集中润滑系统研究》中分析国内外现有工程机械润滑系统诸多不足，提出了 PLC 作为上位机、单片机作为下位机、西门子触摸屏作为人机交互设备的整体控制网络，通过检测润滑点温度作为启动润滑的条件，设计了更精确、更智能的新型润滑方案。第一，确定了智能集中润滑系统的总体润滑方案，以某金矿车间设备为设计对象，对实现润滑方案进行了详细设计，包括润滑位置确定，润滑脂选择，润滑控制方式确定，并对重要元件选型做了详细说明。第二，根据润滑系统的具体要求，在研究了以往润滑过程中采用固定润滑周期方式存在缺陷的基础上，结合模糊控制方法设计了新型控制方案，并在上位机 PLC 上得以实现。并设计了下位机硬件电路，采用 ARM 单片机 STM32 芯片为核心，设计了外部所需搭配的运算放大、485 通信、数码管显示、多路开关等电路。第三，完成了以 PLC 为上位机，以单片机为下位机的系统软件程序编写，将系统所需执行的功能进行模块化细分，包括润滑泵控制子程序、温度检测子程序、上位机和下位机通信子程序等，并利用 STEP 7 与 Keil μVision5 软件进行了仿真调试。最后，基于西门子触摸屏设计了人机交互界面，利用 WinCC 组态软件设计了用户显示程序，包括模式与功能设置、系统参数设置、润滑泵控制、润滑点状态显示、故障报警、历史数据记录等。

2016 年，赵晶、徐伟、谢晓利等在《递进式润滑系统的可靠性设计》中依据可靠性分析原理，建立递进式润滑系统单元可靠度数学模型，通过计算得出润滑系统各组成单元可靠度，对润滑单元可靠度调整方式、制造工艺难度、材料表面强化、表面质量要求等方面进行分析。研究表明递进式润滑系统的不同润滑单元的可靠度要求不同，通过合理分配润滑单元数量，合理提高低可靠度单元组成元件的材料性能和表面粗糙度要求，合理选用表面强化方法，可以提高低可靠度单元组成元件的抗失效能力，满足系统运行的可靠性要求。张翼翔在《基于 Isight 的集中润滑系统建模分析及多目标设计优化研究》中对集中润滑系统的数学模型及物理仿真模型进行了构建与分析，对于复杂耗时的系统分析过程通过近似技术获得其代理模型，基于 Isight 软件构建 MDO 集成平台，运用不同的分解策略和寻优算法进行了多目标和单目标的优化分析。第一，对多学科设计优化中的分解策略、寻优算法进行了详细的阐述，对不同分解策略的构造原理及特点进行分析，比较了智能算法与数值算法的优劣势，结合集中润滑系统的特征选择了多学科可行法和协同优化法策略进行了分析。第二，对集中润滑系统中的偏心轮机构和柱塞机构的数学模型进行了分析，针对润滑泵在工作中可能产生的振动，对泵座的模态进行了分析，并对复杂模型采用了近似代理模型的方法。第三，通过 Isight 软件集成各领域的专业分析软件，构建了集成优化平台，分别用 MDF 策略与 CO 策略建立了柱塞-缸体的集成优化框架，并对比分析两者结果的不同。第四，对柱塞机构进行了轻量化的设计，将柱塞机构通过改进型协调优化方法分为了一个系统级和三个子系统。运用 SolidWorks 对子系统进行三维建模，用 ANSYS Workbench 对其应力、应变和疲劳寿命进行分析，采用最优超拉丁法及响应面法获得子系统模型的近似代理模型，并在 Isight 软件上进行集成框架构建，完成优化分析。第五，针对工程中存在的多目标问题，对比了多目标算法中的归一化算法、NCGA 算法和 NSGA-Ⅱ算法结果的优劣。应用 NSGA-Ⅱ算法求得柱塞机构 Pareto 解集，决策最优 Pareto 解方案。该设计优化方法能够在保证集中润滑系统各方面性能的要求下达到设计目标，对集中润滑系统的设计有一定的参考价值，同时也为集中润滑系统研究应用提供了一个新的维度。

2015 年，赵玉刚、刘新玉、王占军等在《采用步进式干油阀的智能干油集中润滑系统研究》中提出以步进式干油阀作为给油器的智能干油集中润滑系统方案，并介绍了系统主站 PLC 的接线方式以及触摸屏的组态程序，说明了步进式干油阀的机械结构。在分析干油集中润滑系统的工艺要求和步进电机控制特性的基础上，提出了一个驱动器驱动多个步进电机的驱动方案，并研究其硬件的隔离电路。实际应用表明，采用步进式干油阀作为给油器大大降低了干油集中润滑系统的故障率；在智能干油集中润滑系统中使用一台驱动器驱动多个步进电机的方式，不仅降低了系统成本，还减少了系统的复杂性。刘新玉的《步进电机驱动干油阀与智能干油集中润滑系统研究》在分析现有干油集中润滑系统基础上，提出了采用步进电机驱动干油阀作为给油器的智能干油集中润滑系统方案。设计了智能干油集中润滑系统的总体方案，采用分布式结构，以某金矿生产车间为研究对象，对系统的润滑方案给出设计说明，包括润滑点选择、润滑脂选择、润滑周期确定，研制了采用步进电机作为驱动的步进电机驱动干油阀。步进电机输出轴为梯形丝杠，由于阀芯阀体的配合精度要求很高，为保障配合精度，采用梯形螺母与阀芯柔性连接的方式。对阀芯在阀体中受液压卡紧力情况进行了 Fluent 有限元分析，得出了开均压槽能够有效降低阀芯液压卡紧力的结论。针对步进电机驱动干油阀的控制特点，设计了控制系统的硬件和软件程序。针对干油集中润滑系统的特点，从站控制器设计时提出了采用一个驱动器驱动多个步进电机的方案。

2014 年，李建、李建中、杨文龙等在《矿山大型机械设备智能集中润滑系统设计》中针对传统的集中润滑系统的系统臃肿、油脂供给量凭借经验、温度报警等工况监测装置独立等缺点，通过对硬件、软件、给油周期和工业应用 PC 机与 PLC 通信执行组态操作进行设计，研制出一种集中智能润滑控制系统。此集中润滑供油系统采用分布式结构，由上位控制机 PLC、下位执行单片机及供油系统组成，上位机和下位机采用 RS-485 总线通信。主要供油系统设计分为给油器、喷射装置和泵站三部分。上位机实时显示润滑温度和时间，下位机反馈温度和单独控制给油。此系统最终实现了智能加油、上位组态、编程控制和报警等功能，在矿山大型机械设备给油方面可取代劳动效率低下的人工加油作业，同时提高机械设备使用效率，具有一定社会效益。吴迪在《集中润滑系统润滑脂流动的数值模拟》中采用正交设计法研制了集中润滑系统的专用锂基脂，得到了专用脂的最佳原料配比方案，优化了锂基润滑脂的制备工艺。该专用脂拥有良好的流动性、耐磨性和防锈性。此外，还设计研发了新型智能泵站，该泵站采用了有预剪切功能的高性能齿轮泵、重力平衡式油位传感器和微电脑智能控制系统，泵脂能力远高于同类产品，且精确的油位显示有效地避免了“抽空”现象的发生，实现了高度自动化工作。采用含有两个指数项的广义 Leider-Bird 流变模型对集中润滑专用锂基润滑脂的流变特性进行研究，得到了不同皂基浓度和基础油黏度的专用脂相对于时间的流变行为以及润滑脂组成成分与流变行为的关系。建立润滑脂流动的控制方程组，分析了润滑脂流动过程中速度和压强的变化，并对润滑脂在集中润滑系统中的流动进行了数值模拟，对比分析了新型泵站的运行效果。该方案提高了集中润滑系统在高寒地区的适应能力，为集中润滑系统的进一步推广使用提供了技术支持。

2013 年，吕晓林、郭世英等在《矿用液压挖掘机液动集中润滑系统的设计》中为了克服矿用液压挖掘机电动和气动集中润滑系统存在系统复杂的缺点，设计了一种液动集中润滑系统。该系统充分利用矿用液压挖掘机的液压系统，以液压油为动力源驱动液动润滑泵，向各个润滑点供脂，同时采用单线给油器，简化了整个集中润滑系统，使各个润滑点得到良好的润滑。周益在《风力发电偏航系统高效智能集中润滑关键技术研究》中针对风力发电设备自动润滑系统进行了深入的研究与开发，特别针对偏航系统设计了一款新型的自动润滑系统，解决了传统自动集中润滑系统的压力流量小和可靠性低的问题，具体实现了高可靠性、高流量下的泵送单元。此外，还针对新型润滑泵的液压工作原理进行分析，验证了液压缸驱动方式的润滑泵的原理的可行性，并对基于液压缸驱动方式的润滑泵的总体结构及其各关键组成零部件进行了详细的结构设计与合理性验证，包括双作用双杆液压缸的设计、单向阀的设计、润滑泵柱塞的设计等，主要设计了一套集成式液压驱动系统。同时，对基于液压缸驱动方式的润滑泵的控制系统进行了总体方案设计，对控制系统的总体框架进行了构建，详细介绍了控制系统的组成部分与相应实现的功能，分别叙述了各功能模块的设计过程与作用，以硬件电路设计为基础，完善了各功能模块。最后，进行了相应的控制软件的设计，以满足实现自动流程控制的功能。针对风力发电偏航系统的自身特点与其润滑点的分布情况，并结合实际，辅以相应的后置管路配件以及外围设备，将新型润滑泵应用于其中，构建了具有针对性的高效智能集中润滑系统。

1.3 研究内容

在分析研究的过程中，本书综合运用流体力学、控制仿真、现代设计方法等知识，通过对机械车辆集中润滑系统特点的分析，应用仿真控制技术对该系统进行模糊控制，应用现代设计方法对该系统进行装置设计，并对该系统开展具体应用研究。总的来说，本书既研究机械车辆集中润滑模糊控制与装置设计的理论知识，又引入具体实例和增加应用分析，具体的研究内容主要包括以下四个方面。

1. 机械车辆集中润滑系统模糊控制相关理论分析

通过查阅、收集与机械车辆集中润滑系统相关的文献和数据资料，借鉴已有的研究成果，综合相关权威参考文献已有的各种观点，为本研究提供了一个合理的研究基础、理论框架和技术集。研究内容主要包括对集中润滑系统用润滑材料分析，如润滑材料的性能和特点、油脂润滑机理、润滑材料的作用和选用等，以及对干油集中润滑系统分类、组成及原理的分析，对稀油集中润滑系统分类、组成及原理的分析，同时总结了机械车辆润滑特点，并对润滑控制仿真软件进行详细分析。

2. 机械车辆集中润滑系统模糊控制模型的建立

从实现高效集中润滑出发，以机械车辆集中润滑系统的润滑效果为着眼点，分析了相关控制仿真软件；结合控制仿真变量的选择和模糊控制策略的确定，进行软件设计；最后建立润滑间隔、润滑量、润滑时间模糊控制模型及进行仿真分析。

3. 机械车辆集中润滑系统装置的设计

充分分析机械车辆集中润滑系统装置的整体设计要求、关键部件设计要求，进行装置设计，主要包括可视集中润滑装置、移动智能润滑装置、自动润滑装置、多部位润滑装置、多功能润滑装置。

4. 机械车辆集中润滑系统应用实例分析

为了发挥集中润滑系统的优势，将集中润滑系统应用到机械车辆上，对每种机械车辆的工作特点及润滑要求、集中润滑系统的应用要点及使用建议进行分析，具体为：集中润滑系统在抱罐车上的应用，包含确定集中润滑系统类别、根据工况确定润滑点的用脂量、根据各点用脂量确定分配器规格和润滑脂泵容积、选择最佳的位置布置硬件、主要输脂管路的选择、确定系统工作时间、检查润滑脂在管内的停留时间、润滑脂的选择等；集中润滑系统在开口机上的应用，包含开口机集中润滑系统的工作原理、开口机集中润滑系统的结构特点、对开口机集中润滑系统的改进建议；集中润滑系统在电动挖掘机、车辆底盘、压缩机、开坯轧机、连轧管机上的应用等。

根据研究内容，机械车辆集中润滑系统模糊控制、装置设计及应用研究思路如图 1-1 所示。

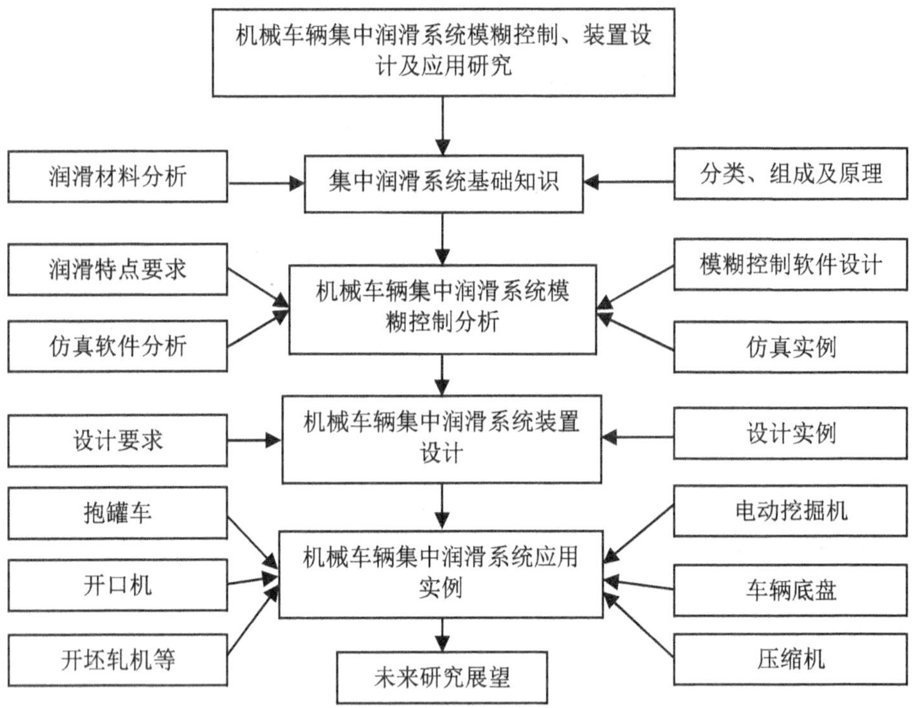

图 1-1　机械车辆集中润滑系统模型控制、装置设计及应用研究思路

第2章　集中润滑系统基础知识

集中润滑系统基础知识是对该系统进行模糊控制、装置设计及应用研究的基础。本章就集中润滑系统用的润滑材料进行分析，并对集中润滑系统的分类、组成及原理进行论述，主要包含润滑材料的含义、组成、性能及选用，干油、稀油集中润滑系统的分类，单线式、双线式、智能式干油集中润滑系统的工作原理，标准型、高低压、双供油口系统集中润滑系统的工作原理等基础知识，为后面章节的研究奠定了一定的理论基础。

2.1　集中润滑系统用润滑材料分析

集中润滑系统所用的润滑材料一般包含润滑油和润滑脂，本节阐述了润滑油、润滑脂、基础油、添加剂等的含义，分析了润滑油脂的润滑性、黏温性、清洁分散性、氧化安定性等性能，并就如何选用适合机械车辆工作情况的润滑油脂进行详细论述，以便能够合理、科学地选择润滑材料，提高集中润滑系统的工作效果。

2.1.1　润滑材料的含义及组成

1. 润滑油的含义及组成

（1）润滑油的含义。润滑就是在存在相对运动的摩擦接触面之间加入润滑剂，使两接触表面之间形成润滑膜，变干摩擦为润滑剂内部分子间的内摩擦，以达到减少摩擦、降低磨损、延长机械设备使用寿命的目的。润滑剂是介于两个相对运动的物体之间，具有减少两个物体因接触而产生摩擦的功能者，而润滑油是润滑剂的一种。

目前使用最多的润滑油是从石油中提炼出来的，通称为矿物润滑油。这类润滑油因制取原料充足，价格相对比较便宜，质量上能满足各种机械设备的使用要求，且可以利用加入各种添加剂的方法进一步提高其质量而得到广泛应用。矿物润滑油是各种碳氢化合物（称作“烃类”）组成的复杂混合物，另外，还含有硫、氮、氧等元素。作矿物润滑油的原料，一般取自石油中沸点高于300℃或350℃的馏分，或相当于分子中碳原子数约为20～40的各种烃类。目前，矿物润滑油的产量已达到四千万吨以上，约占全部润滑油的97%左右。矿物润滑油的品种繁多，生产以及应用这些润滑油已演变成一门特殊的技术科学。

（2）润滑油的组成。润滑油的组成简言之，润滑油=基础油+添加剂。

1）基础油。基础油主要用于生产润滑油或作为其他产品的精制油品；可以单独直接使用，也可以和其他油品或添加剂掺和使用。由于它占油品的主要部分并对油品的主要性能或基础性能起到主导作用，人们习惯称它为基础油。另外，以当今世界的发展情况来看，各类油品均由基础油与添加剂调制而成，基础油在油品中的重要性显而易见。基础油在油品中占到 80%～90%，具体比例视油品种类和性能要求而有所调节。经过精制但未加添加剂的各种低、中黏度基础油统称为中性油，可以用作调制各种润滑油的基础油，但是，中性油尚不包括黏度更稠的光亮油。润滑油原料，经过了丙烷脱沥青、溶剂精制、溶剂脱蜡、白土补充精制后，便得到了润滑油基础油（或称作中性油）；从残渣油中制得的特高黏度的残渣润滑油基础油，称作光亮油。基础油的作用从宏观上讲，是为润滑油的理化性质和使用性能提供最基本的保证，但还无法满足机械设备对润滑油品所追求的各项特定要求，必须调入各种添加剂后，才能满足油品的性能要求。20 世纪 30 年代建立的润滑油加工方法，基础油主要是由所选原油中的润滑油原料经过反复的分馏、溶剂精制、溶剂脱蜡、白土补充处理等物理加工提炼出来的。这些加工步骤仅限于最大限度地取出合理的或所谓的理想组分，同时除去蜡、沥青、胶质、低黏度指数，以及不安定的非理想组分，所以最终所得的润滑油基础油性质受原油性质所限。表 2-1 为各种原油中所得润滑油的性质，表 2-2 为各种原油中烃类组成的黏度指数，可以看出石蜡基油中可以制得黏度指数高、残炭低的润滑油，而此种结果，与石蜡基油中的烃类组成的性质直接有关。

表 2-1　各种原油中所得润滑油的性质

原油类型	密度（20℃）/（g/cm^3）	黏度指数	残炭/%	苯胺点/℃
芳香基	0.920～0.950	40～80	<1.6	60～85
环烷基	0.900～0.930	30～80	<0.4	80～100
石蜡基	0.860～0.900	90～110	<0.35	100～130

表 2-2　各种原油中烃类组成的黏度指数

原油类型	饱和烃的黏度指数	单环芳烃黏度指数
石蜡基原油	>120	80
混合基原油	100	30
环烷基原油	70	<0

我国润滑油基础油从 20 世纪 80 年代起开始制订标准，共计三大系列：一是

黏度指数大于 95 的以石蜡基原油为代表的低硫石蜡基中性油系列（SN）；二是黏度指数大于 60 的以中间基原油为代表的中间基中性油（ZN）系列；三是以环烷基原油生产的中性油系列（DN）。每个系列中性油按黏度划分从轻到重的若干个黏度牌号。表 2-3 为润滑油添加剂类别及其作用；表 2-4 为不同润滑油所需的添加剂；表 2-5 为石油添加剂的化学名称和统一符号。

表 2-3 润滑油添加剂类别及其作用

添加剂的类型	代表性化合物	主要作用
清净剂	磺酸盐、烷基酚盐、水杨酸盐、硫代膦酸盐	防止内燃机油形成烟灰、漆状物沉积，中和酸性物质，减少腐蚀磨损
无灰分散剂	丁二酰亚胺、丁二酸酯、酚醛胺缩合物	与清净剂复合、有协同作用，特别在防止低温油泥方面效果突出
抗氧抗腐剂	二烷基二硫代磷酸锌盐 二烷基二硫代氨基甲酸盐	具有抗氧化、抗腐蚀及极压抗磨作用，主要用于内燃机油及液压油、齿轮油
极压抗磨剂	硫化异丁烯、氯代石蜡、烷基磷酸脂硫代磷酸酯胺盐、磷酸酯和有机硼化物	改善油品在高温高载荷下抗擦伤，抗磨损的性能
摩擦改进剂（油性剂）	脂肪酸及其皂类、动植物油或硫化动植物油，磷酸酯或油酸酯类，二烷基二硫代磷酸钼、烷基二硫代氨基甲酸钼	提高油品的润滑性，降低摩擦及磨损
抗氧剂和金属减活剂	屏蔽酚类、2，6-二叔丁基对甲酚芳胺、β-萘胺等，苯三唑衍生物，噻二唑衍生物	抗氧剂能延缓油品氧化，延长油品使用期，金属减活剂能防止金属氧化的催化作用，二者复合后效果更显著，此类剂多用于工业润滑油
黏度指数改进剂	乙丙共聚物、甲基丙烯酸酯、聚异丁烯、苯乙烯与异戊二烯或丁二烯共聚物	能显著改善油品黏温性能，主要用于多燃机油齿轮油、液压油和自动传动液
防锈剂	磺酸盐、烯基丁二酸及其酯类、羧酸盐、有机胺类	提高油品阻止水分和氧分子对金属的腐蚀作用，保护金属表面，延缓锈蚀
降凝剂	聚甲基丙烯酸酯、烷基萘、聚 α-烯烃	使油品中的蜡晶细化，降低油品凝点，改善低温流动性
抗泡沫剂	甲基硅油、丙烯酸酯与烷基醚共聚物	降低油品泡膜表面的张力，阻止泡沫形成
乳化剂及抗乳化剂	烷基磺酸盐、脂肪醇聚氧乙烯醚类、山梨醇月桂酸酯等	是一类不同结构的表面活性剂，改变结构用于不同场合时，分别具有乳化及抗乳化性能，根据情况通过试验选用

表 2-4 不同润滑油所需的添加剂

项目	清净剂	分散剂	抗氧抗腐剂	抗氧剂	油性剂	极压剂	防锈剂	VII①	抗泡剂	降凝剂	乳化剂	破乳剂	防腐剂	pH值剂	杀菌剂	偶合剂	光亮剂
内燃机油	✓	✓	✓	✓	✓			✓	✓	✓							
齿轮油				✓	✓	✓	✓	✓	✓	✓		✓					
液压油				✓	✓	✓	✓	✓	✓	✓		✓					
自动传动液	✓	✓		✓	✓	✓	✓	✓	✓	✓							
金属加工液				✓	✓	✓	✓			✓	✓	✓	✓	✓	✓	✓	
压缩机油				✓	✓		✓	✓		✓							
汽轮机油				✓	✓		✓		✓	✓							
轴承油				✓	✓		✓	✓	✓	✓		✓					
热处理油				✓			✓	✓	✓	✓							
机床用油				✓	✓	✓	✓	✓	✓	✓							

注：①VII 为黏度指数改进剂。

表 2-5 石油添加剂的化学名称和统一符号

组别	化学名称	统一命名	统一符号
清净剂和分散剂	低碱值石油磺酸钙	101 清净剂	T101
	中碱值石油磺酸钙	102 清净剂	T102
	高碱值石油磺酸钙	103 清净剂	T103
	低碱值合成磺酸钙	104 清净剂	T104
	中碱值合成磺酸钙	105 清净剂	T105
	高碱值合成磺酸钙	106 清净剂	T106
	硫磷化异丁烯钡盐	108 清净剂	T108
		108A 清净剂	T108A
	烷基水杨酸钙	109 清净剂	T109
	环烷酸镁	111 清净剂	T111
	环烷酸钙（TBN=250）	114 清净剂	Y114
	单烯基丁二酰亚胺	151 分散剂	T151
	双烯基丁二酰亚胺	152 分散剂	T152
	多烯基丁二酰亚胺	153 分散剂	T153
	汽油机油分散剂（高氮）	154 分散剂	T154
	柴油机油分散剂（低氮）	155 分散剂	T155

续表

组别	化学名称	统一命名	统一符号
抗氧抗腐剂	硫磷烷基酚锌盐	201 抗氧抗腐剂	T201
	硫磷烷丁辛基锌盐	202 抗氧化腐剂	T202
	硫磷双辛基碱性锌盐	203 抗氧化腐剂	T203
极压抗磨剂	氯化石蜡	301 极压抗磨剂	T301
	酸性亚磷酸二丁酯	304 极压抗磨剂	T304
	硫磷酸含氮衍生物	305 极压抗磨剂	T305
	磷酸三甲酚酯	306 极压抗磨剂	T306
	硫代异丁烯	307 极压抗磨剂	T307
	硫代磷酸胺盐	321 极压抗磨剂	T321
	二苄基二硫	322 极压抗磨剂	T322
	环烷酸铅	341 极压抗磨剂	T341
	二丁基二硫代氨基甲酸锑	352 极压抗磨剂	T352
	二丁基硫代氨基甲酸铅	353 极压抗磨剂	T353
	硼酸盐	361 极压抗磨剂	T361
油性剂和和摩擦改进剂	硫化鲸鱼油	401 油性剂	T401
	二聚酸	402 油性剂	T402
	油酸乙醇酯	403 油性剂	T403
	硫化棉籽油	404 油性剂	T404
	硫化烯烃棉籽油-1（含硫 8%）	405 油性剂	T405
	硫化烯烃棉籽油-2（含硫 10%）	405A 油性剂	T405A
	苯三唑脂肪酸胺盐	406 油性剂	T406
	磷酸脂	451 摩擦改进剂	T451
	硫磷酸铜	461 摩擦改进剂	T461
抗氧剂和金秘属减活剂	2,6-二叔丁基对甲酚	501 抗氧剂	T501
	2,6-二叔丁基混合酯	502 抗氧剂	T502
	N-苯基-α-萘胺	531 抗氧剂	T531
	含苯三唑衍生物复合剂	532 抗氧剂	T532
	苯三唑衍生物	551 金属减活剂	T551
	噻二唑衍生物	561 金属减活剂	T561

续表

组别	化学名称	统一命名	统一符号
黏度指数改进剂	聚乙烯正丁基醚	601 黏度指数改进剂	T601
	聚甲基丙烯酸酯	602 黏度指数改进剂	T602
	聚异丁烯（内燃机油用）	603 黏度指数改进剂	T603
	聚异丁烯（液压油用）	603A 黏度指数改进剂	T603A
	聚异丁烯（用作密封剂）	603B 黏度指数改进剂	T603B
	聚异丁烯（齿轮油用）	603D 黏度指数改进剂	T603C
	聚异丁烯（拉拔油用）	611 黏度指数改进剂	T603D
	乙丙共聚物	612 黏度指数改进剂	T611
	乙丙共聚物（6.5%浓度）	612A 黏度指数改进剂	T602
	乙丙共聚物（8.5%浓度）	613 黏度指数改进剂	T612A
	乙丙共聚物（11.5%浓度）	614 黏度指数改进剂	T613
	乙丙共聚物（13.5%浓度）	631 黏度指数改进剂	T614
	聚丙烯酸酯		T631
防锈剂	石油磺酸钡	701 防锈剂	T701
	石油硫酸钠	702 防锈剂	T702
	十七烯基咪唑烯基丁二酸盐	703 防锈剂	T703
	环烷酸锌	704 防锈剂	T704
	二壬基萘磺酸钡	705 防锈剂	T705
	苯并三氮唑	706 防锈剂	T706
	烷基磷酸呐咪啉盐	718 防锈剂	T708
	N-油酰肌胺酚十八胺盐	7113 防锈剂	T771
	氧化石油脂钡皂	743 防锈剂	T743
	烯基丁二酸	746 防锈剂	T746
降凝剂	烷基萘	801 降凝剂	T801
	聚 α 烯烃-1（用于浅度脱蜡油）	803 降凝剂	T803
	聚 α 烯烃-2（用于深度脱蜡没油）	803A 降凝剂	T803A
抗泡沫剂	甲基硅油	901 抗泡沫剂	T901
	丙烯酸酯与醚共聚物	911 抗泡沫剂	T911

2）添加剂。添加剂是在润滑油中加入的少量物质，能改善油品的一种或多种

性质，甚至赋予润滑油以崭新的特性而得到更满意的使用性能。添加剂大致可分成两大类：一类为影响润滑油物理性质的添加剂，例如降凝剂、增粘剂、黏度指数改进剂、抗泡剂等；另一类为在化学方面起作用的添加剂，如各种抗氧剂、防锈剂、清净分散剂、极压抗磨剂等。添加剂概括起来有如下作用：

- 可减少发动机部件上有害沉积物的形成与聚集，保持润滑部件的清洁。如清净剂、分散剂、抗氧抗腐剂。
- 可中和油品使用中生成的酸性物质，减少部件的锈蚀和腐蚀，如清净剂、防锈剂。
- 抑制油品的氧化，延长油品的贮存和使用寿命，如抗氧剂、金属减活剂。
- 提高润滑油的黏度指数，改善油品的黏温性能，如黏度指数改进剂。
- 降低油品的凝点或倾点，改善油品的低温使用性能，如降凝剂。
- 减少油品的发泡倾向，如抗泡剂。
- 在各种边界润滑条件下，防止两滑动表面间的摩擦、磨损或擦伤，延长设备和部件的使用寿命，如摩擦改进剂（或油性剂），极压抗磨剂。
- 能使油水形成稳定的乳液或促使油水分离，如乳化剂或破乳剂。
- 提高油品粘附能力，改善油品的滞留时间，减少油品的流失和飞溅，如粘附剂。

总之，添加剂是提高油品质量和增加油品品种的重要手段之一。但是添加剂也不是万能的，它不能使劣质油品变成优质油品，它只是提高油品质量的主要因素之一。添加剂的贡献不仅取决于它的特殊组分，而且取决于基础油的质量（即基础油要有一定的精制深度）和加入油的添加剂配方技术，二者缺一不可。

2. 润滑脂的含义及组成

（1）润滑脂的含义。古代，人们最早使用动植物油脂作为车轴的润滑剂，随着社会发展，润滑剂的使用要求也在不断提高，而仅仅使用动植物油脂容易从摩擦表面流失，因此，人们在后来的不断探索中尝试在动植物油脂中加入石灰来制备润滑剂。18 世纪末期，蒸汽机的出现、纺织工业的兴起及 19 世纪初蒸汽汽车的发明，这些先进机械设备工作时的负荷、转速、温度等苛刻条件对润滑脂也提出了更高的要求。于是出现了向动植物油脂中加入苛性钠水溶液来制备润滑剂的方法，这也是最早期的高温润滑脂（钠基润滑脂）。随着工业革命潮流袭来，人们不断丰富着润滑脂的种类和性能，矿物油脂逐渐取代动植物油脂，先后出现了钙基润滑脂、钠基润滑脂、铝基润滑脂、钡基润滑脂等。20 世纪 40 年代锂基润滑脂的出现是润滑脂的发展进程迈向新的阶段的标志，因为锂基润滑脂是一个多效、长寿命的多用途润滑脂，时至今日仍是润滑脂的主要品种。最早制备的一种润滑脂，是用脂肪酸的钙皂稠化石油润滑油而成的，这就是所谓钙基润滑脂，俗称“黄油”，其外观如图 2-1 所示。

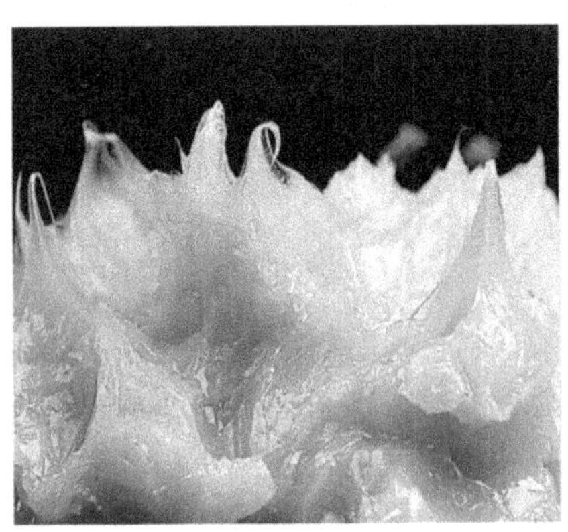

图 2-1　润滑脂外观

润滑脂是润滑材料的一种，用于减少相对运动表面之间的摩擦和磨损，润滑脂大多是半流体至半固体状的物质，具有独特的流变性能，在常温和静止状态下润滑脂呈固体状态，能保持自己的形状而不流动，能粘附在金属表面上而不滑落；在高温或受到一定限度的外力时，它又能像液体一样流动。润滑脂在机械中受到运动部件的剪切作用时，能产生流动并润滑，降低运动表面的摩擦和磨损。润滑脂的应用范围十分广泛，工业上的采矿、冶金、机械制备等许多重工业的机械设备，农用上的拖拉机和其他许多农业机械，以及交通运输和国防方面的汽车、铁路机车、飞机、舰船等各种交通工具以及坦克、导弹等都需要润滑脂。总之，随着应用领域的不断扩大，润滑脂已成为不可缺少的一类润滑材料。

润滑脂因其使用寿命长、供油次数少、不需经常添加的特点，通常应用于重负荷、低速、高温、低温、极压，以及有冲击载荷的苛刻条件下，也适用于对进行间歇或往复运动部件的润滑。润滑脂在摩擦表面上保持能力强、密封性好，采用润滑脂润滑的机器，可以防止滴油和贱油污损产品，并且可以在垂直位置下正常运转而不产生漏油。润滑脂在金属表面表现出较强的吸附能力，可以保护金属免受锈蚀。润滑脂比润滑油适用温度更加宽泛。采用润滑脂润滑时不需要复杂的密封装置和供油系统，因此可以简化装置。同时，润滑脂由于冷却散热作用不如润滑油，也存在启动摩擦力矩大、更换比润滑油更复杂等缺点。

国内外科学工作者使用电子显微镜技术、X 射线衍射技术研究了润滑脂的结构，如图 2-2 所示。结果证明，稠化剂的分子或分子聚结体在石油润滑油中形成三维的结构骨架，油被保持在这些骨架的空隙处。例如金属的高级脂肪酸盐的分子聚结胶团（一般称为皂纤维或皂胶团）是由皂的个别分子排列组成的。分子的极性团（即羧基端）相互吸引在胶团的内部，烃基键指向胶团的表面，因而形成了亲油性基团。在电子显微镜拍出的照片上这些胶团有短有长且呈现出带状、索状、片状等各种不同形状。这些胶束纤维交错构成了脂的空间网络骨架，基础油就包含在这些骨架中，好像一个存油的小仓库，在使用中就分出适量的油起润滑作用。因此，有人就形象地比喻它为吸水的海绵。

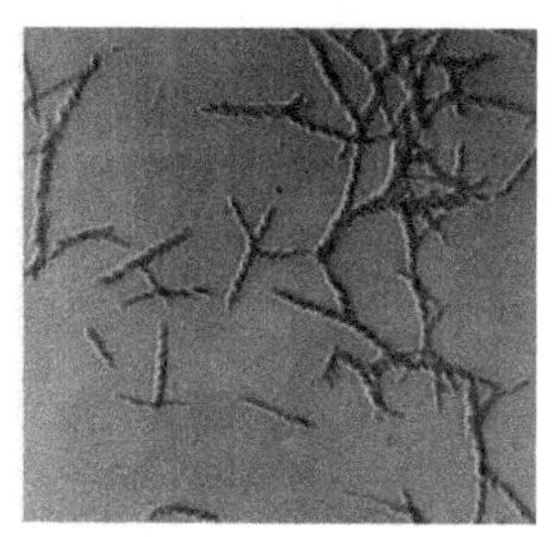

（a）钙基脂皂纤维结构

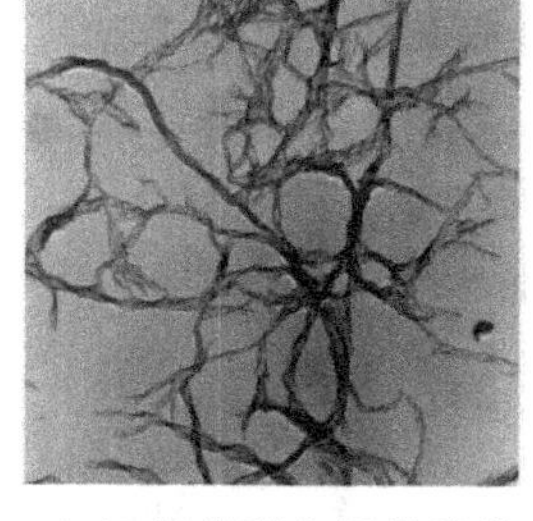

（b）锂基脂皂纤维结构

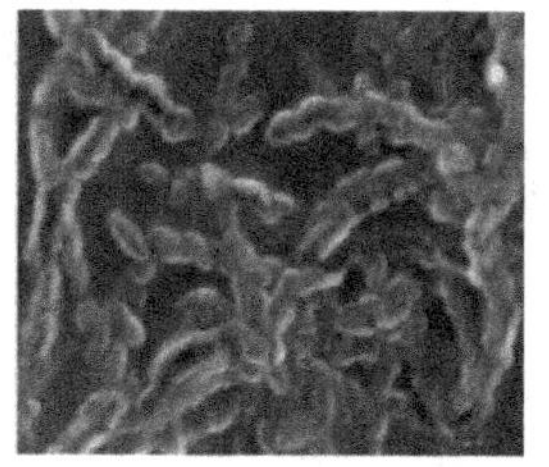

（c）复合铝基润滑脂皂纤维结构

（d）复合磺酸钙基润滑脂结构

图 2-2 润滑脂的结构

这些胶团（皂纤维）的大小与形状决定了润滑脂的稠度和流体性质，通常胶团越小，长宽比越大（即胶团越细越长），其稠化能力就越强。由此可进一步说明，任何物质（只要不具有磨损和腐蚀作用），当其表面具有亲油的本性（或经过处理使其具有这种本性）和可以被高度分散到润滑液体介质里就可以制得各种稠度的润滑脂。

我国科学工作者通过对实验结果长期的分析和归纳，逐步形成了对皂油结构分散体系的一个新的概念。这个概念的中心内容是：

1）润滑脂这个结构分散体系是一个以油为分散介质（连续相）和皂-油凝胶粒子为分散相（不连续相）的一个二相结构分散体系。

2）作为润滑脂的分散相的皂-油凝胶粒子，仍然是一个以油为分散介质的和以皂分子聚结体（皂晶体）为分散相的结构分散体系。

3）皂-油凝胶粒子内部的油和作为润滑脂分散介质的油（即皂-油凝胶粒子外部的油）之间的关系是既有联系又有区别，即两者之间可以互相转移，但转移的因素不完全是一个纯粹的机械过程，而与皂-油凝胶粒子本身的相性质有密切关系。

4）润滑脂的胶体性质、机械性质、润滑性质受到皂-油凝胶粒子的结构分散特性的影响。

（2）润滑脂的组成。润滑脂是由一种或多种稠化剂稠化一种或几种润滑液体制成的，并根据需要加各种添加剂。润滑脂由基础油、稠化剂和添加剂三个部分组成。

1）基础油。润滑脂中 90% 左右都是润滑液体，因此其润滑性质取决于润滑液体的润滑性质，选择正确的润滑液体作为润滑脂的基础油非常重要。

①矿物油。矿物油是润滑脂用得最多、最普通、最经济的基础油，例如仪表油、透平油、机械油和气缸油等。选择哪种矿物油制备润滑脂的主要根据是润滑条件，一般用于低温、轻负荷场合和高转速轴承的润滑脂以仪表油、8 号航空润滑油和变压器油作为基础油较为适宜；用于中速、中负荷和温度不太高场合的润滑脂，选用内燃机油和机构油等作基础油较为适宜；用于高负荷、较高温度和低速场合的润滑脂，采用气缸油作基础油较为适宜。

矿物油的黏度指数大，所制得的润滑脂的稠度就大，胶体安定性随之增加；矿物油黏度大，所制得的润滑脂稠度增大，胶体安定性也随之增加；矿物油低温黏度小，凝固点低，所制成的润滑脂的低温性也增加。矿物油的组成对脂肪酸金属皂在其中的稠化能力有一定的影响，例如含环烷烃较多的矿物油，脂肪酸金属皂在其中的稠化能力比含石蜡烃较多的矿物油要强。但是，含石蜡烃较多的矿物油对添加剂，特别是氧化抑制剂，要比含环烷烃较多的矿物油敏感得多。

在轴承中一般是根据使用温度、轴承尺寸和运转速度来选用不同黏度的矿物油作为润滑脂的基础油，见表 2-6。

表 2-6　润滑脂用矿物油的选择

工作温度/℃	Dn 值①	矿物油黏度/（mm^2/s）
0～65	<75000	30～130
	75000～200000	20～65
	200000～400000	13～43
	>400000	10～30

续表

工作温度/℃	Dn 值[①]	矿物油黏度/（mm^2/s）
65～95	<75000	130～260
	75000～200000	65～130
	200000～400000	30～65
	>400000	20～43
95～120	<75000	230～650
	75000～200000	150～450
	200000～400000	85～200
	>400000	65～130

注：①Dn 值是指轴承内径 D（mm）和转速 n（r/min）的乘积，是表示速度因素的一个指标。

②合成烃油。理想的合成烃油作为润滑油的基础油，应当尽可能是线性聚合、有较高的黏度指数、不结晶、低凝点、完全饱和，并能提供良好的热安定性和氧化安定性。

合成油最大的弱点是由于其含有少量不饱和的双键，因而氧化安定性较差，即油品经过长期使用和贮存后，性质不够稳定。对油品进行精制，除去胶质和多环芳香烃，提高对抗氧和抗磨添加剂的感受性，可以极大地改善油品的氧化安定性和抗磨性。

③酯类油。酯类油是目前润滑脂使用最广泛的合成基础油，按用量计算，已超过其他合成基础油的总和。酯类油由于具有良好的润滑性和高、低温性，所以可用来制备高低温润滑脂。国产以酯类油作基础油的润滑脂已有不少牌号，如 7105 号光学仪器极压脂就是用硬脂酸锂皂稠化酯类油而成。能作为润滑脂基础油的酯类油有：二元酸酯、三羟甲基丙烷酯、季戊四醇酯、双季戊四醇酯等。

④硅油。硅油具有任何别的液体所不能比拟的，而又适用于工艺目的的优异性质，如在非常宽的温度范围内黏度变化极小、凝固点低、化学安定性好、电气性能优异等。含有甲基和苯基的硅油是所有已知的液体硅油中热稳定性最好的，它在空气存在下，加热到 250℃，经过 1500h 以上也不变稠（胶凝）。

以硅油为基础油可加入锂皂及细分散度的二氧化硅、炭黑、芳基脲、酞青、阴丹士林等稠化剂制取硅油润滑脂。硅油还可用于旋塞、真空、防护等方面作介电液，及真空密封脂。硅油作为润滑脂的基础油，具有良好的高低温性能、优异的黏温性能、较好的热氧化安定性和化学惰性、介电性、憎水性等，但边界润滑性差。

能作为润滑脂基础油的硅油有：甲基硅油、甲苯基硅油、氮苯基硅油、乙基硅油、烷基硅油、氟硅油等。

能作为润滑脂基础油的还有：聚醚类油，包括聚苯醚油和聚亚烷基醚油；含氟油包括全氟碳油、氟氯碳油和全氟烷基聚醚油。

表 2-7 为矿物油和合成油作为润滑脂基础油时，各种性能的比较。

表 2-7 矿物油和合成润滑油的性能比较

结构式	矿物油	酯类油	硅油	氟化油	聚α烯烃油
	混合烃油	$R-\underset{\overset{\|}{O}}{O}-R'-\underset{\overset{\|}{O}}{C}-OR$	$R-\underset{R}{\overset{R}{Si}}-O\left[\underset{R}{\overset{R}{Si}}-O\right]_n-\underset{R}{\overset{R}{Si}}-R$	$F(\underset{CF^3}{CF}CF_2O)nC_2\cdot F_2$	
黏温特性	△	◎	◎~△	△~○	◎
高温安定性	△	△~○	◎	◎	○
低温流动性	△	◎	◎~△	○	◎
氧化安定性	△	○	△	◎	○
润滑性	◎	◎	×	◎	◎
耐放射性	×~△	×	×~△	—	×
耐水性	×	×	○	◎	×

注：◎表示优，○表示良好，△表示一般，×表示不良。

2）稠化剂。稠化剂是润滑脂的重要组成部分，在润滑脂中形成海绵或蜂窝状的骨架结构，将润滑油包起来，使其失去流动性而成为一种膏状物质。稠化剂的性质和含量决定了润滑脂的黏稠程度以及耐水和耐热等使用性能，稠化剂的含量越多，稠化能力越强，润滑脂越稠；稠化剂耐热性和耐水性越好，润滑脂就越能耐高温和耐水。

①皂基稠化剂——脂肪酸金属皂。脂肪酸金属皂的稠化能力是指固体皂（分散相）在润滑液体（分散体质）中的分散状态下，使润滑液体从流体转变为半固体的能力，也可以说是体系对于因剪力而发生变形的抵抗力的增加程度。稠化能力一般可以锥入度值的大小来表示，并称之为稠度。

皂基稠化剂是由油脂（动植物油）或合成脂肪酸与金属氢氧化物（碱）作用而生成，能稠化矿物油制成润滑脂的金属皂有脂肪酸锂、钠、钾、钡、钙，三硬脂酸铝，一羟基二硬脂酸铝，双羟基二硬脂酸铝等，用这些皂制成的润滑脂分别叫锂基、钠基、钾基、钡基、钙基、铝基润滑脂。不能稠化矿物油的金属有铵、锌、汞、钍、铊、铍、铁等。皂基稠化剂的稠化能力强，在润滑脂中占 10%～20%。

脂肪酸金属皂是由脂肪酸和金属氢氧化物进行皂化反应制得的，而其中脂肪酸是非常重要的原料。早期常用的脂肪酸是 C_{18} 的硬脂酸，后来又发现，从氢化蓖麻油中分离出来的 12-羟基硬脂酸是一种理想的脂肪原料，国外采用得较多。

动植物油脂：天然脂肪即各种动植物油，动物油脂有牛油、猪油、鲸油等；植物油脂有蓖麻油、棉籽油等。它们的主要成分是各种脂肪酸的甘油酯，例如硬脂酸的甘油酯、软脂酸甘油酯、油酸甘油脂等。如果使脂肪酸甘油酯水解，则脱去甘油而变成相应的脂肪酸，例如硬脂酸甘油酯水解时，就可以得到硬脂酸（即十八碳酸）。水解过程如下：

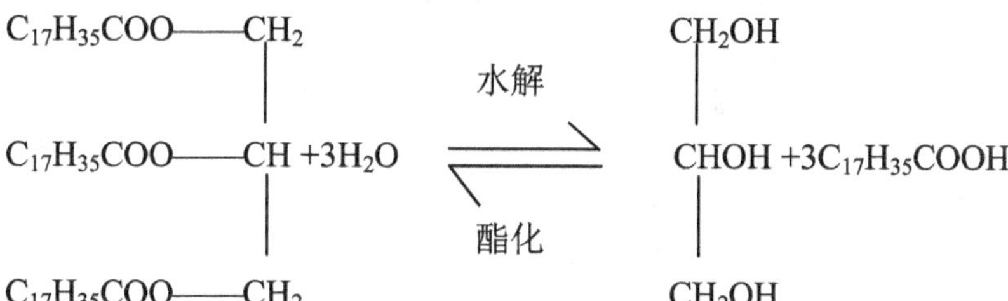

同样，动植物油中的其他各种脂肪酸甘油酯也能水解，并能生成下列各种脂肪酸：

软脂酸（十六碳酸） $C_{15}H_{31}COOH$
油　酸（十八碳烯酸） $C_{17}H_{33}COOH$
亚油酸（十八碳烯二酸） $C_{17}H_{31}COOH$
亚麻酸（十八碳烯三酸） $C_{17}H_{29}COOH$

可以直接用脂肪来制造润滑脂，也可以先把它们水解成脂肪酸再用以制造润滑脂。脂肪或脂肪酸的评定项目，主要是酸值、皂化值、碘值、标化度（即脂肪酸的熔点）、羟值和醋酰值。

合成脂肪酸：由石蜡氧化制取的合成脂肪酸也是制造润滑脂的一种原料。但它只能看作是动植物油脂及其脂肪酸的代用品，在用来制造高档润滑脂时，还存在着很多不足之处。例如，用合成脂肪酸制得的锂基脂的机械安定性和抗水性都较差。

石蜡氧化过程是在氧化塔内进行，原料蜡多选用 C_{15}～C_{40}（最适宜的是 C_{20}～C_{35}）的正构饱和石蜡烃，并以 $KMnO_4$ 和 Na_2CO_3 作氧化催化剂。氧化产物是氧化石蜡和未氧化石蜡的混合物，不宜用来制取润滑脂，必须先分离出未氧化的石蜡（称第一不皂化物)，得到工艺酸，才可以用来制取润滑脂。

②非皂基稠化剂。常见的非皂基稠化剂有以下三种。

石蜡和地蜡：石蜡和地蜡是制取烃基润滑脂的稠化剂。石蜡为白色至黄色的片状结晶体，主要组成是正构烃，一般是从润滑油精制工艺的脱蜡程序中得到的；地蜡为针状结晶体，主要组成是环烷烃和异构烷烃，一般是由减压渣油经脱沥青、脱油所得的蜡膏再经加工制得的。

无机稠化剂：膨润土和硅胶是制备润滑脂的无机稠化剂。膨润土原指以蒙脱石为主体的岩石，外观呈蜡状或脂状，光泽滑腻，颜色多种多样，其中白色、黄绿色和粉红色的比较常见。而用作润滑脂稠化剂的膨润土，还必须经过表面处理（如使用表面覆盖剂)，使其具有亲油性。通常采用的表面覆盖剂有季铵盐，如氯化二甲基双十八烷基胺和脂肪酸酰胺基胺。硅胶一般指二氧化硅，因制法不同，可分为沉淀硅胶，气凝硅胶和发烟硅胶。硅胶表面一般是亲水的，经过表面改质后可转变为憎水硅胶，通常采用正丁醇对硅胶表面进行酯化，得到憎水的酯化硅胶，可用作润滑脂的稠化剂。

有机稠化剂：用于润滑脂的有机稠化剂较多，常用的有阴丹士林蓝 RSN（制高温脂)、酞青桐，它们都有良好的化学安定性和热安定性，在 600℃以下，只能挥发，而不会分解。另外，还有耐热性、抗磨性和抗化学性良好的聚四氟乙烯稠化剂等。能作为润滑脂有机稠化剂的还有芳基脲、十八烷基对苯二甲酸金属盐等。

在制备润滑脂的过程中还经常用到填料，填料为不同类型的固体物，添加到润滑脂中可提高对流失的抵抗和增强润滑能力，常见的填料有石墨、二硫化钼和炭黑。

石墨为层状结构的晶体物质。在石墨的晶体里，碳原子以六碳多环状态形成六方晶系的层状结构，层内以较强的共价键相连，键能强，可达到抗压的目的。层与层之间以较弱的范德华力相连，达到易剪切、可润滑的目的。在汽车钢板弹簧的润滑中都采用调有石墨的钙基脂。

二硫化钼是一种鳞片状结晶体。它的晶体结构为六方晶系的层状结构，在每一层里，每一个钼原子被六个硫原子所包围，硫原子暴露在层表面且对金属表面有较强的附着性。分子层间的硫原子之间的结合力很弱，因此分子层间产生一个低剪切平面，当分子间受到很小的剪切力时，沿分子层很容易断裂，产生滑移面，从而将金属表面的直接摩擦转化为二硫化钼分子层的相对滑移，从而降低摩擦系数，减少磨损。上海某化工厂的二硫化钼粉剂企业标准见表 2-8。

炭黑中的一种是乙炔黑，平均粒度约为 0.1μm，可用于制作润滑脂的稠化剂或填料。能作为润滑脂填料的物质类型、化合物举例及作用见表 2-9。

表 2-8 二硫化钼粉剂企业标准（沪 Q/HG）005

指标名称		型号		
		MF-0		MF-1
二硫化钼的纯度/%	不低于	98	97.5	97
二硫化钼的粒度/%				
小于 1.5μm	不少于	70	70	10
小于 2.3μm	不少于	25	25	50
小于 4.0μm	不少于	5	5	40

表 2-9 润滑脂填料的物质类型、化合物举例及作用

物质类型	化合物举例	作用
碳	石墨、碳墨	润滑导电、耐高温
硅酸盐	石棉、膨润土、硅酸钙、滑石、云母	增稠
金属粉	铝粉、铜粉、锌粉	密封、导电
金属氧化物	氧化铝、氧化锌、氧化钛	抗高温烧结
金属硫化物	二硫化钼、硫化铝、硫化锑	润滑
硒化物	二硒化钼、二硒化钨	润滑
硫酸盐	硫酸钡、硫酸铝	耐酸、耐碱

3）添加剂。在润滑脂中，除了稠化剂和基础油外，还会有各种不同的添加剂。用脂肪酸制成的钙基脂中，含有一定数量的甘油，这是一种自然存在的附加成分。甘油的存在能增强皂油结构，使胶体分散体系更加稳定，被称为胶溶剂或结构改进剂。水也是钙基脂不可缺少的组成部分，无水的钙基皂不吸收矿物油，也不能在矿物油中分散。吸收一定量的水而形成的水合钙基皂具有良好的亲油性和膨胀能力（即吸收矿物油而膨胀的能力），从而使钙基皂和矿物油形成一种具有稳定结构的润滑脂。因此，水也被称为结构改进剂。像甘油和水这样是由制造润滑脂的基本原料带进来的胶溶剂或结构改进剂，一般都不当作添加剂来看待，通常所说的添加剂是指为改善润滑脂某方面的使用性能而添加的少量物质（如抗氧剂、抗腐蚀剂等）。

润滑脂常用的添加剂有以下几种类型：

①稳定剂：稳定剂是在润滑脂中稳定润滑脂胶体结构的添加剂。稳定剂是一些极性较强的化合物，如有机酸、甘油、醇、胺等。

②抗氧剂：由于含有金属皂的润滑脂容易氧化，因此，金属皂基润滑脂必须添加抗氧剂，常用抗氧剂有二苯胺、苯基-α-萘胺等。

③金属钝化剂：金属钝化剂本身并不抗氧化，但它能消除和润滑脂接触的金属对氧化过程的催化作用，常用金属钝化剂有三芳基磷酸酯。

④防锈剂：防锈剂是一些有机极性化合物，如金属皂、有机酸、酯、胺等。

⑤防腐剂：防腐剂是保护有色金属免遭腐蚀的化合物，它不仅能抑制氧化过程中酸性物质的生成，还能吸附在轴承及其表面上形成化学保护膜。

润滑脂中的添加剂的类型及作用机理和润滑油是一样的，但是由于润滑脂自身流动性比不上润滑油，所以润滑脂中加入添加剂的量比较大一些。另外，润滑脂是胶体分散体，有许多添加剂是极性化合物，加入时会破坏润滑脂的胶体体系，从而造成润滑脂稠度、滴点、分油、机械安定性等性能的变化。因此，在润滑中评选一种理想的添加剂还是不容易的事情。

2.1.2 润滑材料的性能

1. 润滑油的性能

润滑油是用在各种类型机械上以减少摩擦、保护机械及加工件的液体润滑剂，主要起润滑、冷却、防锈、清洁、密封和缓冲等作用。对润滑油性能总的要求是：减摩抗磨，降低摩擦阻力以节约能源，减少磨损以延长机械寿命，提高经济效益；冷却，要求随时将摩擦热排出机外；密封，要求防泄漏、防尘、防窜气；抗腐蚀防锈，要求保护摩擦表面不受油变质或外来侵蚀；清净冲洗，要求把摩擦面积垢清洗排除；应力分散缓冲，分散负荷和缓和冲击及减震；动能传递，液压系统和遥控马达及摩擦无级变速等。润滑油的具体使用性能要求有以下几点。

（1）润滑性。润滑油的润滑性取决于它的油性和极压性。油性是润滑油在摩擦金属表面上的吸附性，润滑油中极性分子定向排列吸附在金属表面上形成吸附膜，这种膜通常只能存在于常温、低速、低负荷或中温、中速、中负荷的情况下，起到保持边界润滑的作用，当高压、高温、高速时，吸附膜脱附，油性失效；极压性是润滑油在摩擦表面的化学反应性，当润滑油中加入含硫、磷、氯化合物添如剂且在高温条件下时，这些化合物分解生成的活性元素与金属形成化学反应膜，膜的熔点和剪切强度都比较低，能减少摩擦与磨损。边界摩擦系数通常在 0.1～0.25 范围内，在一般情况下膜的剪切强度与摩擦系数成正比，有效的边界润滑要求反应膜厚度大于 1nm。

润滑油的润滑性主要通过模拟试验法、台架试验法和实际使用试验进行测试评定，下面重点介绍模拟试验法。

目前，国际上对模拟试验法尚未标准化，通过摩擦试验机进行的模拟试验仅仅作为润滑性的评定参考。当前我国常用摩擦试验机的性能参数见表2-10。

表2-10 常见摩擦磨损试验机性能参数

试验机名称	四球试验机	梯姆肯试验机	阿姆斯拉试验机	阿尔门试验机	法莱克斯试验机
接触状态	点接触	线接触	线接触	面接触	线接触
运动形式	滑动	滑动	滑、滚动	滑动	滑动
旋转速度/（r/min）	1500	800	1050	600	300
滑动速度/（m/s）	0.56	2.00	2.32	0.20	0.098
加负荷方法	由液压或杠杆加负荷	由杠杆加负荷	由杠杆加负荷	由杠杆或液压加负荷	由液压加负荷
润滑方法	浸渍	循环	喷淋	浸渍	浸渍
主要测定项目	耐负荷性、磨损、摩擦系数		耐负荷性、磨损		

目前，我国常见的摩擦磨损试验机主要有四球试验机、梯姆肯试验机、阿姆斯拉试验机、阿尔门试验机和法莱克斯试验机。四球试验机是目前广泛使用的一种摩擦试验机，其摩擦元件由4个直径为12.7mm的钢球组成，下面3个装在油杯内固定不动，上面1个装在主轴上可以转动，并与下面3个球构成一对摩擦副（图2-3）。四球试验机因其具有结构简单、试验所需的试样数量少、试验件接触点单位面积上压力较大、试验结果重复性较好、区分能力强等优点，得到很多国家的采用。通过四球试验机可以测得的试验指标比较多，如负荷磨损曲线、润滑剂承载能力、润滑剂极压性能、润滑油抗磨损性能、润滑脂极压性能、润滑脂抗磨性能等。梯姆肯试验机又称环块试验机，所用摩擦元件是一个钢质圆环和钢板，钢板固定不动，钢环则以800r/min的转速在钢板上滑动，负荷施加在钢板下面，并从下往上紧紧压在环上，待测试的润滑油盛在上部油箱中，通过油管流在摩擦副上，再由泵抽回油箱。试验时每增加一次负荷运转100min，然后停车观察钢板是否出现擦伤，如无擦伤可再提高一次负荷（每一次都换新试件），直到没有擦伤的最高负荷是合格负荷，又称梯姆肯负荷或通过负荷。一般矿物油梯姆肯通过负荷较低，中极压润滑油梯姆肯通过负荷居中，高极压润滑油梯姆肯通过负荷较高。用梯姆肯试验机做磨损试验来评定润滑油的润滑性，通常是在一定负荷下运转一定时间，通过试块减少的重量确定摩擦副的磨耗量，此值越低，润滑油润滑性越好。

由于不同的摩擦磨损试验机的元件形状、运动方式、试验条件均各不相同，所以，试验结果很难进行比较，对同一种油用不同试验机评定有时可能得出相互矛盾的结果。因此，用试验机评定润滑油的润滑性只在条件相近的情况下才有参考价值。台架试验与模拟试验相比，要消耗大量资金和时间，但可靠性高。实际使用试验是在规定的设备上按使用条件运转，它的真实性、可靠性更高，但投入人力、物力也比台架试验更大，所用时间也更长。

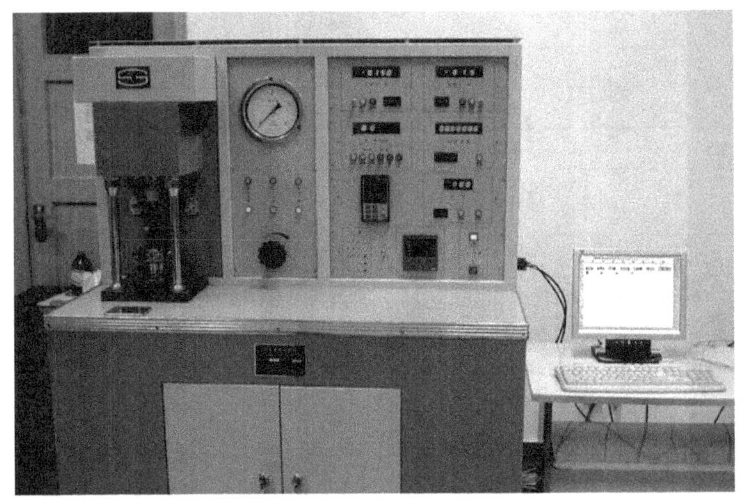

图 2-3　四球试验机及试验示意图

改善润滑油的润滑性能通常会添加添加剂，常用的极压抗磨剂有含硫极压抗磨剂、含氯极压抗磨剂、含磷极压抗磨剂、金属盐极压抗磨剂、硼酸盐极压抗磨剂和其他极压抗磨剂。下面重点说明含硫极压抗磨剂和含磷极压抗磨剂。

含硫极压抗磨剂会随着负荷增加，可以起抗磨和极压作用，其反应示意式如下：

在铁表面吸附

$$\mathrm{Fe+R{-}S{-}S{-}R \rightarrow Fe} \left| \begin{array}{l} \mathrm{S{-}R} \\ \\ \mathrm{S{-}R} \end{array} \right.$$

在边界润滑条件下形成硫醇铁膜起抗磨作用

$$\mathrm{Fe} \left| \begin{array}{l} \mathrm{S{-}R} \\ \\ \mathrm{S{-}R} \end{array} \right. \longrightarrow \mathrm{Fe} \begin{array}{l} \diagup \mathrm{S{-}R} \\ \diagdown \mathrm{S{-}R} \end{array}$$

在极压润滑条件下形成硫化铁膜起极压作用

$$\mathrm{Fe}\begin{cases}\mathrm{S-R}\\ \mathrm{S-R}\end{cases}\longrightarrow \mathrm{FeS+R-S-R}$$

含磷极压抗磨剂首先在铁表面上吸附，然后在边界条件下发生 C-O 键断裂，生成亚磷酸铁或磷酸铁有机膜，起抗磨作用；在极压条件下，有机磷酸铁膜进一步反应，生成无机磷酸铁反应膜，起极压作用。图 2-4 所示为是二烷基亚磷酸酯作用示意图。

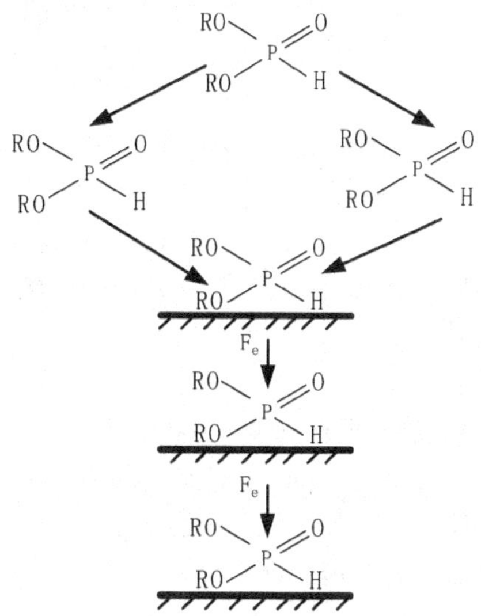

图 2-4 二烷基亚磷酸酯作用示意图

（2）黏温性能。

1）黏度及分类。假设把润滑油看成是许多层次排列的，当外力作用时，一层沿着另一层液体相对流动，在各层间发生剪切作用，设最上层在力 F_1 作用下以 v+dv 的速度前进，第二层在力 F_2 作用下以 v 的速度前进，两液层的面积为 A，其间距离为 dy。设此各层之间均为稳流，不发生层间的乱流，则两液间相对运动作用力之差必和内摩擦力相等，$F=F_1-F_2$ 是剪切力，则剪切应力 $\tau=F/A$，两面间的剪切速度梯度为 dv/dy。

根据牛顿黏性定律得

$$\frac{F}{A}\propto\frac{\mathrm{d}v}{\mathrm{d}y}\text{或}\frac{F}{A}=\eta\frac{\mathrm{d}v}{\mathrm{d}y}$$

此式被称为牛顿黏性方程式，比例常数 η 表示液体黏性量又称黏度。为了与其他的流动阻力相区别，通常把内摩擦所造成的并符合牛顿黏性方程式的黏度叫作牛顿黏度。润滑油的黏度不仅是润滑油分类的依据，而且也与发动机摩擦功率的大小、运动零件的磨损量、活塞环的密封程度、润滑油及燃料的消耗量、零件的温度等有密切的关系。为了节约燃料，必须减少摩擦阻力和搅油的能量消失，使发动机油低黏度化；为了减少磨损则要求润滑油有一定的黏度并能在摩擦面形成足够厚度的油膜；为了冷却和洗涤，则要求油料的黏度低一些。

黏度的分类主要包括动力黏度、运动黏度、条件黏度。动力黏度（Dynamic Viscosity），又称为绝对黏度或牛顿液体黏度。当 A=1cm^2，dy=1cm，dv=1cm/s，F=1dyn 时，代入黏性公式

$$\eta = \frac{F/A}{\mathrm{d}v/\mathrm{d}y} = \frac{1\times10^{-5}\mathrm{N}/1\mathrm{cm}^2}{1\mathrm{cm}\cdot\mathrm{s}^{-1}/1\mathrm{cm}} = \frac{0.1\mathrm{N}\cdot\mathrm{s}}{\mathrm{m}^2} = 1\mathrm{P}$$

即相距 1cm 的两液层，面积各为 1cm^2，相对移动速度为 1cm/s，产生内摩擦阴力为 1dyn 时的黏度为 1P。通常用符号 η 表示动力黏度，当温度为 t℃时，油的动力黏度为 η_t。在实际应用中泊的单位太大，使用和计算都不方便（例如水在温度为 20℃时的动力黏度是 0.01005 泊）。泊的百分之一称厘泊（cP），加之国际单位用 Pa·s（帕·秒）来表示动力黏度，则有 1P=0.1Pa·s，1cP=0.001Pa·s=1mPa·s。

测定动力黏度采用的是专用的毛细管黏度计，油经过毛细管是由压缩机加压流动，测定的根据是哈根-泊塞耳方程式。直接测液体的动力黏度困难较大，通常采用相对测量法即用未知液和已知液相互比较的方法对液体的动力黏度进行测量。当用液柱静压力表示毛细管两端压强差时，有 $P=h\rho g$，式中 h 为液柱高度，ρ 为液体密度，代入泊塞耳方程则得

已知液 $$\eta_1 = \frac{\pi r^4 h_1 \rho_1 g_1 t_1}{8VL}$$

未知液 $$\eta_2 = \frac{\pi r^4 h_2 \rho_2 g_2 t_2}{8VL}$$

由于两种液体采用同一规格毛细管黏度计，且在相同条件下进行测定，所以 v、r、l、h、g 等值均相同。将两式相除并约去相同各项，则得关系式

$$\frac{\eta_1}{\eta_2} = \frac{\rho_1 t_1}{\rho_2 t_2}$$

标准液的黏度、密度和通过毛细管的时间都是已知的，而待测液体的密度和待测液体通过毛细管的时间可以通过实验测定，因此可求得待测液体的动力黏度。

运动黏度（Kinematic Viscosity），运动黏度是油的动力黏度与同温度下油密度的比值，通常用符号 Y 表示运动黏度即 $Y=\eta/\rho$，运动黏度的单位是 m^2/s。

测定运动黏度所能采用的黏度计种类很多，如玻璃毛细管型、圆筒活塞型和细孔型等，由于各测定范围和使用场合不相同，要求条件也不相同。其中采用得

比较普遍的是玻璃毛细管型黏度计。

测量液体运动黏度用的玻璃毛细管黏度计形式不一，但其构造原理和测定方法都基本相同。运动黏度仍然是根据哈根-泊塞耳方式来进行测定，其原理是一定量的试油利用自身重力，在规定温度下，流过一定尺寸的毛细管。

因为 $$\eta = \frac{\pi r^4}{8VL} h\rho g t$$

又 $$Y = \frac{\eta}{\rho}$$

所以 $$Y = \frac{\pi r^4}{8VL} hgt$$

式中，r、l、h、g 都是常数。

用 C 代表常数，则 $Y=Ct$，通常称 C 为黏度计常数。每根毛细管在出厂时就测定好了 C 值，并在说明书中标明。如果不知道 C 值也可购买标准液（已知运动黏度 Y），通过 Y 和时间 t 求出 C 值。若已知毛细管常数 C 值，通过实验求得未知液的 t 值，即可求出未知液的运动黏度值。例如：所采用毛细管的黏度计常数为 0.123mm^2/s^2，某油从刻度 a 流至刻度 b 时间为 100s，则油的运动黏度为 0.123mm^2/s^2×100s=12.3mm^2/s。如实验在没有特殊要求的条件下进行时，应根据油的黏度大小选用不同直径的毛细管黏度计，控制其流动时间在 200s 以上，0.4mm 的毛细管黏度计流动时间应在 300s 以上（《石油产品运动黏度测定法和动力黏度计算法》GB/T 256－88）。因为流动过快会出现湍流，流动过慢会使试验时间过长。通常汽车用润滑油宜采用直径为 1.0mm 和 1.2mm 的黏度计进行运动黏度的测定。我国原来规定发动机润滑油运动黏度在 50℃和 100℃进行测定，新的标准方法和国际标准一致，改为在 40℃和 100℃时测定。

条件黏度是由条件性数值表示的并采用特定黏度计测定的一个相对黏度，主要有以下几种。

- 恩氏黏度（Engler Degrees），采用恩格勒黏度计测定的，在规定温度下从恩氏黏度计中流出 200mL 试油所需的时间与同体积的水在 20℃流出所需的时间的比值，用符号 $^\circ E_t$ 表示，单位习惯上称为“度”，例如：某油在 100℃时，从恩氏黏度计中流出 200mL 所需的时间是 293s，同体积的水在 20℃流出时间是 51s，则 $^\circ E_{100} = \frac{293}{15} = 5.7$，即该油在 100℃时，其恩氏黏度为 5.7 度。
- 雷氏黏度（Redwood Standard Seconds），是用雷德乌德黏度计测定的。在规定温度（通常是在 21℃、60℃或 100℃）下，测试从雷氏黏度计流出 50mL 试油所需的时间，以秒（s）为单位。雷氏黏度计根据其孔径，可分为雷氏 1 号，Rt 表示，测轻质油；雷氏 2 号，RAt 表示，测重质油。

- 赛氏黏度（Secondas Saybolt Universal），用赛波尔特黏度计测定的。在规定温度（通常是在 37.8℃、98.9℃或 100℃）下，测试从赛氏黏度计流出 60mL 试油所需的时间，以秒（s）为单位。赛波尔黏度计根据其孔径不同，可分为通用黏度计和重油黏度计。

2）黏度的换算。黏度换算主要是指各种条件黏度和运动黏度之间的换算。换算方法包含利用经验公式换算、利用黏度换算表换算和利用换算图换算。各种黏度相互换算的经验公式、换算表和换算图油品应用手册上可供查阅，查图表计算较方便，经验公式计算较准确。常见的条件黏度换算为运动黏度的经验公式为

恩氏黏度 $\upsilon(\mathrm{mm^2/s}) = 8.0^{\circ}E - \dfrac{8.64}{^{\circ}E}$

$1.35 \leqslant {}^{\circ}E_t \leqslant 3.2$

$\upsilon(\mathrm{mm^2/s}) = 7.6^{\circ}E - \dfrac{4.0}{^{\circ}E}$　　$^{\circ}E > 3.2$

赛氏通用黏度 $\upsilon(\mathrm{mm^2/s}) = 0.266t - \dfrac{195}{t}$　　$32\mathrm{s} \leqslant t \leqslant 100\mathrm{s}$

$v(\mathrm{mm^2/s}) = 0.260t - \dfrac{135}{t}$　　$t > 100\mathrm{s}$

赛氏重油黏度 $v(\mathrm{mm^2/s}) = 2.24t - \dfrac{184}{t}$　　$25\mathrm{s} \leqslant t \leqslant 100\mathrm{s}$

$v(\mathrm{mm^2/s}) = 2.16t - \dfrac{60}{t}$　　$\mathrm{t} > 40\mathrm{s}$

雷氏 1 号 $v(\mathrm{mm^2/s}) = 0.260t - \dfrac{179}{t}$　　$34\mathrm{s} \leqslant t \leqslant 100\mathrm{s}$

$v(\mathrm{mm^2/s}) = 0.247t - \dfrac{50}{t}$　　$t > 100\mathrm{s}$

雷氏 2 号 $v(\mathrm{mm^2/s}) = 2.46t - \dfrac{100}{t}$　　$32\mathrm{s} \leqslant t \leqslant 90\mathrm{s}$

$v(\mathrm{mm^2/s}) = 2.45t$　　$t > 90\mathrm{s}$

3）润滑油的黏温性能。润滑油的黏度是随温度变化而变化的，温度升高黏度变小，温度降低而黏度增大，这个关系及其变化程度就叫润滑油的黏温性。一般情况下，润滑油的温度在 50℃以下时，其黏度随温度变化较显著，温度在 50～100℃

之间时，其黏度变化幅度较小，温度在 100℃以上时，其黏度变化更小。主要因为 50℃以下时，油分子运动能量较小，分子间距离近，引力较大，同时石蜡结晶逐渐析出，出现结构黏度。而在温度大于 100℃ 时，油分子运动能量大，分子间距离较远，引力较小，固体烃充分溶解，因此，黏度随温度变化缓慢。

黏温特性是润滑油很重要的性质之一。对发动机润滑油来讲，在发动机工作时，接触到的各润滑部位的工作温度差别相当大，如活塞环处约为 205℃（汽）～300℃（柴），活塞裙部约为 110℃（汽）～115℃（柴），主轴承约 85℃（汽）～95℃（柴），而且在冬季室内停车后，油底壳里的机油温度可降至和大气温度一样低。这就要求发动机润滑油在低温时，黏度不要变得太大，以免造成内燃机起动困难，增大磨损；在高温部件上工作时能保持一定的黏度，形成一定厚度的油膜，起到应有的润滑作用。

反映润滑油黏温性能最常用的是 Walther 方程

$$\lg(v+a)=b+c\lg T$$

式中，v 为运动黏度，T 为热力学温度，a、b、c 均为与油品组成有关的常数。我国润滑油、柴油 a 值取 0.6 较好，汽油、煤油 a 值取 0.7 较好。

润滑油黏温性能的表示形式有多种，目前主要有黏度指数和运动黏度比两种形式。黏度指数（Viscosity Index，VI），是国际通用的表示黏温特性的方法，其数值越大，表示润滑油的黏温特性越好；反之越差，所以这项指标的规格是“不小于”某数值。例如：国家标准《汽车机油》（GB11121－2006）SD40 汽油机润滑油要求黏度指数不小于 80。润滑油的黏度指数主要通过测试换算得到，换算是在两种标准油的基础上进行的，一种是黏温性能极好的石蜡基标准油，以它的黏度指数为 100，另一种是黏温性能极差的沥青基标准油，它的黏度指数是 0。测试未知油的黏度指数是与上述两种进行比较评定，方法是先测定试油在 98.9℃的运动黏度，再从石蜡基、沥青基油各窄馏分中，各选出一种油，使其在 98.9℃时的运动黏度与试油相同。分别测出三种油在 37.8℃时的运动黏度。设试油在 37.8℃的运动黏度为 U；石蜡基标准油为 H；沥青基标准油为 L，则测试油黏度指数为

$$VI=\frac{L-U}{L-H}\times 100$$

在实际工作中只要测试油在 40℃和 100℃时的运动黏度，然后通过一些经验公式计算出 L、H、$L\text{-}H$ 的值，再代入上式求出 VI，或者查出有关 L、H 的数值表，再求 VI 值。也可测出试油在 40℃和 100℃时的运动黏度值，再利用有关图表直接查出试油的 VI 值。黏度指数可以较好地反映 40～100℃温度范围内油黏温曲线的斜率，仅测试油的运动黏度即可求得，可通过查图法和计算法得到，但查图法误差较大，计算太过繁杂，同时当温度不在 40～100℃范围时误差更大，但目前尚无更好的方法

取代，所以用黏度指数表示黏温性能仍是国际广泛采用的方法。

按黏度指数可将润滑油分成四级：$VI<35$ 为低黏度指数油；$35\leqslant VI\leqslant 80$ 为中黏度指数油；$80<VI\leqslant 100$ 为高黏度指数油；$VI>100$ 为特高黏度指数油。考虑到经济和使用性能方面的要求，往往采用聚甲丙烯酸酯和聚异丁烯作为黏度指数改进剂。国内主要黏度指数改进剂的名称及结构式见表 2-11。

表 2-11　国内主要黏度指数改进剂的名称及结构式

化合物名称	化合物类别	化学结构式
聚异丁烯	饱和线型聚合物	$-\!\!\left[CH_2-C(CH_3)_2\right]_m\!\!-$
聚甲基丙烯酸酯	非分散型	$-\!\!\left[CH_2-C(CH_3)(C{=}O\text{-}O-R)\right]_m\!\!-$ $R=C_1\sim C_{20}$
	分散型	$-\!\!\left[CH_2-C(CH_3)(C{=}O\text{-}O-R_1)\right]_m\!\!-\;-\!\!\left[CH_2-C(R_2)(Y)\right]_m\!\!-$ $R_1=C_1\sim C_{20}$，R_2=H 或 CH_2，Y=极性基团
乙丙共聚物	非分散型	$-\!\!\left[CH_2-C\right]_m\!\!-\;-\!\!\left[CH_2-C(CH_3)\right]_n\!\!-$
	分散型	$-\!\!\left[CH_2-C\right]_m\!\!-\;-\!\!\left[CH_2-C(CH_3)(Y)\right]_n\!\!-$
苯乙烯双烯共聚物	苯乙烯丁二烯共聚物	$-\!\!\left[CH_2-CH(C_6H_5)\right]_m\!\!-\;-\!\!\left[CH_2-CH_2-CH_2-CH_2\right]_n\!\!-$

续表

化合物名称	化合物类别	化学结构式
苯乙烯双烯共聚物	苯乙烯异戊二烯共聚物	$-[CH_2-CH(C_6H_5)]_m-[CH_2-CH_2-CH_2(CH_3)-CH_2]_n-$
苯乙烯聚酯		$-[CH_2-CH(C_6H_5)]_m-[CH(COOR)-CH(COOR)]_n-$
聚正丁基乙烯基醚		$-[CH_2-CH(OC_4H_9)]_m-$

运动黏度比是指同种油在温度为 50℃和 100℃下的运动黏度比值，比值越小，表示润滑油在测定的温度范围内（50～100℃）的黏温性能越好；反之，则黏温性能就越差，因此，规定的运动黏度比的指标要“不大于”某数值。目前在润滑油规格中这个指标的应用范围日益减少，逐渐有被黏度指数取代之势，因为用运动黏度比衡量黏温性能虽然简单方便，但结果不准确，通常是黏度大的油，其黏度随温度变化大；黏度小的油，其黏度随温度的变化小，因此，该方法仅仅适用于油品黏度相近的情况。

（3）清净分散性。润滑油的清净分散性能，是通过添加添加剂而获得的，因为基础油本身并不具备清净分散性能。积炭、漆膜和油泥，因组成和性质不同，对清净分散添加剂的感受性能也不一样。金属清净剂对积炭和漆膜作用效果好，但对低温油泥效果差，无灰分散剂正相反，对低温油泥有很好的分散作用，但高温清净性差。目前，对这两种添加剂一般都采取复合使用，复合后有明显的协合作用。

1）沉积物的生成机理。积炭主要包括燃料和润滑油燃烧生成的碳质沉积物，汽油抗爆剂（四乙基铅）生成的铅化物，燃料中的硫燃烧后与金属生成的盐类，润滑油中金属添加剂燃烧后形成的金属氧化产物，空气携带的灰、沙等硅化物，发动机零部件磨损下来的金属屑及其化合物。积炭是不可避免而又有害的，目前尚没有好的清除零部件表面积炭的方法，一般采用手工清除：有的用金属丝锯和刮刀清除，这种方法工效低且易损伤机件；有的先用三氯乙烯清洗发动机及其他有积炭的零部件，三氯乙烯能溶解积炭中的胶质和沥青质等黏性物质，使剩余的碳质化合物和金属氧化物等变得松脆而易于清除。用化学洗涤液清除较小的零部件金属屑，然后把脏污的零部件放入80～95℃的洗涤液内浸泡2～3h，再移到热水中用刷子清除残余的积炭。洗净积炭后，再用0.1%～0.3%铬酸钾（或铬酸钠）溶液清洗一遍，再用压缩空气吹干。

漆膜主要沉积在活塞环槽、裙部及连杆上，一般呈淡黄色、棕褐乃至深黑色。活塞裙部的漆膜一般颜色较浅，平滑而光亮；活塞环槽的漆膜常常夹杂有积炭，颜色深而表面粗糙。漆膜与金属表面结合得非常牢固，只有新生成的漆膜才能被苯、丙酮、氯仿等溶剂洗掉。漆膜粘附性很强不易清除，最好用前述清洗积炭的洗涤液加热洗涤。

油泥主要沉积在曲轴箱油底壳和壁、机油泵集油器滤网、油道、正时齿轮盖等处，颜色范围从灰到黑，稠度介于软膏状、半固体或固体之间。据研究，燃烧室的气体通过活塞环和气缸壁之间的间隙窜入曲轴箱是形成油泥的主要原因。窜气主要发生在压缩及燃烧过程，燃烧室的气体进入曲轴箱后，由于环境温度较低，高沸点组分和水汽冷凝，并与曲轴箱内的润滑油混合。其中润滑油和燃料油中的液相氧化产物进一步氧化缩聚，形成一种黏性物质，此物质能将固体物质、燃料、水、炭黑、磨损金属粒子以及曲轴箱内的润滑油的氧化产物黏合在一起形成油泥。

2）清净剂。清净剂（Detergent）是现代润滑剂的五大添加剂之一，以前把清净剂和分散剂统称为清净分散剂，有时为了区别它们，把含金属的称为有灰清净分散剂，把不含金属的称无灰清净分散剂。有关金属清净剂的结构组成见表2-12，主要清净剂和分散剂的清净分散性能见表2-13。无灰分散剂按其结构不同主要分为聚合型无灰分散剂和非聚合型无灰分散剂两大类。丁二酰亚胺是使用范围较广和使用量最多的一种无灰分散剂，其结构如图2-5所示。

表2-12 主要清净剂结构

类别	亲油集团	极性基团	亲水基团	分子结构示意
磺酸盐	烷基芳基 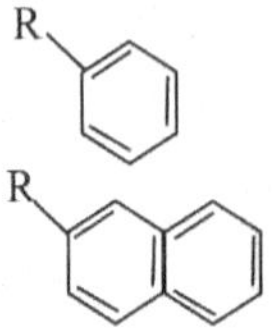 R R	磺酸基 ($—SO_3H$)	钙,镁,钡,钠 （Ca, Mg, Ba, Na）	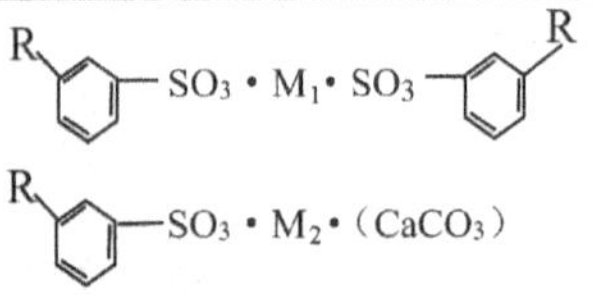 R R $SO_3 \cdot M_1 \cdot SO_3$ R $SO_3 \cdot M_2 \cdot (CaCO_3)$ M_1=Ca, Mg, Ba, Na R=18～25 烷基 M_2=1～2

续表

类别	亲油集团	极性基团	亲水基团	分子结构示意
烷基酚盐和硫化烷基酚盐	烷基芳基 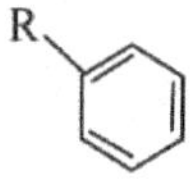 R	酚型羟基 （—OH）	钙，钡 （Ca, Ba）	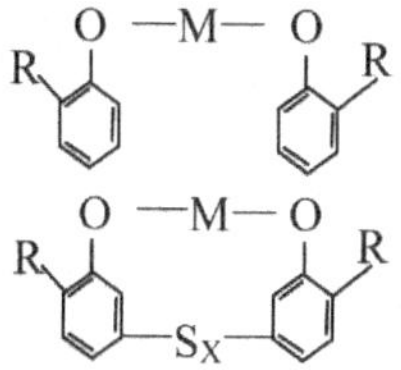 O —M— O R R O —M— O R R S_X M=Ca, Ba R=$C_{9\sim12}$烷基 X=1～4
烷基水杨酸盐	烷基芳基 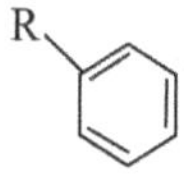 R	水杨酸基 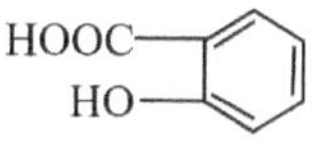 HOOC HO	钙，钡，镁 （Ca, Ba, Mg）	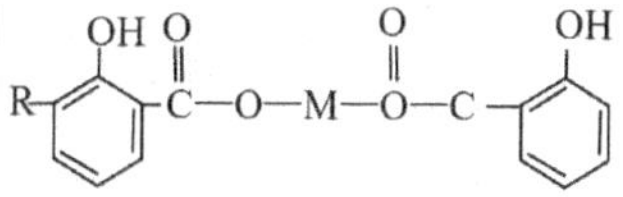 OH O O OH R—C—O—M—O—C— M=Ca, Ba, Mg R=$C_{14\sim18}$烷基
硫代膦酸盐	聚异丁烯 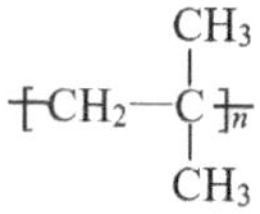 $\left[CH_2-C(CH_3)_2\right]_n$ n=17～20	硫代膦酸或膦酸基 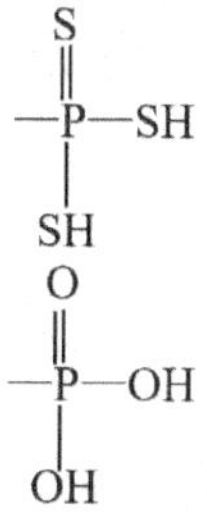 $-P(=S)(SH)-SH$ $-P(=O)(OH)-OH$	钙，钡 （Ca, Ba）	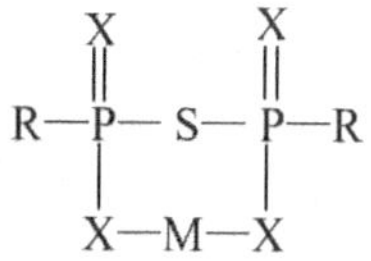 X X R—P—S—P—R X—M—X M= Ba, Ca R=$C_{60\sim70}$ X=S 或 O

表 2-13 主要清净剂和分散剂的清净分散性能

添加剂	增溶能力		分散能力			洗涤能力		
	增溶固体/%	增溶丙酮酸/(mmol/kg)	分散有机酸分解产物/%	分散沥青/%	分散炭黑/%	防止炭黑吸附/%	洗涤已吸附的炭黑/%	电场下防止炭黑吸附/%
烷基水杨酸钙	0～3	37	—	30～60	10	10	2～4	90～100
烷基酚盐	3.6	32	30～70	30～50	20～30	—	3	90

续表

添加剂	增溶能力		分散能力			洗涤能力		
	增溶固体/%	增溶丙酮酸/(mmol/kg)	分散有机酸分解产物/%	分散沥青/%	分散炭黑/%	防止炭黑吸附/%	洗涤已吸附的炭黑/%	电场下防止炭黑吸附/%
硫代膦酸钡	—	346	—	—	40	—		90
硫化烷基酚钙	—	24	—	—	38	—	—	50
磺酸镁	—	—	70	—	90	—	—	20
磺酸钙	6～10	20	60～100	70～90	100	34	6	10
丁二酰亚胺	8～20	360	—	80～100	100	85	53	0

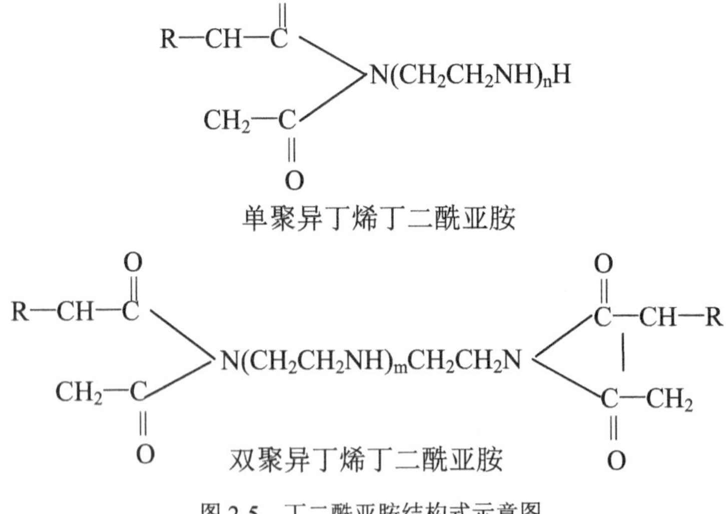

图 2-5　丁二酰亚胺结构式示意图

（4）抗氧防腐性能。

1）抗氧化性能。在一定条件下，一切正常精制的润滑油都有诱导期，在诱导期内，润滑油质量看不出变化。不同的油的诱导期长短差别很大，这主要取决于原料油的特性、精制的深度和有无抗氧剂及添加剂的效能。就某一润滑油而言，其诱导期的长短由温度、氧的压力、氧与油接触的状态及有无催化剂而定。诱导期结束后，油与氧会发生激烈的化学反应，放出热量，生成大量的过氧化物及其分解物（初级氧化产物），油的酸值和皂化值随之升高。起初酸值及皂化值增加得很慢，随后逐渐加快，如油继续氧化，便将生成不溶性的沉淀物。

根据润滑油的化学组成，激烈氧化阶段生成的产物可能不同，但其氧化特征却是一样的。如果油的温度保持不变，氧化进程会自动逐渐地稳定下来。影响润滑油氧化的因素，主要分为内因和外因，内因主要是润滑油的组成本分，有环烷烃、芳烃、环烷芳烃、烷烃、树脂等。润滑油的主要成分中以环烷烃最易氧化，且分子量大的比分子量小的更易氧化。环烷烃带有侧短链时，会降低其氧化安定性。环烷烃的主要氧化产物是羧基酸、羟基酸及酮基酸，此外还生成酮、醇、一氧化碳、二氧化碳、氢、水和羟基酸、酮基酸与酮的缩合物。芳烃的氧化性因其结构而异，分子结构越复杂、含芳香环越多越容易氧化。含有短侧链或芳环间以短链相连接的芳烃，氧化产物主要是酚、树脂（胶质）、炭沥青及炭青质；随着侧链长度增加，这类产物会相应减少，而酸性产物及中性产物（酸、羟基酸、醇、醛、酮、酯等）则会增多。环烷芳烃很易氧化成酸及其他化合物和缩聚产物，当分子中环烷核居多时，氧化产物与高分子环烷相似；当分子中芳环居多时，氧化产物与带短侧链的多环芳烃相似。烷烃氧化主要生成物中有羧酸、醇、醛、酮及酯。具有分支结构的烷烃深度氧化后才会生成羟基酸及其缩聚产物。树脂的结构很复杂，其氧化产物因其来源和性质不同而有很大差异。有些树脂的氧化产物像带长侧链的芳烃，有些像带短侧链的多环芳烃及多环环烷芳烃，还有的在氧化后生成含氮的中性沉淀物。少量树脂能有效抑制环烷烃氧化。带长侧链的多环芳烃如果浓度低，并不能抑制环烷烃氧化，有时甚至会增加氧化产物；当其浓度达到20%～30%时，便能够阻止环烷烃氧化。环烷烃内混合有足够浓度的芳烃时，可以增加环烷烃的抗氧化性。不带侧链或带短侧链的多环芳烃的抗氧化效果很好。

润滑油的工作温度、润滑油在机械零部件内的物理状态以及许多金属、金属氧化物及有机盐对润滑油的氧化均有很大作用。润滑油的氧化和其他化学反应一样，油的氧化作用随温度升高而急剧加快。在室温下油的氧化极其缓慢，实际察觉不出来变化，因此润滑油可以保存数年不变质。润滑油温达到50～60℃时，油的氧化作用就明显了；温度升到 200℃以上时，只要经过数十分钟或数小时，油的质量便会恶化。温度不但影响油的氧化速度，而且影响油的氧化产物。温度较低时油的氧化产物以过氧化物较多；油温较高时则生成挥发性氧化物及沥青质和炭青质等深度氧化产物。润滑油在发动机内的物理状态与其氧化速度也有密切关系。油与氧接触面积增加，有利于氧向油内扩散，所以薄层润滑油比同温度的厚层润滑油氧化得快；分散状态的油雾比上述两种状态氧化得更快。许多金属、金属氧化物及有机盐对润滑油的氧化起催化作用。最活泼的氧化催化剂是铜和铅、铁、氧化铁、银及其相应环烷酸盐。当柴油机的燃料含硫量高时，漏入曲轴箱里的燃烧产物也会加速油的氧化。

2）防腐性能。润滑油在使用过程中总会和各种金属接触，不腐蚀这些金属是对其最基本的要求。所谓腐蚀，指润滑油中所含的侵蚀性物质和金属零部件发生电化学反应而引起的损坏。腐蚀是车辆发动机轴承和其他摩擦零部件磨损增大的主要原因之一。

润滑油的基本组成部分（烷烃、环烷烃）对金属是无腐蚀的。对金属有腐蚀作用的是水溶性无机酸类、油溶性有机酸类及水溶性低分子有机酸类。无机酸可以直接和铁、铝、铅等金属作用生成相应的无机酸盐，造成化学腐蚀，成品润滑油本身不含无机酸，引起金属腐蚀的无机酸，一是来自润滑油加工过程中未除尽的硫酸等，二是在使用、贮存、运输过程中无意间混入的。有机酸包括油溶性高分子有机酸类和水溶性低分子有机酸类两种。在加工过程中，润滑油基础油中所含的有机酸类绝大部分都已被除去，引起金属腐蚀的有机酸类，主要是润滑油使用过程中的氧化产物。低分子有机酸，在水存在下对金属的腐蚀作用十分强烈，其腐蚀性随分子量的增大而减弱。

研究表明，金属先与润滑油氧化的中间产物即过氧化物作用生成金属氧化物，接着金属氧化物与有机酸类反应生成有机酸盐而溶于油中，如

$$Me+R_2O_2 \longrightarrow R_2O+MeO$$

$$MeO+2RCOOH \longrightarrow Me(RCOO)_2+H_2O$$

空气中的氧也可使金属氧化，生成氧化物。此氧化物与酸反应生成盐而使金属被腐蚀。若油中同时含有空气（氧分子）和水，则金属能够被油中的高分子有机酸腐蚀。首先生成金属氢氧化物，然后与酸反应生成溶于油的高分子有机酸盐，如

$$2Me+O_2+2H_2O \longrightarrow 2Me(OH)_2$$

$$Me(OH)_2+2RCOOH \longrightarrow Me(RCOO)_2+2H_2O$$

为了提高润滑油的抗腐蚀性能，一般都要在基础油中加入抗腐蚀添加剂。抗腐蚀添加剂能在金属表面形成保护膜，从而隔绝侵蚀性物质对金属的侵蚀作用。常用多效添加剂二烷基二硫代磷酸锌，兼有抗氧抗腐蚀作用，它在热分解过程中产生的偏磷酸盐的无机络合物能够在 Cu-Pb 轴承上形成保护膜，从而起到抗腐的作用。

由于润滑油原油种类、精制方法等不同，润滑油基础油氧化生成的酸的种类及特性也是不同的，对金属的腐蚀性自然也不一样，尽管如此，酸值的大小仍可看作润滑油基础油精制深度、腐蚀大小以及老化程度的定性判断指标。现代发动机润滑油、工业用油中一般都加入了抗氧抗腐抗磨多效添加剂二烷基二硫代磷酸锌，此剂酸值较大，加入后油品的酸值也相应升高，但油品的抗腐蚀性能却提高

了。因此，加有添加剂的成品油的酸值的大小与腐蚀性能无对应关系。润滑油的使用温度与腐蚀性有密切关系。油温升高，油品氧化生成腐蚀性氧化产物的速度加快，同时氧化产物与金属反应的速度即腐蚀的速度也加快。一般说来，温度每升高 10℃，化学反应速度加快一倍，金属腐蚀程度增大几倍乃至几十倍。燃料的化学组成及燃烧完全与否，对金属的腐蚀也有影响。即使不含硫的燃料的燃烧产物也能增加润滑油的腐蚀性；若含有少量的硫，便会急剧增加气缸套和活塞环等的腐蚀磨损。

3）抗氧防腐剂。抗氧剂或防腐剂的作用在于抑制润滑油的氧化过程，钝化金属的催化作用，减少油品氧化变质，延长油品使用寿命，同时保护机件金属（如轴瓦）表面不受酸的腐蚀等。在石油产品添加剂中抗氧剂的产量仅次于清净分散剂和黏度指数改进剂而居第三位。润滑油的氧化过程是先生成过氧化基，再经游离基链索反应的过程，将本体烃氧化。其中有关的反应方程式如下：

链的起始

$$RH \rightarrow R— + H— \qquad (1)$$

$$R— + O_2 \rightarrow ROO— \text{或} + R— \qquad (2)$$

链的增长

$$ROO— + RH \rightarrow ROOH + R— \qquad (3)$$

$$R— + O_2 \rightarrow ROO— \qquad (4)$$

$$ROOH \rightarrow RO— + OH— \qquad (5)$$

$$2ROOH \rightarrow RO— + ROO— + H_2O \qquad (6)$$

链的终止

$$\left.\begin{array}{l} 2ROO— \\ ROO— + R— \\ 2R— \end{array}\right\} \rightarrow \text{稳定的产物} \qquad (7)$$

终止或减弱上述氧化过程的最好办法是当过氧化物一形成，即加以破坏，以消除链的增长；或分解过氧化基，使链反应中断。抗氧剂分成两类：一是链索反应终止剂，即干扰式（3)；二是过氧化物分解剂，即干扰式（5)、式（6)。酚及胺型抗氧剂属于链索反应终止剂一类，有一活泼的氢原子，可先于润滑油中烃的原子而与过氧化基作用生稳定产物，即

$$ROO— + AH \rightarrow ROOH + A—$$

$$ROO— + A— \rightarrow ROOA$$

二烷基二硫代磷酸盐（酯)、氨荒酸盐、有机硒等抗氧剂是属于过氧化物分解剂这一类。对其作用机理目前尚无统一看法，有的认为，二烷基二硫代磷酸锌在热水分解中生成碱性盐$[(RO)_2PS_3]Zn_2OH$、和双一（二烷基硫代磷酸酯）二硫化物$[(RO)_2P(S)_2]_2S_2$及三硫化物$[(RO)_2P(S)_2]_2S_3$，这些硫磷酸酯能够分解过氧化物。还

有人认为，二烷基二硫代磷酸锌分解为硫醚（R_2S）和亚砜（R_2SO），而这些硫化物能分解过氧化物，如

$$R_2S+ROOH \rightarrow R_2SO+ROH$$

$$R_2SO+ROOH \rightarrow R_2SO_2+ROH$$

抗氧抗腐剂是属于过氧化物分解剂类型，主要用于内燃机油和传动油中，并兼有抗磨作用。主要有以下主要类型：

①二烷基（芳基）二硫代磷酸盐作为抗氧抗腐添加剂已使用了三十多年，它兼具抗氧、抗腐和抗磨性能，是一种多效添加剂。其结构可表示为

$$(R_1O)(R_2O)P(=S)-S-M-S-P(=S)(OR_1)(OR_2)$$

式中 R_1、R_2 可以是烷基、芳基，可以相同也可以不同；M 为金属，一般以锌为主，也有钡、镍的。

②氨荒酸盐又含名 *N*，*N*-二烷基二硫代氨基甲酸盐，其结构式为

$$(R_1)(R_2)N-C(=S)-S-M-S-C(=S)-N(R_1)(R_2)$$

式中 R_1、R_2 为相同或不同的烷基、芳基，M 为金属，一般以锌、镉为主。

（5）低温性能。润滑油的凝点对发动机的低温起动性能影响不大。黏度相同凝点不同的油，在接近凝点、低于或高于凝点的不同条件下，测得的转速转矩关系曲线都是一样的，表明凝点以上蜡的析出似乎并不影响起动，因为发动机起动时剪切力大，足以破坏蜡的结构而使油品在低温时表现的黏度接近于它的纯液相黏度。发动机的低温起动性能和内燃机油的低温启动黏度有关，由纯矿物油组成的润滑油的低温启动黏度，以前一直用美国材料实验协会（American Society of Testing Materials，ASTM）外推黏度法《液态石油产品黏度-温度图的标准实施规程》（ASTM D341－43）对其测定，即通过测知润滑油在 98.9℃及 37.8℃时的黏度，在 ASTM 黏度关系图上作一直线并外延，以求得–17.8℃低温时的黏度。这个方法一直沿用至今并用以制定规范，它和发动机冷起动情况的关联较好。早期稠化机油（多极油）的低温黏度测定法，仍沿用纯矿物油的 ASTM 外推黏度法。但是，ASTM 外推黏度法是以华尔脱方式为基础的适合于黏度不随剪切速度而改变的牛顿液体。只有牛顿液体的黏度-温度关系在 ASTM 黏度-温度关系图上呈直

线。稠化机油中由于加入了高分子聚合物黏度指数改进剂，其黏度随剪切速度而改变，属非牛顿液体，它的黏度-温度关系在 ASTM 黏度-温度关系图上不再是直线关系。正因为如此，用 ASTM 外推法求稠化机油–17.8℃的低温黏度，某些时候求出的黏度值比矿物基础油在–17.8℃时的低温黏度值还要低，这显然是不合理的。因为，加入的高分子聚合物的分子量要比基础油大几十甚至几百倍，其黏度应该比基础油大得多，故–17.8℃时的黏度只能比基础油高。

由于用外推法不能满意地求出稠化机油的低温启动黏度，美国研究协调委员会（Clinical Research Coordinator，CRC）为了找到一种适合发动机工作情况的测量稠化机油低温启动黏度的方法，并于 1961－1963 年间，在 CRC 下属 11 个实验室中的 12 台全尺寸发动机（11 台汽油机，1 台柴油机）上进行试验。试验是在–17.8℃冷室中进行的，首先，对发动机转速及起动马达所需电流进行精确测量，并在已知转速条件下测量转矩。然后用校正油（低凝低浊点纯矿物油）进行发动机试验，作出转速、电流或转矩（三者取其一）与校正油黏度关系的工作曲线。对于未知油样来说，只要在同样条件下测得其中任一参数（转速、电流或转矩），就可从图中找出未知油样的–17.8℃黏度，这个黏度叫作“发动机黏度”。例如，未知油样经发动机试验测得曲轴转速是 78r/min，即可查出该油在–17.8℃时的发动机黏度为 1900mm^2/s。ASTM 在所属实验室内开展了大量的研究工作，以寻求一种简便而又能较真实反应稠化机油低温黏度的测定方法。为此，ASTM 采用了不同剪切力和几何形状的黏度计，分别用上述发动机试验中使用的校正油和试验油进行试验，取多次试验的平均值与平均发动机黏度值对比。大量的试验、对比表明，弗兰提-谢里锥板式黏度计及外力-球黏度计（校正凝胶黏度后）两种方法测出的数值相对准确一些，总的趋势比较靠近平均发动机黏度。但是，这两种黏度计本身试验误差较大，重复性和再现性都不好，作为实验室测定是不理想的。此后出现的黏度测定法，以 CRC 所属海湾公司研究的往复式黏度计法及 CRC 所属埃索公司研究的冷起动模拟机法为最好。往复式黏度计法是海湾公司在进行发动机模拟测定黏度的方法研究中常用的方法，往复式黏度计法比冷起动模拟机法简单，用新设计的带有连杆的活塞及活塞筒代替航空发动机的单缸部分，其他部分两者几乎完全一样。两种模拟装置均采用不同的冲程，以考察不同剪切速度下所得黏度值与“平均发动机黏度”的差别，从而为设计有代表性的模拟测黏装置提供依据。同时，这两种模拟装置也要用校正油。这两种装置所测得的黏度与平均发动机黏度都很接近，STM 在 1969 年把往复式黏度计法作为测定发动机润滑油低温黏度的推荐方法。而冷起动模拟机法因其精度比往复式黏度计法更高，已被广泛采用。目前我国测定润滑油性能是采用《发动机油表观黏度测定法》（GB/T 6538－2000），也称冷启动模拟机法，该方法将试样加在转子与定子之间，用直流电机驱动一个紧密装在定子里的转子，通过调节流经定子的致冷剂流量来维持试验温度，并在靠近定子内壁处测量试验温度，转子的转速是关于黏度的一个函数，由标准曲线和所测得的转子转速来确定试样的黏度，总要测定剪切应力约为 50000～100000Pa，试验温度–30～–5℃范围内油的表观黏度。

低温启动黏度并不能完全说明润滑油的低温性能。即使在低温下油品的低温启动黏度小，发动机容易起动，也不能保证发动机起动后能正常润滑。实际使用中发现，有的润滑油能使发动机在低温下起动，但却使机油泵不能及时、正常供油，无法给发动机运动部件提供合适的润滑，从而造成运动部件的严重磨损和噪声增大等问题。由此可见，润滑油还应具有良好的低温泵送性能。

据研究，润滑油的凝点不影响发动机的低温起动性能，而主要影响低温下油泵的供油。表 2-14 是凝点不同、–17.8℃（0℉）低温黏度也不相同的一组试油的试验结果。从表可知，凝点较高的 4 号油［–3.9℃（25℉）凝点］，由于试验温度低于凝点，出现凝固难以流到泵入口处去，给油泵输油造成困难，27min 后才达到输油压力。而凝点–34.4℃（–30℉）的 3 号油、凝点–26.1℃（–15℉）的 2 号油和凝点–20.6℃（–5℉）的 1 号油，由于试验温度高于凝点，均尚未凝固，很快达到规定的油压，油泵供油仍然良好。

表 2-14　凝点对油泵输送能力的影响

编号	凝点/℃（℉）	最初油压/kPa（bf/in^2）	达到连续有油压的时间/min
1	–20.6（–5）	358.5（52）	0
2	–26.1（–15）	344.7（50）	0
3	–34.4（–30）	399.9（58）	0
4	–3.9（25）	0	27

注：汽车时速为 20km/h，试验–17.8℃（0℉）。

一直到 1974 年，关于油品低温泵送性能的测定才有了较好的模拟方法，此法采用 V8 型发动机的底盘和油泵系统，并在底盘开看窗观察油品的泵送状态， 为了便于研究，首先制定出判断正常泵送和不正常泵送的标准：发动机起动 1min 后，泵压下降至 146kPa 以下称为正常泵送；发动机启动 1min 后，泵压降至 140.6kPa 以下，但不小于 42.2kPa 称为边界泵送；发动机起动 1min 后，泵压降至 42.2kPa 以下称为不可泵送状态。据研究，在以下两种情况下泵供不上油，一是油的流动性太差，泵抽油时周围的油不能流到泵入口处，造成油泵抽入空气而产生气阻；二是油的黏度和进口筛网、管道的阻力都太大，无法流过足够的油而致使供油不正常。油品的低温泵送性能，可以用低剪切速率下的表现黏度表示。

美国汽车工程师协会（Society of Automotive Engineers，SAE）将发动机油黏度进行了分类，不仅规定了每种油的最高边界泵送温度，而还规定了该温度下油的最大低温黏度，如 5W 油的低温泵送温度不能高于–35℃，在该温度下的油低温黏度不能大于 60000mPa·s。我国目前的《内燃机油黏度分类》（GB/T 14906－2018）也做了同样规定，如对 10W 油规定其在–30℃时的低温泵送黏度不大于 6000mPa·s。我国目前测定边界泵送性能的方法是《发动机油边界泵送温度测定法》（GB/T 9171－1988），将试样在 10h 内以非线性程序冷却率，由 80℃冷却到试验温度，然后恒温冷却 16h，且在旋转黏度计上，逐步施加规定扭矩，观察并测定其转速运动，再计算该温度的屈服应力和表现黏度。由三个或三个以上的试验温度所得结果，确定该试样的边界泵送温度。

2. 润滑脂的性能

润滑脂性能是润滑脂组成及其制备工艺的综合体现。根据机械车辆用脂部位的具体情况，对润滑脂的基本要求是：良好的低温性能，良好的高低温性能，良好的极压、抗磨性，良好的抗水、防腐、防锈和安定性等。

（1）低温性能。机械车辆起步时的温度与环境温度近乎一致，在寒冷地区使用时，要求润滑脂在低温条件下仍能保待良好的润滑性能，即低温性能。润滑脂的低温性能是由润滑脂在低温下的相似黏度或稠度的增大程度来表示的，其评价的主要指标是稠度、相似黏度和低温转矩。

1）稠度。稠度是指在规定的剪力或剪速下，测定润滑脂结构体系变形程度以表达体系的结构性。它是一个与润滑脂在所润滑部位上的保持能力和密封性能，以及与润滑脂的泵送和加注方式有关的重要性能指标。某些润滑点之所以要使用润滑脂，就是因为其有一定的稠度。不同稠度的润滑脂所适用的机械转速、负荷和环境温度等工作条件也不同，从而使其抵抗流失的能力不同，因此，稠度是润滑脂的一个重要评价指标。

润滑脂的稠度等级可用锥入度来表示。润滑脂的锥入度是指在规定时间、温度条件下，规定重量的标准锥体穿入润滑脂试样的深度，以(l/10)mm 表示。我国的测定方法是《润滑脂和石油脂锥入度测定法》（GB/T 269－91），参照 ISO 2137－1985；ASTM 标准为 ASTM D217－17。测定用的仪器为锥入度计，如图 2-6 所示。标准圆锥体的形状和重量都有严格规定，圆锥体及杆重 150g。润滑脂锥入度通常包括不工作锥入度、工作锥入度、延长工作锥入度、块锥入度（试样在没有容器的情况下，具有保持其形状的足够硬度时测定的锥入度）四种，不工作锥入度一般不像工作锥入度那样能有效地代表使用中润滑脂的稠度，因此通常用工作锥入度来检测润滑脂的稠度。延长工作锥入度适用于工作超过 60 次所测定的锥入度。润滑脂锥入度测定要在 25℃条件下将锥体组合件从锥入计上释放，通过锥体沉入试样 5s 时的深度来分别测定润滑脂的上述四种锥入度。

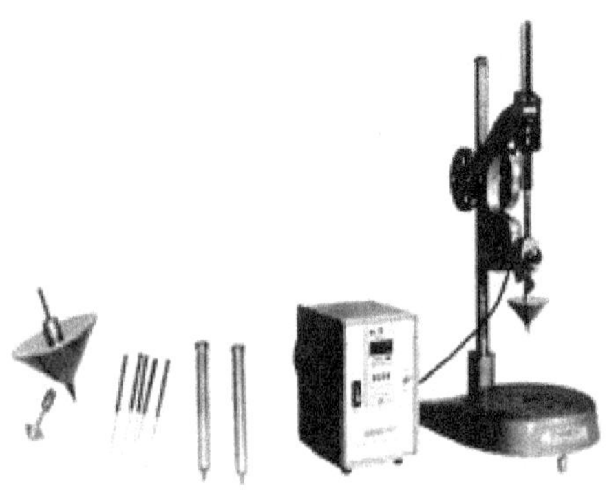

图 2-6　锥入度计

锥入度反映了润滑脂在低剪切速率条件下的变形与流动性能。锥入度值越高，润滑脂越软，即稠度越小，越易变形和流动；锥入度值越低，则润滑脂越硬，即稠度越大，越不易变形和流动。由此可见，锥入度可有效地表示润滑脂的稠度，是选用润滑脂的重要依据。我国用锥入度范围来划分润滑脂的稠度牌号。为了适应实际使用中对不同软硬润滑脂的需要，往往对同一种润滑脂有不同的锥入度配套，以供用户选用。这就是润滑脂产品按锥入度的不同等级在质量指标上规定的润滑脂号数。我国润滑脂按锥入度范围所分牌号见表 2-15，美国 NLGI 润滑脂锥入度分级见表 2-16。

表 2-15　我国润滑脂按锥入度范围所分牌号

牌　号	0	1	2	3	4	5	6	7	8
锥入度（25℃）/（1/10mm）	355～385	310～340	265～295	220～250	175～205	130～160	85～115	60～80	35～55

表 2-16　美国 NLGI 润滑脂锥入度分级

NLGI 分级	000	00	0	1	2	3	4	5
锥入度（25℃）/（1/10mm）	445～475	400～430	355～385	310～340	265～295	220～250	175～205	130～160

润滑脂品级（号数）越高，脂越硬，锥入度越小，外观显得越稠。常用润滑脂的锥入度为 300～400，锥入度超过 400，即失去塑性成为流体。

2）相似黏度。相似黏度是指润滑脂在一定温度条件下的黏度，这种黏度是随着剪切速率的变化而变化的变量，单位为：Pa·s。润滑油的黏度随温度的升高而减小，所以同一种润滑油，由于温度不同，黏度也不同。润滑脂的黏温特性则要比润滑油复杂，因为润滑脂结构体系的黏温特性还要随剪力的变化而改变。润滑脂中相似黏度随着剪切速率的增高而降低，但当剪切速率继续增加，润滑脂的相似黏度在接近其基础油的黏度后便不再变化。润滑脂相似黏度与剪切速率的变化规律称为黏度-速度特性。黏度随剪切速率变化越显著，其能量损失越大。一般可以根据低温条件下润滑脂相似黏度的允许值来确定该润滑脂的低温使用极限。润滑脂的相似黏度也随温度上升而下降，但变化程度仅为基础油的几百甚至几千分之一，所以，润滑脂的黏温特性比润滑油好。

从使用角度来看，黏度性质对润滑脂和润滑油同样重要。众所周知，润滑脂是同时具有液相和分散固体相的凝胶结构。这种体系的黏度是由液体黏度和结构变形阻力所组成，因此要测定润滑脂的黏度必须有两个固定条件：一定的温度和一定的切变应力（剪切速率）。在这两个固定条件下润滑脂具有的黏度称为相似黏度（或表观黏度、有效黏度），它是润滑脂的重要特性指标之一。在一定的温度下，润滑脂的相似黏度因剪力增加而急剧减小。

黏度因剪切速率而改变的程度是润滑脂的一种黏度剪切特性。通常用润滑脂在一定温度时两个不同剪切速率下的黏度比来表示，若这个比值较大则对使用有利。温度下降，黏度剪切特性也随之变差。

和润滑油一样，润滑脂也能用在两个不同温度下的黏度比表示它的温度、黏度特性，不过黏度的测定必须在相同的剪切速率下进行。润滑脂的黏度、温度特性随剪切力变化，剪切速度增加会使黏度、温度性质变差，一般来说，润滑脂在使用的温度范围内，其黏度、温度性质比润滑油要好的多。润滑脂的黏度性质，决定于稠化剂的基本性质、稠化剂的含量和皂油体系的性质。脂内皂含量增多或皂的稠化能力增强，都能改善润滑脂的黏度及其黏度、温度性质。

润滑脂的黏度可以用各种形式的黏度计、稠度计或塑性计测定。现在常用的黏度计有落球式、毛细管式和转动式三种。自动毛细管黏度计的构造原理如图 2-7 所示，润滑脂放在圆筒容器 3 内试验时，压紧的弹簧 1 及柱塞 2 把润滑脂压挤通过毛细管 5。柱塞移动时，固定在柱塞上的笔 6 便自动地在转筒 7 的纸上记录下一条曲线。根据曲线可以计算出某一点上柱塞的移动速度（m/s）及其对润滑脂的压力 P（Pa）。脂在平均剪切速率 $\bar{D}$ 及温度 t 时的黏度 $\eta_t^{\bar{D}}$ 为

$$\eta_t^{\bar{D}}=\frac{f}{D}$$

$$f=9.81\times10^5P\frac{R}{2L}$$

$$\bar{D}=\frac{4r^2V}{R^3}$$

式中，f为施加于毛细管内润滑脂的剪力，Pa；$\bar{D}$为平均剪切速度，s^{-1}；R为毛细管的直径，m；L为毛细管的长度，m；r为柱塞的直径，m；V为柱塞的移动速度，m/s。

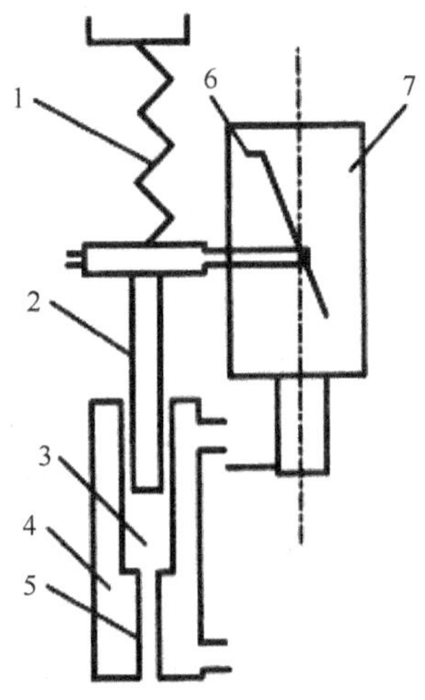

图 2-7　自动毛细管黏度计构造原理图

1—弹簧；2—柱塞；3—圆筒容器；4—恒温浴；5—毛细管；6—笔；7—转筒

3）低温转矩。低温转矩是表示润滑脂在低温条件下使用时阻滞低速度滚珠轴承转动的程度。低温转矩可以表示润滑脂的低温使用性能，以 9.8N·cm 的转矩测出使轴承在 1min 内转动一周时的最低温度，作为润滑脂的最低使用温度。润滑脂的低温转矩除了与基础油的低温黏度有关以外，还与润滑脂的强度极限有关。

《滚珠轴承润滑脂低温转矩测定法》（SH/T0338－92）规定了启动与运转转矩的测定方法，该方法可测在–20℃条件下，滚珠轴承润滑脂的启动与运转转矩，并将其作为润滑脂在低温条件下运转阻力大小的评定指标。

（2）高温性能。润滑脂在受热时，性质可以发生多方面的变化，这些变化都会影响到润滑脂在高温下的使用性能。温度升高，润滑脂变软，使得润滑脂附着性能降低而易于流失；在较高温度条件下还易使润滑脂的蒸发损失增大，加重氧化变质与凝缩分油现象的发生。由于润滑脂失效的主要原因是凝胶的萎缩和基础油的蒸发损失，故润滑脂失效过程的快慢与其使用温度有关。高温性能好的润滑脂可以在较高的使用温度下保持其附着性能，其变质失效过程也较缓慢。润滑脂的高温性能可用滴点、蒸发度和轴承漏失量等指标进行评定。

1）滴点。润滑脂的滴点是指其在规定条件下达到一定流动性时的最低温度，以℃表示。滴点没有绝对的物理意义，它的数值因设备与加热速率的不同而不同。润滑脂的滴点主要取决于稠化剂的种类与含量，它可以大致反映润滑脂使用温度的上限。显然，润滑脂在达到滴点时已丧失对金属表面的粘附能力。一般来说，润滑脂应在滴点以下20～30℃或更低的温度条件下使用。根据滴点可以大致了解润滑脂的类型、成分，使用温度上限的参考数据等；也可以判断润滑脂能够在什么温度下使用，滴点越高，耐热性就越好。对皂基脂来说，其使用温度低于滴点20～30℃。几种常用脂的滴点范围如下：

钙基润滑脂的滴点约在 70～100℃

钠基润滑脂的滴点约在 130～200℃

钙钠基润滑脂的滴点约在 120～135℃

锂基润滑脂的滴点约在 170℃以上

复合钙基润滑脂的滴点约在 180℃以上

2）蒸发度。润滑脂的蒸发度是指在规定条件下蒸发后，润滑脂的损失量所占的质量百分数其主要取决于润滑脂所采用的基础油的种类、馏分组成和分子量。蒸发度可以定性地表示润滑脂上限使用温度，因此对在高温、宽温度条件下使用的润滑脂的蒸发度的测定尤为重要。润滑脂基础油蒸发损失会使润滑脂中的皂基稠化剂含量相对增大，导致脂的稠度发生变化，增大使用中内摩擦，从而影响润滑脂的使用寿命。因而，蒸发度指标可以从一定程度上表明润滑脂的高温使用性能。

据统计，绝大部分滚动轴承润滑都采用润滑脂，因此，润滑脂的轴承使用寿命是一项极其重要的性能指标。在高温轴承寿命试验机上可以模拟润滑脂在一定的高温、负荷、转速条件下的工作性能，因此，测得的结果对润滑脂的实际使用具有一定的参考价值。一般是在试验机上观测，当出现破坏力矩的峰值，试验自动停车，并伴随出现轴承温升记录指示值剧升和干摩擦噪声的情况，且经反复启动仍不能转动，则表示润滑脂膜已遭破坏，试验结束，试验所进行的时间就是润滑脂的高温轴承寿命。一般而言，润滑脂的轴承寿命越长，表示其使用期也越长。

3）轴承漏失量。测定润滑脂轴承漏失量是模拟润滑脂在机械车辆轮载滚动轴承中的工作性能。《汽车轮轴承润滑脂漏失量测定法》提供了一个可以区分不同漏失特性的产品筛选法，该方法所需仪器由一个专门的前轮毂及轴组合件组成，轮毂由电动机带动运转，组合件安装在恒温箱内，其中有测量箱内环境温度及轴温的装置。显然，漏失量越大说明润滑脂的高温工作性能越差。

（3）氧化安定性和胶体安定性。

1）氧化安定性。润滑脂在储存与使用时抵抗大气的作用而保持其性质不发生永久变化的能力称为氧化安定性或抗氧化性。氧化安定性对润滑脂的储存和使用都具有重要意义，是润滑脂的重要性能之一。润滑脂中的稠化剂和基础油，在长期贮存或长期高温的情况下很容易被氧化。氧化过程中生成的腐蚀性产物即烃类有机酸，特别是低分子有机酸，会对金属表面产生腐蚀，同时还会产生胶质，影响润滑脂的正常使用。对润滑脂的抗氧化性能的评定可以预测润滑脂在使用或贮存中抵制氧化的能力，由于润滑脂中的金属皂（特别是锂皂）或其他化合物对基础油的氧化起了促进使用，所以润滑脂的氧化安定性一般来说要次于基础油的氧化安定性。润滑脂也通过加抗氧剂来抑制氧化，常用的抗氧剂主要是酚类或胺类，有时复合起来使用抗氧效果更好。

2）胶体安定性。胶体安定性是指润滑脂抵抗温度和压力的影响而保持其胶体结构的能力，也就是基础油与稠化剂结合的稳定性。因润滑脂是一个胶体分散体系，其胶体结构的稳定常受温度和压力的影响而受到不同程度的破坏，从而使固定在纤维空间骨架中的基础油分离出来，严重的还会造成润滑脂变质。但是如果润滑脂不能在压力的作用下分离出一部分油来，也不能使润滑脂起到润滑作用。因此，对润滑脂的分油要有适当的要求，既不能过大也不能太小，过大表明润滑脂的胶体安定性不好，既不适用来润滑设备，也不宜于储存太久。所以往往打开包装桶时，在润滑脂表面会看到一些油，由于受到压力作用在桶底分出的油可能会多一些，但只要润滑脂无异常现象，仅分出一点油属于正常现象。同时，不同皂基脂的这种现象必定会存在差别，这是由金属皂本质所决定的，所以分油指标也不尽一样，如锂基脂的分油量就会大一些。

3）抗氧化添加剂和胶溶剂。润滑脂抗氧剂的作用机理同润滑油抗氧剂一样，主要是打断氧化链锁反应的反应链，从而终止氧化反应的进一步进行。润滑脂的氧化主要是基础油氧化的结果，由于皂基润滑脂中的金属对氧化有催化作用，因此润滑脂比润滑油更易氧化。根据稠化剂中金属种类的不同，催化效果也有所差异，如铝、钙等金属皂比钠、锂的催化作用弱。

润滑脂的抗氧化剂的种类很多，其主要抗氧剂见表 2-17。常用的胺类抗氧剂有苯基-α-萘胺、二苯胺、苯二胺等衍生物，可在温度为 150℃以上时使用。常用的酚类抗氧剂有萘酚、二异丁基对甲酚、2，4，6-三甲基酚等。2，6-二叔丁基对甲酚因高温挥发性大，在温度为 100℃以上时不能使用。

抗氧化添加剂对润滑脂的适应性表现为胺类抗氧剂适于中性或弱碱性的润滑脂，酚类抗氧剂对于含游离酸的润滑脂较有效。适宜的用量须经试验来确定，超过适宜的浓度会降低效果，一般来说，抗氧剂的用量都比较小。

表2-17 润滑脂的主要抗氧剂

添加剂类型	典型化合物	用量/%	备注
胺	二苯胺	0.1～1.0	
	苯基-α-萘胺	0.1～1.0	
酰胺	乙二胺四醋酸四苄基酰胺	2～10	170℃以下有效
醚	2，4-二氨基二苯基醚	0.0001～1.0	钾基脂用
脲类化合物	1-（烷基苯甲基）-3-苯基脲	0.1～5	酯类油皂基脂用
酚的衍生物	2，6-二叔丁基对甲酚	0.05～1.0	
硫代氨基甲酸盐	二烷基二硫代氨基甲酸铝或锌	0.1～2	
	二丁基二硫代氨基甲酸铅或锌	0.1～1.0	
其他有机硫化物	吩噻嗪	0.1～1.0	高温抗氧剂
磷化合物	烷基酚亚磷酸酯	0.1～0.5	
硒或碲化物	双十二烷基硒	0.1～0.5	高温抗氧剂
	二芳基硒	2.0～5.0	
无机酸盐	磷酸三钠	0.5～1.0	钠基脂用

胶溶剂又称结构改善剂或稳定剂，它的作用是改善润滑脂的胶体结构，从而达到改善润滑脂的某些性能的目的。胶溶剂是一些极性较强但分子量比较小的化合物，如有机酸、甘油、醇、胺等，水也是一种常用的结构改善剂。由于胶溶剂含有极性基因，能吸附在皂分子的极性端间，使皂纤维中的皂分子的排列距离相应增大，从而使基础油膨化到皂纤维内的量增大。此外，由于皂纤维内外表面增大，皂油间的吸附也就相应增大。因此，在胶溶剂存在时，可使皂和基础油形成较稳定的胶体结构。

胶溶剂的类型因稠化剂和基础油的不同而不同，如一些皂基润滑脂中常加入甘油作为胶溶剂。锂基润滑脂中常加微量的环烷酸皂作为胶溶剂；钙基润滑脂中加少量水或醋酸钙作为胶溶剂；钡基润滑脂中加醋酸钡作为胶溶剂；膨润土润滑脂中加微量水作为胶溶剂；铝基润滑脂中加油酸作为胶溶剂等。

实践中发现，胶溶剂的用量过多或过少都对润滑脂的质量有不利影响。例如，胶溶剂过少，皂的聚结程度较大，膨化和吸附的油量较少，皂-油体系不安定；反之，胶溶剂过多，由于极性的影响，也会造成胶体结构的破坏，润滑脂的稠度随之降低。所以，胶溶剂的用量要适当，一般胶溶剂的用量是由实验来确定的。

（4）机械安定性。润滑脂的机械安定性是指润滑脂在机械剪切力的作用下，其骨架结构体系抵抗从变形到流动的能力，是影响润滑脂使用寿命的重要因素。

机械安定性决定于稠化剂纤维本身的强度、纤维间接触点的吸引力和稠化剂的浓度，对润滑脂的实际使用有着很大的参考价值和实际意义。轻微的不安定是有益处的，因为这可使得润滑脂的压送更容易并使润滑脂在轴承中的阻力降低。但过大的机械不安定就会导致润滑脂在机械作用下流失。在机械作用下稠化剂纤维的剪切是必然的，所以润滑脂的稠度都会随使用时间的延长而降低。最简便的测定机械安定性的方法，是用锥入度工作器将润滑脂往复剪断若干次，并测定其前后的锥入度，可用工作前和工作后锥入度差值表示润滑脂的机械安定性，差值越小，机械安定性就越好。机械安定性具体计算如下：

$$Q=K_2-K_1$$

式中，K_2 为工作后润滑脂的锥入度；K_1 为工作前润滑脂的锥入度；Q 为锥入度差值。

（5）抗磨极压性。

1）抗磨性。润滑脂抗磨性是指通过保持在运动部件表面间的油膜，防止金属之间因直接接触而造成磨损的能力。润滑脂的稠化剂本身就是油性剂，具有较好的抗磨性。在苛刻条件下使用的润滑脂，添加有二硫化钼、石墨等减磨剂和极压剂，因而具有比普通润滑脂更强的抗磨性，这种润滑脂被称为抗磨型润滑脂。

2）极压性。润滑脂的极压性是指涂在相互接触的金属表面间的润滑脂所形成的脂膜承受负荷的特性，脂膜能承受来自轴向与径向的负荷。一般通过在基础油中添加皂基稠化剂来增强润滑脂的极压性。目前普遍采用四球试验机来测定润滑脂的脂膜强度。

3）极压抗磨添加剂。一些含磷、氯、硫的化合物具有极压和抗磨性。一般来说，磷化合物具有抗磨性，而氯化合物与硫化合物具有极压性，同时含氯、磷和磷或硫的化合物，既具有极压性，又具有抗磨性。为了改进润滑脂的抗磨性和极压性可以混合使用两种或两种以上的添加剂。

极压剂和抗磨剂的类型见表 2-18。

表 2-18 极压剂和抗磨剂的类型

添加剂类型	典型化合物	用量/%	备注
硫化合物	硫化鲸鱼油	1～10	
	双-丁基黄原酸盐	1～10	
	苯间二酚硫化物	0.1～20	
氯和氟化物	三氟氯乙烯调聚物	1～10	硅油脂用
磷化合物	三甲苯磷酸酯	0.5～3	抗磨添加剂

续表

添加剂类型	典型化合物	用量/%	备注
硫、氯、磷化合物	硫代双二氯酚	0.2～5	膨润土脂用
	三-(2-氯乙基)-亚磷酸酯	0.1～5	合成油锂基脂用
钼和硫化物	二硫代氨基甲酸氧化钼	>1	抗磨、极压、抗氧
某些金属化合物	环烷酸铝	2～3	和其添加剂共用
	二烷基二硫代氨基甲酸锑	0.5～10	
	磷酸钙和硫化铋混合物	1	
	羰基钨	0.1～3	抗磨添加剂
其他	二环己胺	1～10	
	硼酸酯或硼酸盐		

二烷基二硫代氨基甲酸盐添加剂已成功应用于许多润滑脂和发动机油及工业润滑油中，其二价和三价金属盐具有抗氧化、抗磨和极压剂的功能，有的还具有金属钝化剂的功能，是润滑剂的多效能添加剂。锌盐和镉盐主要用作抗氧剂，但也兼有一些抗磨和极压性能；钼、铝、锑盐主要用作抗磨极压添加剂，但也兼有一些抗氧化性能。锌盐还可起到金属钝化剂的作用。

抗磨极压添加剂是属于硼酸盐或硼酸酯类的一类新型极压抗磨添加剂，不含磷、硫、氯等活性元素，即所谓的“惰性”极压抗磨添加剂。通过分散剂（如阴离子表面活性剂石油磺酸钠）将无机硼酸盐以极细的颗粒分散到矿物油中，分散体系中硼酸盐是非结晶小球，平均直径为 0.1μm。

硼酸盐极压添加剂具有以下优点：

①抗磨极压效果好，特别是在低黏度油中具有良好的抗磨极压效果。国外称之为“节能油”的齿轮油，主要是由低黏度油加含硼添加剂制成，满足了抗磨极压性的要求。硼酸盐的作用机理是由渗硼形成的 FexBy 形式的极压膜，这一层表面膜具有较高的硬度，较好的抗磨、抗高温氧化、耐腐蚀性。而含磷、硫、氯活性元素的极压添加剂，作用机理主要是活性元素同金属（铁）化学反应生成一层膜，这层膜的抗剪切强度比基础金属（铁）的低，因而在使用过程中，这层膜容易被磨掉，换句话说，含磷、硫、氯的极压添加剂，在使用过程中消耗得比硼酸盐快。因此在使用寿命上，硼酸盐极压添加剂显得更长。

②硼酸盐极压添加剂的抗磨性，对金属材料的选择性不敏感。换言之，硼酸盐极压添加剂对各种金属材料都比较适应。而含磷、硫、氯的极压添加剂，抗磨性的好坏受金属材料的性能影响很大。

③硼酸盐极压添加剂一般不会造成金属的腐蚀，而含磷、硫、氯的极压添加剂，若配制不好，往往会造成金属腐蚀，且硼酸盐极压添加剂一般没有什么毒性。

④硼酸盐极压添加剂同其他含磷、硫、氯的极压添加剂具有很好的配伍性。即与含磷、硫、氯的极压添加剂复合使用时都能较大地提高抗磨极压性能。

硼酸盐极压添加剂的唯一的缺点是抗水性能较差。为了克服这一缺点，科研人员进行了大量的研究工作，但仍未能从根本加以改进。

（6）抗水防腐性。

1）抗水性。润滑脂的抗水性表示润滑脂在大气湿度条件下的吸水性能，它主要取决于稠化剂的抗水性和乳化性。润滑脂吸收水分后，会使稠化剂溶解导致滴点降低，引起腐蚀，从而降低保护作用。有些润滑脂，如复合钙基脂，吸收大气中的水分还会变硬，从而逐步丧失润滑能力。机械车辆在使用过程中，底盘各摩擦点可能与水接触，这就要求润滑脂具有良好的抗水性。抗水性差的润滑脂在吸收大气中水分或遇水后往往造成稠度降低甚至乳化流失。

润滑脂里的水分有两种，一种是游离的水分，这是不希望有的；另一种是结合的水分，即润滑脂的结构胶溶剂。钙基润滑脂中的水分随工作锥入度的变化见表 2-19。

表 2-19　钙基润滑脂中的水分随工作锥入度的变化

项目 \ 脂号	1	2	3	4
工作锥入度/（1/10mm）	310～340	265～295	220～250	175～205
水分/%	≤1.5	≤2.0	≤2.5	≤3.0

游离水的存在会降低润滑脂的机械安定性和化学安定性，从而降低润滑脂的防护性引起腐蚀。所以润滑脂中的水分要控制，有的润滑脂甚至不允许有水的存在，如钠基润滑脂，如果掺入水分将使这类脂变软，其机械安定性随之恶化，经机械运转剪切会造成润滑脂的流失和金属腐蚀。

2）防腐性。防腐性是润滑脂阻止与其相接触金属被腐蚀的能力。润滑脂的稠化剂和基础油本身是不会腐蚀金属的，使润滑脂产生腐蚀性主要是由于氧化产生酸性物质所致。一般而言，过多的游离有机酸、碱都会引起腐蚀。腐蚀试验就是检测润滑脂是否对金属有腐蚀作用，测定的方法有好几种，需要的条件也各不相同，但都是在一定温度和试验时间下，通过观察金属片上的变色或产生斑点等现象来判断润滑脂腐蚀性的大小。

为了提高润滑脂的防腐性，防止空气、水分等透过润滑脂膜，造成金属的生锈，要向润滑脂中加入防锈添加剂。作为防锈添加剂的物质是一些有机极性化合物，如金属皂、有机酸、酯、胺等。这些极性化合物吸附在金属表面，或是与金属发生化学反应而生成盐，在金属表面形成致密而稳定的薄膜从而使金属面与水分和空气相隔离，起到防锈作用。

防锈添加剂主要有：磺酸盐和环烷酸盐，如石油磺酸钡、石油磺酸钙、二壬基萘磺酸钡、环烷酸钡、环烷酸锌等；酯类，如山梨糖醇单油酸酯（司本-80）、季戊四醇单油酸酯；杂环化合物，如十七烯基咪唑啉、巯基苯并噻唑；有机酸，如十二烯基丁二酸、油酰肌氨酸等。

一般来说，润滑脂本身就有较厚的覆盖油膜，具有防锈性，故在通常条件下不用加防锈添加剂。但近年来，随着对润滑脂防锈性要求的提高，基本都添加了防锈剂。但是防锈剂是极性化合物，或多或少对润滑脂的胶体结构有破坏作用，因而评选一个理想的润滑脂的防锈剂并非易事。

2.1.3 润滑材料的选用

1. 润滑油的选用

润滑油的选择要综合考虑设备工况、工作环境、设备结构条件、润滑方式、润滑状态及生产实践中总结出来的经验，还要考虑油品的黏度和使用性能。工作温度是选用润滑剂的主要因素之一，在一定的条件下，当摩擦副的工作温度较高时，应选用润滑油的黏度大些或润滑脂的锥入度小一些，而且闪点高，油性较好、抗氧化性强的油品；当摩擦副的工作速度较高时，应选用黏度较小一点的润滑油或锥入度较大的润滑脂，以降低摩擦阻力，降低功耗和温度；当磨擦副的转数较小时，应选用黏度较大的油品，以建立适当厚度的油膜；当摩擦副的工作载荷较高时，应选用具有极好的油性和极压性的高黏度润滑油，以保证油膜强度；在潮湿或与水接触较多的工作条件下应选用抗水、防锈性能好的润滑脂或破乳化能力强的润滑油。下面以内燃机油为例来具体说明润滑油的选择。

（1）黏度级号的选择。润滑的目的在于通过减少机件的摩擦与磨损，来提高机械效率和延长发动机寿命。摩擦与磨损相互联系比较密切，磨损给机械带来明显的危害，而摩擦造成的机械功率损失约为发动机总机械功率的 25%～29%，其中消耗于发动机摩擦的占 19%～23%。据估计，通过改善润滑状况，摩擦损失可以减少 30%，大体相当于总机械功率的 6%～7%。在目前能源严重危机的情况下，这对节约宝贵的液体能源具有十分重要的意义。

对内燃机油黏度等级选择来说，既要考虑发动机主要的三种有着不同润滑状态要求的摩擦组件，即曲轴及连杆轴承、凸轮轴及气门挺杆机构、活塞气缸组，还要考虑发动机的运转对黏度的要求。

在汽车运行中，轴承与轴颈基本处于液体润滑状态，摩擦系数与机油黏度有最好的关联性，在不出现边界润滑的条件下，低黏度油使摩擦损失相应减小。关于凸轮轴及气门挺杆机构的润滑，根据用不含添加剂的机油试验得出的结果表明，黏度级 SAE5W 及 SAE10W 机油的磨损是 SAE20W 及 SAE30W 机油的三倍。活塞环与气缸壁间的润滑是十分困难的，虽然摩擦面与轴承有些相似，但由于高温的工作环境及经常改变的运动方向，不易保持完全的流体润滑，特别是上止点附近，气缸壁经常出现磨损和擦伤现象，如果润滑黏度太低，还会增大磨损。同时，活塞环与缸壁间的摩擦是高温起动阻力增大的主要原因，热起动扭矩与黏度有近似反比的直线函数关系。从以上发动机摩擦组件的润滑状态可以清楚地看出，不同的摩擦组件对润滑油料黏度（及抗磨减摩性）有不同的要求。为了减少摩擦、节约燃料，应根据发动机结构特性及运行条件，通过试验和经验选用适当黏度的润滑油。

由于发动机的结构和试验条件不同，对机油低温起动和高温润滑性能研究得到的结果颇不一致，温度降到–40℃发动机仍能起动的最高黏度与发动机类型、蓄电池性能等因素有关，约在 2.5～3.5Pa·s 范围内。黏度指数为 100 的 SAE10W 机油可能起动的最低温度是–27～–22℃，SAE20W 油是–23～–13℃。多数汽车制造厂都根据自己的试验结果，推荐自己所用润滑油的最低操作温度（表 2-20）。

表 2-20 汽车制造厂推荐的润滑油最低操作温度

SAE 黏度级号	最低操作温度/℃
5W	–32
5W/30	–32
10W	–23
10W/40	–23
20W	–12
20W/50	–12

柴油机为压燃式，压缩比较汽油机高。压缩行程的温升与环境温度有关，故冷起动需要较高的扭矩和转速，这可以靠加蓄电池的电压及电容量来解决。汽车柴油机对润滑油低温黏度的要求与汽油机无太大差别。载货汽车发动机高温运行状况下的黏度要求（100℃的最低黏度），与润滑油的黏温性能及高温润滑性能有

关，就不含抗磨、减摩剂而言，不宜小于 8mm²/s，否则不能保证热车润滑。

在润滑油的黏度选择上，许多人有偏高的倾向，错误地认为高黏度润滑油利于保证润滑与减少磨损，实际上却并非如此。高黏度润滑油的低温起动性及泵送性差，起动后供油慢，磨损大。更重要的是润滑油黏度过大，会使发动机摩擦功率损失增大，燃料消耗也相应增加。低黏度润滑油不仅使发动机摩擦功率损失减少，而且由于油的粘滞摩擦生成热量较少，在润滑系统内循环流动得快，冷启动好；同时低黏度油中悬浮携带的杂质更容易被滤清器滤掉，所以对发动机正常运行和减缓自身氧化变质都有好处。因此，应当在保证发动机活塞环密封、机件磨损正常的条件下选用黏度更低的润滑油。

国产 SC 级汽油机油中有 20、30、40 三个黏度牌号，CA 级、CC 级柴油机油也有 20、30、40 三个黏度牌号。其中 20 号机油低温性能好，其黏度比及凝点分别比同一原料炼制的 30 号机油低。20 号汽油机油能保证解放牌汽车发动机起动的最低温度在–16～–20℃之间。我国黄河以北地区冬夏温度差别大，在寒冷的冬季，短途运输汽车的发动机磨损主要发生在冷起动及走热过程中，为了保证发动机易于起动和减少起动时的磨损应采用低黏度润滑油。近年来生产的 CA1090 载重汽车在寒区适用 SD 级汽油机油 OW/30 油（倾点–32℃）、15W/40 油（倾点–23℃），老式解放牌 CA10B 载重汽车在寒区选用 SC 级中的 5W/20 油（倾点–42℃）、10W/30 油（倾点–32℃）、15W/30 油（倾点–23℃），东风公司生产的 EQ1090 型载重汽车在寒区可选用 SC 级汽油机油中的低黏度油 15W/30 油（倾点，–23℃）。以上多级油可四季通用。

由于夏季南方气温较高，重负荷、长距离的双班运输汽车都应选用黏度较高的润滑油，以利于减少磨损及热起动。此时，解放 CA1090 载重汽车应选用 SD 级汽油机油中的 30、40 号油，东风 EQ1090 载重车应选用 SC 级汽油机油中的 30 号、40 号油。时常停歇的短途运输车，因其发动机起动较频繁，曲轴箱油温较低、即使气温不低，也应选和低黏度润滑油为好。发动机状况好的、磨损小的，应选用低黏度润滑油；如果发动机磨损严重，应选用黏度大一些的润滑油。新车走合期中，不论冬季夏季、北方与南方，都应当用 20 号的汽油机油或 20 号的柴油机油（即原来的 6 号或 8 号油）。

降低内燃机油的黏度要有一定的限度。黏度过小，会使流体润滑向混合润滑过渡，甚至进入边界润滑区域，从而增大发动机的摩擦与磨损。据研究，在一定的工作温度下（130～150℃），内燃机油的最低黏度应在 3.5～5.0mm²/s 之间。我国发动机油除带 W 的级别外以 20 号汽油机油的黏度最小（100℃时为 5.6～9.3mm²/s），尚在最小黏度极限以上，今后要开展使用低黏度润滑油的试验，以确定适合我国气候特点和车况的最佳黏度。目前我国不同黏度牌号发动机油适用温度范围见表 2-21。发动机油的黏度级别、倾点、闪点、边界泵送温度和适用的环境温度范围的关系见表 2-22。

表 2-21 我国不同黏度牌号发动机油适用温度范围

原黏度牌号	新黏度牌号	适用温度范围
严寒区合成 8 号稠化汽油机油	5W/20	–45～–30℃
严寒区合成 14 号稠化汽油机油	5W/30	
6D 汽油机油	10W	–35～–10℃
寒区 8 号稠化机油	10W/40	
11 号稠化柴油机油	10W/30	>–35℃
14 号稠化柴油机油	10W/40	
14 号稠化汽油机油	10W/40	
6 号汽油机油	20	–15～5℃
8 号柴油机油	20	
10 号汽油机油	30	>–10℃
11 号汽油机油	30	
14 号柴油机油	40	20～40℃
15 号汽油机油	40	
18 号、20 号柴油机油	50	<50℃

表 2-22 发动机油的黏度级别、倾点、闪点、边界泵送温度和适用的环境温度范围的关系

SAE 黏度级别	100℃运动黏度/（mm^2/s）	倾点/℃	闪点/℃	边界泵送温度/℃	适用的环境温度范围/℃
20	5.6～<9.3	—	—	—	–10～30
30	9.3～<12.5	≤–15	≥210	—	–10～35
40	12.5～<16.3	≤–10	≥220	—	–5～40
5W	<3.8	—	—	≤–30	–40～10
10W	5.6～<7.4	≤–30	—	≤–25	–30～15
5W/20	7.0～<9.3	≤–40	—	≤–30	–40～10
5W/30	9.3～<12.5	≤–40	—	≤–30	–40～35
10W/30	9.3～<12.5	≤–30	≥205	≤–25	–30～35
15W/40	12.5～<16.3	≤–23	≥210	≤–20	–20～40
20W/40	12.5～<16.3	≤–18	≥215	≤–15	–15～40
20W/20	7.0～<9.3	≤–18	—	≤–15	–10～35

现在，在黏度等级选择上，多选择四季通用的多级内燃机油。多级机油是黏度范围可以跨越几个黏度级别，可在一定地区一年四季都可以使用的一种润滑油。以 SE 级汽油机油中的 10W/30 油为例，10W/30 油可以包括 10W、20、30 等 3 个黏度级，故称之为多级机油。常用的多级内燃机油黏度牌号有 5W/30、10W/30、10W/40、15W/40 和 20W/40 等。多级内燃机油具有优良的低温性能，能让发动机在冬季轻易起动，节省燃料和机油，它在以前被称作稠化机油，是选用较轻的基础油加黏度指数改进剂、降凝剂和其他功能添加剂调配成的。凡是多级内燃机油，在油品规格中都要提供低温黏度和边界温度两项分析结果，如此才能保证机油使用过程中，具有良好的低温性能。

多级机油目前在国外已得到普遍使用。美国汽油机油的 82%、柴油机油的 55% 是多级机油，日本汽油机油的 97%都是多级机油。为了正确选用汽、柴油机油的黏度级别，需了解油品黏度等级与使用环境温度范围的关系，见表 2-23。

表 2-23 油品黏度等级与使用环境温度范围的关系

黏度等级	使用温度/℃	黏度等级	使用温度/℃
5W	–40～–10	5W/30	–40～30
10W	–30～5	10W/30	–30～30
20	–10～30	15W/40	–20～40
30	0～30	20W/40	–10～40
40	10～50		

可以根据用油地区的年最低气温和最高气温作为使用温度的范围，参考上表选用汽、柴油机油的黏度等级。如北京地区最高气温 35℃，最低气温–20℃，选用 15W/40 黏度级的汽、柴油机油，即可在北京地区四季通用。

（2）质量等级的选择。润滑油质量等级又称为使用性能等级，是正确选用润滑油的重要依据。

1）柴油机润滑油。柴油机润滑油质量等级的选择有两个主要依据。一是根据汽车发动机的机械负荷和热负荷的总和，以强化系数来表示；再就是根据发动机工况苛刻程度与润滑油相应的使用性能等级关系图求得。

强化系数小于 30 的普通柴油机，上部活塞环区的温度约为 230℃，可使用 CA 级柴油机油。强化系数在 30～50 之间的中强度柴油机，活塞环区的温度一般在 230～250℃，可使用 CC 级柴油机润滑油。强化系数大于 50、活塞平均速度大于 9m/s 的高强度柴油机，活塞环区温度高于 250℃，可使用 CD 级柴油机润滑油。

2）汽油机油。汽油机润滑油的质量等级是根据发动机工况的苛刻程度和进口汽车进排气系统中的附加装置及生产年代来选用的。一般来讲，高质量等级可以代替低的质量等级的润滑油，但绝不能用低质量级别的润滑油去代替高质量级别的润滑油，否则会导致发动机故障甚至损坏。

国外进口车辆及引进国外技术在国内生产的汽车，在说明书中都规定了发动机用汽油机油的质量级别并注明了对使用性能的要求。一般采用美国石油协会（American Petroleum Institute，API）根据用途进行分类的质量级别。我国按国标《润滑剂和有关产品（L类）的分类 第7部分：C组（齿轮）》（GB/T 7631.7－1995）对汽油机油作了详细分类，和API质量与使用性能分类相对应。选择润滑油时应按汽车润滑说明书要求，选用该级别或相当于该级别的润滑油。选用国产的某一级别的润滑油后，在使用中要加强观察，注意机油滤清堵塞情况及油质变化情况等。根据发动机工况及车型选用一定质量等级汽油机油的应用实例见表2-24。

表2-24 应用实例

序号	GB/T 7631.7－1995质量等级	相应API等级	使用条件及车（机）型
1	SB	SB	用于一般工况的汽油机，以及1980年以前生产的国产汽车 解放CA10B，CA10C，CA30A，CA304；上海SK644，SK660，58-1三型三轮车；交通SH141；北京BJ212，BJ2020；跃进NJ130，NJ170；吉斯（俄）59，63，69M，151；华沙（波）M-20
2	SC	SC	用于工况较苛刻的汽油机汽车 解放CA15，CA140；上海SH130，SH432；东风EQ1090E（140-1）[①]，EQ1091（141），EQ1140（155），EQ2080E（240）；北京BJ1030Q3（130），BJ1040；跃进NJ1060（134），NJ2040H（220B），NJ230；天津TJ210，TJ1043（133）；沈阳SY1040（130）；中型客车EQ1090KS，CA6890，640，6格斯（俄）69，69M；布切奇（罗）5R13N，5BR1N；丰田（日）戴娜RU20L；威斯RY16L
3	SD	SD	用于苛刻工况的汽油机汽车 解放CA1090（141）；东风EQ1130F（144）；上海SH760B，SHD630，SH7231；上海二汽飞羚SD6530，SD6538；跃进NJ1041（136），NJ1061A（131A）；金杯SY1031，SY1040；哈尔滨伟建WJ110，HFJ1010；中型客车620，630；桑塔纳轿车；红旗轿车CA7560；伏尔加（俄）M21，M24；吉姆（俄）RN30L，RU20
4	SE	SE	用于国外1972年以来出厂的由于增加排气循环系统而对润滑油的使用性能提出苛刻要求的进口汽车 上海SH7221；飞羚SD6580；CA120；桑塔纳轿车；天津TJ1010（TJ110）；北京切诺基BJ2021（BJ/XJ-213）

续表

序号	GB/T 7631.7—1995 质量等级	相应 API 等级	使用条件及车（机）型
5	SF	SF	用于解放 CA7220，奥迪轿车，捷达轿车，高尔夫轿车，标致轿车 GP1030（504），GP7200（505）；天津夏利 TJ7100；神龙雪铁龙 ZX 富康轿车
6	SG	SG	一般只适合低端车、微型车、轻型汽油皮卡车使用
7	CA	CA	用于轻负荷非增压柴油机及汽车，强化系数<30 解放 CA15K；黄河卡车 柴油机 90，95，120，130，135 系列如 B_2-300，12V-150 等
8	CC	CC	用于低增压中等负荷条件柴油机及汽车，强化系数 30～50 解放 CA1110K2（151），CA1111K2；东风 EQ1115G；延安 SX2150（250）；北京 BJ1041Q2DG（136）；济南 JN150/100（150），JN150/113（152），JN1171/12 7（162）；南京依维柯 9t 车； 柴油机 130，135，140 系列如 12V135，12V180，12V190，M2828，4740Z 等
9	CD	CD	用于国产及进口匹配高速、大功率及中增压柴油机及汽车、强化系数>50 济南斯太尔 91 系列车（1291，1491）；包头奔驰系列重型车；得意-南京依维柯轻型车系列；红岩 CQ1300，CQ1301（CQ30.290）
10	CE	CE	用于大功率高增压的柴油机及汽车

注：①括号内为旧型号，例如（EQ1090E，旧型号为 EQ140-1），下同。

各国政府为防止汽车排气系统对环境的污染，都相继颁布了有关排气控制的法规，而且这种排气法规的要求日益严格。为了应对这种情况，发动机厂商在发动机进排气系统增加了几种附加装置，以减少汽车排出的有害物质。这些装置使润滑油的工作条件恶化，并对其性能提出更高的要求。为了使发动机能够正常运转，在润滑油中加入不同配方的添加剂形成了七种质量等级的油品（由 SA～SG），以满足各附加装置及各种使用条件对润滑油的要求。所以，发动机进排系统的附加装置对选用润滑油的使用性能（质量）等级有决定作用。

汽、柴油机通用润滑油，即一种内燃机润滑油既可以用于汽油机润滑，也可以用于柴油机润滑。汽、柴油机通用润滑油特别适用于混合车队，我国已研制生产的质量级别有 SC/CC、SD/CC、SE/CC、SF/CD 等。每一质量级的通用润滑油，还可以有不同的黏度级别。如 30 号 SC/CC、10W/30 SC/CC 和 10W/30 SF/CD、15W/40SF/CD 等。多级的汽、柴油机通用润滑油，既可以用于汽油机和柴油机润滑，同时还可以四季通用，如15W/40SF/CD即“双通用”内燃机油。单级的汽、柴油机通用油则不能四季通用。使用通用内燃机油，可以简化机油品种，便于管理，防止用错机油，给使用者带来极大方便和效益。同时由于品种的简化，不仅方便了生产内燃机润滑油厂商的油品调合储存、运输还给其带来了明显的经济效益。

美国、日本等发达国家的内燃机油大多都是通用润滑油，尤其是美军的规格，全部采用汽、柴油机通用润滑油。美军MIL-L-2104C规格的油品，即相当CD/SD级，这种内燃机油，既可用于要求使用CD级润滑油的柴油汽车，也可用于要求使用SD级润滑油的汽油汽车。

（3）综合选择。在选择润滑油时，不能只单方面考虑黏度等级和使用等级，通常情况下应综合考虑、综合选择。综合选择时，首先应正确地进行质量等级的选择，即选用合适质量等级的润滑油，这对机械的正常运作最为关键，一定要谨慎进行。但遇到下列情况之一时，用油质量等级要酌情提高一级：机械长期处于停停开开的使用状态；长时期在低温、低速（温度0℃、速度16km/h以下）的状态下行驶；长时间在高温高速的状态下工作；在灰尘大的场所工作。除此之外，燃料的质量对润滑油的使用影响很大，燃料质量差，含硫量高，对发动机油的质量要求就苛刻；机油容量大小，对选油的质量等级也有影响，发动机润滑油的容量越小，则对润滑油的质量要求越苛刻，而油容量大的发动机，可适当降低选用内燃机油的质量等级。

其次要多选用多极机油，多级汽油机油或多级柴油机油比单级机油具有更好的低温起动性能。多级机油的低温黏度受到严格要求，以保证在较低气温下，发动机能够顺利起动。多级机油使用CCS冷起动模拟机测定其在高剪切速率下的低温黏度。如果100℃黏度相同，多级油有较小的低温黏度和较高的150℃及230℃黏度。多级机油还具有优良的热起动性能，实际使用中往往会遇到发动机在高温转动了一个时期后暂时停机，而后短时间内又重新起动，在这种情况下由于润滑油在高温下会从气缸壁流失掉，从而使油膜破坏失去润滑造成很高的机械摩擦，因此，目前国外对发动机热起动性能的要求比冷起动性能更苛刻。此外，多级机油可以改善发动机的磨损和机油消耗，与使用同样黏度的单级机油比较，使用多级机油能节省2%～3%的燃料。多级机油与单级机油的性能比较见表2-25。

表2-25　多级机油与单级机油的性能比较

油种	低温启动性及泵送性	高温启动性	抗磨损性	机油消耗	燃料经济性
多级油	+++	++	+-	+-	+++
单级油	○	○	○	○	○

注：以单级油为比较标准。“+”表示比单级油好，“-”表示比单级油差，“+-”表示比单级油稍好，“○”表示单级油性能。

最后还需加强对润滑油使用的管理。润滑油的使用在原则上，当油品质量等级和黏度等级满足内燃机的使用要求时，可以使用不同厂家生产的或者牌号不同的机油，但最好不要混用，切忌不可使用假冒伪劣产品。在机械运转时，应经常检查油底壳内机油的液面高度，以油面保持在标尺上、下二刻度线之间的位置为宜。油面过低，则会因油量不足而导致油温过高，甚至泵不上油；油面过高，易引起窜机油，使机油耗量增加，这些都会影响内燃机的正常使用。在开机前，应在预供油泵确信机油已到达各润滑点以后，方可启动发动机。要按照机械使用说明书的要求，定期对机油滤清器和离心滤清器进行清洗和保养，以确保进入主油道的机油清洁。在对机械进行冲洗和保养时，要严防燃油和水进入机油内。如果在发动机运转过程中，发现呼吸器处有水蒸气逸出，则表明发动机某部位可能有漏水现象，应及时停机查找原因，待故障排除更换机油后，方可重新开机。

2. 润滑脂的选用

（1）润滑脂的选用原则。选择润滑脂时，首先应明确使用润滑脂的目的。按润滑脂所起的主要作用，润滑脂大致可分为减摩、防护、密封三大类。根据需要涂润滑脂的部位，以及润滑脂所要起的作用以哪一个为主来选择。

作为减摩用润滑脂，主要应考虑耐高低温的范围、耐转速的界限、负荷的大小等。作为防护用润滑脂，则应重点考虑接触的金属的性质，接触的介质是水汽，还是化学气体，在润滑脂的性能方面，应着重考虑对金属的防护性的指标，以及抗氧化性、抗水性等方面的性能。作为密封用润滑脂，首先应考虑接触的密封件材料是橡胶还是塑料或金属，尤其是用橡胶和塑料为密封元件时，一定搞清楚橡胶的牌号，根据润滑脂同橡胶的相容性来选择适宜的润滑脂；其次应考虑接触的介质，如水、醇类、油，是静密封还是动密封。若是静密封，应选择黏稠一些的密封润滑脂，若是动密封，应选择基础油黏度不太大的润滑脂，介质是水或醇类的应选用大黏度石蜡基的基础油的酰胺酯、脲基润滑脂，介质是油类的应选用耐油密封脂。

由于润滑脂的品种、牌号很多，而且性能各异，针对汽车上需要润滑的部位，从繁杂的润滑脂品种中选择出适当的润滑脂，首先要搞清以下几个方面的问题。

1）要选用的润滑脂是用于防护还是用于润滑。

2）用脂部件的温度、负荷、速度、运转时间等要求如何。

3）是在自动连续的泵送系统上使用，还是在长期不更换的情况下使用；轴承的密封情况如何。

4）机器运转时是否有突然冲击和间歇启动及震动。

5）是否长期或周期性地和水、有机溶剂或腐蚀性气体接触。

6）环境温度、湿度有无周期性的变化。

上面虽然提出了六个方面的问题，但起主要作用的还是工作温度、运转速度、承受负荷条件，它们对脂的使用影响最大。所以润滑脂的正确选用是一个考虑各方面因素进行综合平衡的过程，也是一个不断实践，总结提高的过程。

（2）选用润滑脂应考虑的主要因素。选用润滑脂的主要目的是保证机器能够得到长期而可靠的润滑。因此，润滑脂的寿命是其选用的主要依据。在使用中，由于润滑脂受温度、速度、负荷、环境影响，会导致其寿命降低以至润滑失效，所以选用润滑脂必须与上述四个因素相适应。

1）温度。润滑部位的工作温度是选择润滑脂的重要依据。

轴承或摩擦部位温度的高低及变化幅度对润滑脂的润滑作用和使用寿命有明显的影响，这是因为润滑脂是一个胶体分散体系，它的强度极限和有效黏度是随温度而变化的，使用温度越高，润滑脂寿命越短。每当轴承温度升高 10～15℃，脂的使用寿命缩短一半，这是由于润滑脂基础油的蒸发损失、氧化变质和胶体萎缩分油现象加速的缘故。如温度达润滑脂稠化剂（皂）的熔点，则胶体结构完全破坏，此时润滑脂就不能继续使用。如温度变化幅度大，温度变化频繁，则其凝胶萎缩分油现象更严重。一般来说，润滑脂高温失效的主要原因大都是由凝胶萎缩和液相（基础油）的蒸发损失造成的，当液相损失达 50%～60%时润滑脂即失效。

对于在室内使用的机器轴承，如机床、间断起动的电机、手动工具、仪表和精密机械等，一般工作温度范围为 10～50℃。对于运输机械、建筑机械、农业机械等室外工作的机械轴承，一般工作温度随大气温度变化而变化，我国大多数地区大气温度变化为-40～40℃。增大负荷、加快速度、环境温度升高、润滑脂装得太满以及长期连续工作等因素都会使滚动轴承温度升高。例如，在径向负荷为 1470N、转速为 8000r/min 条件下工作的 204 轴承，温度在 40～70℃之间。对于沿着大道行驶的载重汽车的轮毂轴承，温度在 40～80℃之间。大型发电机轴承，温度在 80～90℃之间，飞机起落架、高温电机等的滚动轴承温度在 150～200℃之间或更高。

考虑润滑脂的耐温性能，不仅是看润滑脂的滴点的高低，还应考虑其基础油的类型、抗氧化性能、蒸发性能等。按最高使用温度选用润滑脂的类型见表 2-26。

在高温条件下使用时要选氧化安定性好、热蒸发损失小、滴点高的润滑脂。但应注意，滴点并不标志该润滑脂的使用最高温度，一般使用温度应低于滴点 20～30℃。因为使用温度越接进滴点，则基础油蒸发、分油和流失越严重，若达到滴点温度，润滑脂会很快就流失而不能保持润滑作用。

表 2-26 按最高温度选择润滑脂的类型

最高温度/℃	稠化剂类型	基础油类型
40～50	钙皂、锂皂	矿物油
150	复合锂、复合铝、复合钡	矿物油、聚 α-烯烃
180～200	复合锂、聚脲、膨润土、酰胺盐	酯类油、聚 α-烯烃、烷基硅油
250	脲类有机物、含氟化合物	苯基硅油、全氟聚醚
300	氮化硼、硅胶等	高苯基硅油

目前我国生产的耐高温润滑脂有：高温钠基润滑脂、膨润土润滑脂、钡基润滑脂、复合钙基润滑脂及复合锂基、锂基润滑脂（表 2-27）。汽车上使用的耐高温润滑脂多半都是锂基脂。

表 2-27 我国生产的耐高温润滑脂

最高环境温度	60℃左右	100℃左右	150℃左右	180℃左右	2000℃
润滑脂	钙基脂	钠基或锂基脂	复合钙或膨润土脂	合成油膨润土脂	复合锂基脂

此外，还应考虑选择稠度比较大或基础油黏度尽量高些的润滑脂。

对低温下使用的润滑脂，因低温导致起动转矩变大，如果采用的是泵送的集中润滑方式，则会由于润滑脂变稠阻力增大而不利于输送，因此选用低温脂润滑时，应根据表征润滑脂的低温性能进行选用。就基础油的性质而言，应选用低凝固点、低黏度、矿油稠化的低标号较软的润滑脂，但一般矿油制的润滑脂由于矿油凝固点高，只能用于有限的低温条件下。低温要用合成油润滑脂，如酯类油和硅油制成的润滑脂，具有一定的黏温性能又可用于–50℃以下的低温条件下。一般来说，温度处于–30℃以下时，必须使用合成油润滑脂，特别是一些仪表的微型轴承的起动力矩小，选用润滑脂时要特别注意。合成油润滑脂的最低极限温度是–80℃。

宽温度范围用的润滑脂的黏温性能好，既具有高温润滑脂的性能又具有低温润滑脂的性能。目前我国已经研制并小批量生产的合成油锂基脂和合成油膨润土润滑脂可满足宽温、多效、长寿命的要求，如 7253 航空通用膨润土润滑脂适用于–50～120℃；7255 航空通用膨润土润滑脂适用于–50～180℃。为了满足民用工业的特殊需要，还有 7254 合成油膨润土润滑脂，其使用温度范围为–40～180℃。

2）速度。速度对润滑脂的使用寿命影响很大。因此在选用润滑脂时，一定要考虑润滑部位的速度。

由于润滑脂是一种有受范性和触变性的体系，其黏度不仅随温度而且随剪切速度而改变。因此，润滑脂的物理状态和润滑作用对润滑部件的运转速度较为敏感，这与润滑油有明显的不同。

运转速度越快，润滑脂所受的剪切力就越大，稠化剂形成的润滑脂骨架受到的破坏作用就越大，有效黏度也下降得越多，因而润滑脂往往被甩出润滑部件之外，从而降低了其使用寿命。有的润滑脂在其使用部件的转速提高一倍时，其寿命甚至能缩短几倍，成为原寿命的几分之一，同时由于转速大，产生的热量较多，而润滑脂的散热性又差，故增加了摩擦点的温升，进一步导致寿命缩短。在相同温度和负荷下，转速越高则要求采用流动性更好，即锥入度适中的润滑脂。

润滑脂在使用时，所能适应的运转速度是有限的，这种限度通常用“DN”表示，就是转速与轴承内径的乘积。当 DN 值大于 300000 时，一般不能使用润滑脂，主要是因为润滑脂的流动性不能适应这样高的速度。

一般来说，对于滚动的圆柱滚子轴承，内径在 50mm 以下的，当 DN 值小于 300000 时，采用润滑脂；当 DN 值大于 300000 时，采用润滑油。

内径在 50mm 以上的，当 DN 值小于$\dfrac{300000}{\sqrt{d/50}}$时，采用润滑脂；DN 值大于$\dfrac{300000}{\sqrt{d/50}}$时，采用润滑油。对于圆锥和滚子轴承，内径在 50mm 以上的，当 DN 值小于$\dfrac{150000}{\sqrt{d/50}}$时，采用润滑脂；DN 值大于$\dfrac{150000}{\sqrt{d/50}}$时，采用润滑油。

在使用部件高速转动时，润滑脂可以选用由低黏度矿物油稠化的、有适当稠度（锥入度）的钙钠基脂、锂基脂，复合皂基脂及合成油润滑脂。因为这些脂的机械安定性好，通过 50000 次剪切试验后，锥入度变化一般在 50～100 之间，且合成油润滑脂更好，此变化一般低于 50。

对于低速用润滑脂一般应选用以高黏度矿物油为基础油的高标号润滑脂，因为低速时一般负荷较重，除了需要保证润滑脂有足够的粘附性外，还要有适当的极压性能。

3）负荷。负荷是指工作轴承单位面积上所承受的压力，用 MPa 表示。在使用中常把负荷为 50×10^2Mpa 以上的称为重负荷；30×10^2～50×10^2MPa 称为中荷；30×10^2MPa 以下称为轻负荷。

轴承上承受的负荷有两种，即轴向负荷和径向负荷，二者均对润滑脂的寿命有较大的影响，即

$$\lg L=4.73-(t-63)(0.0058+4.7\times10^{-7}n)-0.041\frac{m\omega}{C^{1.9}}$$

式中，L 为润滑脂的寿命，h；t 为温度，℃；n 为转速，r/min；C 为轴承的额定动载荷，N；ω 为径向载荷，N。

4）环境。环境即润滑部件的周围环境及其所接触的介质，如空气的温度、尘埃及是否有腐蚀气体等。

润滑部位所处的环境和其所接触的介质对润滑脂的性能有极大影响，因此在选择润滑脂时，应慎重考虑。

①在潮湿的环境中或与水接触的情况下，如润滑脂本身不抗水（如钠基润滑脂）就会强烈地吸水而逐渐乳化变稀，即使是有耐水性的润滑脂在湿度太大的情况下，也会因吸水而使润滑脂的稠度和机械安定性降低。在皂基润滑脂中钙基、锂基、铝基脂等具有较好的抗水性，在非常潮湿的环境中也可选用抗水性能良好的复合铝基润滑脂或脲基润滑脂。国外多选用抗水性更好的锂-钙基脂或脲基润滑脂，温度低于 80℃时可选用钙基或铝基脂，温度高于 100℃时则选用锂基脂或复合钙基脂。

②尘埃和腐蚀性气体对润滑脂及轴承的损害也是较大的，尤其在轴承密封不好的情况下影响更为严重，因此应选用加有防锈添加剂的润滑脂。对处于有强烈化学作用的化学介质环境中的润滑部件，则应选用抗化学介质的合成油润滑脂，如氟碳润滑脂。

与酸或酸性气体接触的部位，不宜选用锂基脂或复合钙、复合铝、膨润土润滑脂，因为这些润滑脂遇酸（弱酸）或酸性气体（如空气中含有的微量 HCl）会变稀流失，不仅使轴承润滑不良，还会降低轴承的防护性，使其容易受到腐蚀。某些印染厂使用活性染料会放出 HCl 气体，不仅造成设备腐蚀，而且使轴承内的润滑脂很容易变质，这些部位应使用抗酸性能好的复合钡基润滑脂或脲基润滑脂，若是接触强酸或强氧化介质，则应使用全氟润滑脂。

同海水或食盐水接触的部位，应当选用复合铝基脂；同天然橡胶或油漆接触的部位，应避免选用酯类油尤其是双酯类型油为基础油的润滑脂；接触燃料油类或石油质润滑油类介质的部位应选用特种的如 7903 号耐油密封润滑脂；同甲醇相接触的也应选用专用的如一坪高级润滑油公司的 NC-071 脂，或上海高桥石化公司炼油厂生产的耐甲醇润滑脂等。

5）加注方法。润滑脂的加注方法，有人工加注和泵送集中加注。涂沫或填充、脂枪加注、脂杯加注等都为人工加注。汽车上使用的润滑脂都采用人工加注，如轮毂轮轴承用人工填充法，钢板弹簧用人工涂抹法，钢板弹簧销等（设有注油嘴）采用脂枪加注法，分电器传动轴采用脂杯加注法。采用人工加注的部位，在选择润滑脂时主要应考虑它的稠度，一般 1～3 号稠度的润滑脂，最好选用 2 号稠度的润滑脂，加注比较容易，寿命也较长。

有些润滑设备采用泵送集中加注法，如潜艇的首尾升降舵活动关节，这些部位均在仓外，当潜艇在水下工作时，这些部位无法通过人工来加注润滑脂，因此就通过仓内管道向这些部位定时定量压送润滑脂进行润滑。工业上，集中加注润滑脂的应用更为广泛，如钢厂的输送辊轴承，因辊子排列距离很长，数量多，采用集中加注润滑比较方便。泵送集中加注润滑要通过很长的管道，为了加注方便，不致使泵压过大，一般 1 号～0 号稠度的润滑脂，最好选用 0 号稠度的润滑脂。

从润滑脂稠度来考虑，如阀门的阀杆，采用 4 号～5 号稠度的润滑脂；高转速或超高转速部位，应采用 3 号～2 号稠度的润滑脂；一般通用多采用 2 号～1 号稠度的润滑脂；泵送集中加注采用 1 号～0 号稠度的润滑脂；减速箱齿轮采用 00 号～000 号稠度的润滑脂。

6）参看说明书。各种润滑脂都有说明书，一般规定了大致的组成、理化指标、使用温度范围、适应工作条件等。因此，可根据说明书来选择适宜的润滑脂。

（3）润滑脂的添加量和使用寿命。如润滑脂加量太多，会在运转中增加抵抗力，使得脂的寿命降低，国外学者对润滑脂的润滑机理进行大量的研究证明：滚动轴承内的润滑脂在一开始进行了复杂的流动后，就进入安定分布状态，遗留在摩擦部位的极少量流动性润滑脂起着主要的润滑作用，遗留在外罩内的润滑脂本身并不流动，即不起直接的润滑作用，而是起密封作用，防止遗留在摩擦部位的流动性润滑脂流出。实验证明，如将外罩内的润滑脂在轴承运转 50h 后除去，则轴承磨损增加，同时因受热、震动等影响，从轴承内外的静止状态润滑脂中分离出来的基础油又进入摩擦表面起到润滑作用，显然轴承内过多的润滑脂是不必要的。而加脂过少时，由于润滑脂的油膜修补性不强等原因，会使轴承的润滑状态变差，因此，确定轴承中润滑脂合适的填充量是很重要的。滚动轴承里一般的润滑脂填充量可参考如下原则：

1）一般轴承内不应装满润滑脂，以装至占轴承内腔全部空间的 1/2～3/4 即可。

2）水平轴承填充润滑脂，应占其内腔空间的 2/3～3/4。

3）垂直安装的轴承填充润滑脂，应占其内腔空间的 1/2（上侧），3/4（下侧）。

4）在容易受到污染的环境中，对于低速或中速的轴承，要把轴承和轴承盒里的全部空间填满。

5）高速轴承在装润滑脂前应先将轴承放在优质润滑油中，一般是在所装润滑脂的基础油中浸泡一下，以免在启动时因磨擦面润滑脂不足而引起轴承烧坏。

润滑脂填充量，通常可按下述公式计算。

不区别轴承类型，仅从轴承尺寸（外径和宽度）估算填充量的公式，即

$$Q=0.005\times D\times B$$

式中，Q 为填充量，g；D 为轴承外径，mm；B 为轴承宽度，mm。

$$Q=0.01\times d\times B$$

式中，Q 为填充量，cm^3；d 为轴承内径，mm；B 为轴承宽度，mm。

可以看出利用内径计算比较合理一些，因为只要给出轴承型号，就可知道轴承的内径，从而可以立即算出填充量。另外由于算出来的是体积，且对于矿物油、硅油、氟油的润滑脂其密度是不一样的，所以利用轴承内径来计算填充量更切合实际一些。

轴承运转一段时间之后，需要补加润滑脂，究竟加多少合适，德国 KLüBER 公司给出了一个估算公式，即

$$Q=0.005\times d\times B$$

式中，Q 为补加润滑脂的量，cm^3；d 为轴承的内径，mm；B 为轴承的宽度，mm。

2.2 集中润滑系统的分类

研究集中润滑系统首先需要界定该系统的类型，本节对集中润滑系统种类进行了详细论述，并将其分为干油集中润滑系统和稀油集中润滑系统两大类。

2.2.1 干油集中润滑系统的分类

干油集中润滑系统通过润滑脂泵高压泵送给各个分散的润滑点，由于其润滑点数量多、分散不集中，导致润滑脂很难进行回收再利用。因此，干油集中润滑系统一般为开环集中润滑系统，由于其分配元件的不同，可将其分为单线阻尼式干油集中润滑系统、单线递进式干油集中润滑系统、双线容积式干油集中润滑系统、多线阻尼式干油集中润滑系统、智能式干油集中润滑系统等。

（1）单线阻尼系统。单线阻尼系统就是只有一条主输脂管路，润滑脂在润滑泵的推动下通过单线主管路被高压泵送至润滑点。其优点是结构简单，各润滑点并联且互不干涉，当一处润滑点发生堵塞时并不影响其他润滑点的润滑；缺点是由于润滑点数量多、分散不集中，堵塞现象不易发现，且单线泵送依靠压力差，哪个润滑部位的压力小，润滑脂就会被更多地输送过去，各个润滑点的出油量不可控制，容易造成过度润滑和润滑不够。此系统的工作压力比较低，一般小于 4.0MPa。

（2）单线递进式干油集中润滑系统。单线递进式干油集中润滑系统与单线阻尼式干油集中润滑系统的区别在主输脂管路安装了一个递进式油量分配器。润滑脂在润滑脂泵的推送下，通过主输脂管路到达递进式油量分配器，分配器中的活塞按一定的顺序做差动往复运动，将润滑脂强制、定量、顺序地输送给各个润滑点。单线递进式干油集中润滑系统由润滑脂泵、递进式油量分配器和输脂管路等

组成，其中递进式油量分配器的规格大小可以通过计算所需润滑的摩擦副间的需油量来确定。此系统的工作压力最高可达 30.0MPa，油量分配器最多可接三级。

递进式油量分配器主要采用片式分配器，其主要组成部件是一个起始片、若干中间片和一个终止片，且每个中间片都有两个出油口和进油口，内部装有活塞。润滑脂从起始片的进油口进入片式分配器内部，经过中间片的活塞运动从出油口被压出。只要保证配油器内油脂压力维持在额定范围内，片式分配器就会继续工作。但是只要一个中间片的活塞停止工作，其他中间片的工作就会全部受阻导致整个分配器停止供油，造成系统瘫痪。因此，可以在中间片设置传感器监测活塞是否正常往复运动，一旦发生故障就可以进行及时报警检修。

单线递进式干油集中润滑系统可以对润滑点高压输油，输油量控制精确、可靠，但其设计、安装、检测都较为复杂，成本高，工作压力较大，容易造成润滑脂离析失效。如果一处润滑点出现堵塞现象将会影响其他润滑点的润滑，这是它的缺点也是优点，因为工作中出现堵塞现象可以立即发现并停机检查维修。总的来说，单线递进式干油集中润滑系统对润滑脂质量、工作环境等要求比较严格。

（3）双线容积式干油集中润滑系统。双线容积式干油集中润滑系统与单线式干油集中润滑系统不同的是有两个输脂管路和压力开关。润滑脂在润滑泵的推动下，经过换向阀切换，交替向双线分配器供油，并通过管路中油压的变化推动分配器中的活塞向润滑点注油。压差开关安装在输脂管路的末端以此来控制系统的压力，此系统的工作压力为低压，不会造成润滑脂离析失效。与单线式干油集中润滑系统相比，双线容积式干油集中润滑系统供油更加精确、稳定，不会造成润滑脂浪费，由于其各分配器间为并联结构，管路布置复杂，堵塞现象更易发现，因此不会造成系统瘫痪；其缺点是管路较多，布置复杂，维护量大。

双线分配器由定量注油器，压力开关，分配体等组成。定量注油器具有两个腔，每个腔对应连接双线容积式干油集中润滑系统的两条管路，这些腔内充满了定量的润滑脂，当进行润滑时，润滑脂会被压到相应的润滑点内。

（4）多线阻尼式干油集中润滑系统。多线阻尼式干油集中润滑系统就是通过多条主输脂管路实现润滑脂从润滑脂泵到润滑点的直接供油，各个润滑点相对独立，不易出现堵塞现象，但此系统的管路较多，各个润滑点的油量不易精确控制，容易造成润滑脂浪费。

（5）智能式干油集中润滑系统。智能式干油集中润滑系统是通过采用自动检测和控制技术实现顺序喷油、按需供油，通过电磁阀控制各个给油点；通过油量开关或者流量计装置检测油路是否存在堵塞现象；电磁阀控制的各润滑点互不相关，因此，一处堵塞不会导致系统瘫痪；根据压力表可以清楚各润滑点的喷油量和供油状况等，若发生润滑故障可以将报警信号快速传递给控制系统，指明故障位置，方便工作人员进行维修。此系统充分解决了单线的堵塞问题以及双线的泄漏问题，提高了干油集中润滑系统运行可靠性和控制机动性。

2.2.2 稀油集中润滑系统的分类

目前稀油集中润滑系统在应用中可以分为不同的类型，根据稀油集中润滑系统中润滑油的供油方式、润滑方式及管路型式的不同可将稀油集中润滑系统分为以下几类，如图 2-8 所示。

- 稀油集中润滑系统
  - 按润滑油供油方式
    - 手动供油式稀油集中润滑系统
    - 自动供油式稀油集中润滑系统
  - 按润滑方式
    - 间歇供油式稀油集中润滑系统
    - 连续供油式稀油集中润滑系统
  - 按管路型式
    - 抵抗式（节流式）稀油集中润滑系统
    - 定量式稀油集中润滑系统
    - 递进式稀油集中润滑系统

图 2-8 稀油集中润滑系统的分类

下面就几种常见类型的稀油集中润滑系统予以介绍：

（1）抵抗式（节流式）稀油集中润滑系统。抵抗式稀油集中润滑系统由润滑油泵、抵抗式联接体、抵抗式计量件、滤油器等元件组成。该系统根据帕斯卡原理及润滑油自身的流体阻力，抵抗式计量件通过节流分配器（又称分油器）按照一定的比例给各润滑点分配润滑剂，其油泵的工作压力一般在 0.8MPa 以下。对于每个润滑点需要的润滑油量可能不同，可通过选用不同型号的计量件来满足。该系统配管方便且价格低廉，通常用于主油管的管路长度约六米，高度约三到四米，且不超过五十个润滑点的机械设备，尤其适用于各种中小型产业机械。

（2）定量式稀油集中润滑系统。定量式稀油集中润滑系统由润滑油泵、定量式连接体、定量式计量件、滤油器等元件组成。定量式计量件的排油量决定各润滑点的供油量，油泵开始运行后，计量件根据系统压力决定供油时刻，当系统压力上升至额定压力时计量件停止供油；当油泵停止工作时，主油路开始自行降低压力，此时计量件回复到原来位置重新补充润滑油，以便下次给各润滑点提供润滑油，由此实现各润滑点的定时、定量、间歇润滑。润滑油泵一般选用齿轮泵，工作压力可达 2MPa 左右。定量式稀油集中润滑系统可润滑 100 多个润滑点，并且可以很容易地分配油管，随意改变润滑点数。

（3）递进式稀油集中润滑系统。递进式稀油集中润滑系统由稀油润滑站、递进式分油器、循环指示器、超压指示器等元件组成，还安装有控制装置以便对系统进行监控。递进式分油器的内部设计有柱塞，稀油润滑装置输送到各润滑点的压力油可以推动柱塞按照一定的顺序产生往复递进运动，从而定量地将润滑油按顺序输送给各润滑点，并且可以以恒定的排量注油，其工作压力一般可达3MPa。当某一润滑点堵塞时，整个顺序供油动作将会停止，此时报警系统发出报警信号并使设备停止运行以保护设备。递进式稀油集中润滑系统不仅供油压力高，还能够十分精确地控制供给各润滑点的润滑油量，只要机械设备采用稀油润滑，都可以使用递进式稀油集中润滑系统。但递进式稀油集中润滑系统设计烦琐，且不能随意改变润滑点数。

2.3 集中润滑系统的组成及工作原理

不同类型的润滑系统其结构组成基本相似，一般包含储存润滑材料装置、润滑泵、输送管路管线、分配器等零部件，但其工作原理却有比较大的差异。本节重点论述集中润滑系统结构组成部分的重要零部件，阐述了单线式、双线式、智能式等三种典型干油集中润滑系统和标准型、高低压、双供油口等三种典型稀油集中润滑系统的工作原理。

2.3.1 干油集中润滑系统的组成及工作原理

1. 干油集中润滑系统的组成

干油集中润滑系统的应用不仅充分发挥了润滑脂的润滑功效，而且还解决了人工加脂的诸多不便，对工业生产至关重要。干油集中润滑系统就是通过储脂罐、润滑脂泵、输脂管路、分配器等元件向摩擦副供送润滑脂的一整套设备，其中智能式集中润滑系统还包括安全阀（卸荷阀和溢流阀）、压力传感器、控制系统等。干油集中润滑系统利用润滑泵将润滑脂通过输脂管路高压泵送给分配器，分配器则按需对润滑脂进行定量分配并通过输脂管路向各润滑点定时注油，控制系统中的控制器可根据设定参数控制泵送时间，安全阀能够限定系统最高压力，保护各元件。下面重点介绍润滑脂泵、分配器、输脂管路、溢流阀、泄压阀等主要组成部件。

（1）润滑脂泵。由于润滑脂属于胶体分散体系，具有胶体流变结构，但其在静止时呈半流体至固体状态，所以泵送十分困难。除此之外，润滑脂泵的工作精度要求高，外形尺寸受到设备安装条件限制。因此,润滑脂泵的设计至关重要。

润滑脂泵不只是简单地把润滑脂通过管路高压泵送到润滑点，它还在此过程中把驱动电机的机械能转化成压力能供润滑系统使用。根据润滑脂泵在单位时间内的润滑脂输出输入量可将其分为定量泵和变量泵两大类，在干油集中润滑系统中润滑脂泵的规格都是事先确定好的，不可改变其容量大小；润滑脂泵结构形式多样，大致可分为三大类：齿轮泵、叶片泵和柱塞泵。

1）齿轮泵。吸油和压油是润滑脂泵的两大主要工作过程，齿轮泵便是通过齿轮运转使内部密封的工作容积发生变化来实现这两大过程的。根据齿轮泵中齿轮的啮合方式不同，可将其分为外啮合齿轮泵和内啮合齿轮泵两大类，见表 2-28。

表 2-28 齿轮泵的分类

齿轮泵	优点	缺点
外啮合齿轮泵	结构简单，尺寸小，重量轻，制造方便，工作可靠，自吸能力强（容许的吸油真空度大），对油液污染不敏感，维护容易，经济性高	一些零件因承受不平衡径向力，磨损严重。对制造和安装精度要求高，压力脉动和噪声都较大
内啮合齿轮泵	结构紧凑，尺寸小，重量轻，使用寿命长，压力脉动和噪声小，容积效率大	齿形复杂，加工精度要求高，需要专门的制造设备，造价昂贵

2）叶片泵。叶片泵利用定子和转子的偏心旋转来改变腔内容积，实现吸油和压油两大过程，分为非平衡式和平衡式两大类，即单作用叶片泵和双作用叶片泵。单作用叶片泵可以通过改变定子和转子的偏心大小来改变叶片泵的排量，双作用叶片泵的工作原理虽然与单作用叶片泵的工作原理相似，但其定子和转子在同一轴心，偏心位移不可改变，因而无法改变其泵油量的大小。

采用叶片泵可以使泵油过程震动小、噪声低，且能保持泵油量均匀，但其结构复杂，加工难度大，吸油特性不太好，对油品要求较高。考虑到限定的油泵外形尺寸，其加工精度难以保证。

3）柱塞泵。柱塞泵通过柱塞在缸体内循环往复运动，导致密封工作腔的容积不断变化来实现吸油和压油两大过程。由于柱塞和柱塞孔都是圆形零件，能以高度配合满足精度需求，所以这类泵的特点是泄漏小，工作效率高，可以在高压下工作。柱塞泵分为轴向柱塞泵和径向柱塞泵，见表 2-29。

表 2-29 柱塞泵的分类

柱塞泵	优点	缺点
轴向柱塞泵	结构紧凑，径向尺寸小，重量轻，转动惯量小，易于实现变量，压力可以很高	对油液的污染较为敏感
径向柱塞泵	噪音低，运转平稳	径向尺寸大，结构较复杂，自吸能力差，且配油轴受到径向不平衡压力的作用，易于磨损，转速和压力的提高受到限制

由于叶片泵和轴向柱塞泵对油液的较为敏感，不能在油池中工作，所以不适用；径向柱塞泵由于其元件多，构造麻烦，泵吸性能差，也不适用；内啮合齿轮泵的轮齿加工精度要求高且复杂，导致造价昂贵，所以外啮合齿轮泵是干油集中润滑系统的润滑脂泵最好的选择。

（2）分配器。定量油脂分配器是由润滑脂泵高压泵送的润滑脂推动工作腔内的活塞，将上次已经储存在腔内的润滑脂压出，输送到各润滑点的部件。完成输送后，分配器重新储存润滑脂，为下一次供脂做准备。一个工作循环内，分配器只压送一次润滑脂，并且具有自动卸荷功能，其排油迅速、精确，单向阀的设计能有效防止润滑脂倒流。

分配器的工作原理是：当润滑脂泵向润滑系统的定量分配器供脂时，在脂压作用下，止回阀阀芯的平端面将出脂接头的出脂孔紧紧堵死；碗形唇边在脂压作用下被挤压变形，使进脂口和储脂腔连通，润滑脂从进脂口经止回阀进入分配器储脂腔内。随着润滑脂输入腔内，储脂柱塞上升，在储脂的同时推动供脂弹簧压缩储能；当润滑脂泵停止工作，主脂路卸荷后，储脂腔和主脂路的压差推动止回阀左移，关闭进脂口，打开出脂口，使储脂腔与出脂口连通，供脂弹簧释放能量，使腔内润滑脂在一定压力下从出脂口经接收管注入各润滑节点。另外，根据实际润滑点的需脂量大小，确定柱塞行程，设定弹簧压套的轴向长度和弹簧预压程度。

（3）输脂管路。输脂管路的选用对干油集中润滑系统至关重要，只有合理选用和布置输脂管路才能保证系统稳定运行。因此，选用输脂管路不仅要便于前期安装而且要便于后期维护。

主管路及分支管路是指润滑脂泵至分配器及分配器至分配器之间的管路。输脂管路应采用符合输送流体标准要求的无缝钢管，且为保证管路的密封性，管路的连接方式一般选用焊接式。

润滑管路是指分配器至润滑点之间的管路。此类管路应选择软管，连接方式一般选用卡套式，方便检查和维护。

（4）溢流阀。溢流阀是通过阀口的溢流来维持控制系统回路压力的稳定。在智能式干油集中润滑系统内，溢流阀主要用来限制主输脂管内因故障而产生超高油压，起到保护润滑脂泵和管路密封件不受损坏的作用。调压范围大，调压偏差小，压力振摆小，动作灵敏，过流能力大，噪声小是溢流阀的主要设计要求。

溢流阀主要分为直动式溢流阀和先导式溢流阀两大类，见表 2-30。

（5）卸压阀。卸压阀是利用管路中的高压油自动调控阀芯位置的变化来实现卸荷的，具有结构简单、快速、平稳的优点。

表 2-30 溢流阀的分类

溢流阀类型	工作原理	优缺点
直动式溢流阀	当作用在阀心上的压力大于弹簧力时，阀口打开，使润滑脂溢流。通过溢流阀的流量发生变化时，阀心位置也随之变化，但其移动量极小，作用在阀心上的弹簧力变化也极小，因此，当阀口打开时润滑脂流经溢流阀，入口处的压力基本上就是恒定的。调节弹簧的预压力，便可调整溢流压力。改变弹簧的刚度，便可改变调压范围	直动式溢流阀具有结构简单，灵敏度高的优点，但其压力受溢流流量的影响较大，不适于在高压、大流量下工作。锥阀和球阀式阀心结构简单，密封性好，但阀心和阀座的接触应力大。滑阀式阀心用得较多，但泄漏量较大
先导式溢流阀	由先导阀和主阀组成。系统的压力作用于主阀及先导阀上，当先导阀未打开时，腔内没有润滑脂流动，作用在主阀两侧的压力平衡，主阀被弹簧压在右端位置，阀口关闭。当系统压力增大到使先导阀打开时，润滑脂通过阻尼孔、先导阀流回油箱。由于阻尼孔的阻尼作用，使主阀右侧压力大于左侧压力，主阀在压差的作用下向左移动，打开阀口，实现溢流作用。调节先导阀的调压弹簧，便可实现溢流压力的调节	先导式溢流阀的导阀部分结构尺寸一般都较小，调压弹簧不必很强，因此压力调整比较轻便。但是先导式溢流阀要在导阀和主阀都动作后才能起控制作用，因此反应不如直动式溢流阀灵敏

目前集中润滑系统应用的卸压阀，大都是由阀外部的油压控制卸压的，通常被卸压的是阀的进口压力，以达到液压系统中油泵卸荷或油缸在有载荷时先卸压后换向的目的，这样就必须设立单独油路进行外控，增加了设备投入。底盘集中润滑系统采用的自控平衡式卸压阀，不需外控油路和外控泵也能实现卸荷，这比外部压力控制油路换向具有明显的优点，但这种卸压阀元件多，结构较为复杂。

2. 干油集中润滑系统的工作原理

干油集中润滑系统主要包括单线式干油集中润滑系统、双线式干油集中润滑系统和智能式干油集中润滑系统，下面对这三种形式的干油集中润滑系统原理进行简单说明。

（1）单线式干油集中润滑系统原理。在单线式干油集中润滑系统中，配置了一根供油主管道，给油动作是按顺序逐个进行的。这是由于上一柱塞推进排油到位时，正好启动下一柱塞的油路，所以，一旦某一给油点堵塞，其后续动作便无法进行，所有给油器都会停止工作。因此，在一个给油器上（一般在母给油器上）装一个行程开关，就能控制和监测整个系统的运行。其缺点在于只要一处出现故障就会造成关联的润滑线瘫痪。

（2）双线式干油集中润滑系统原理。在双线式干油集中润滑系统中，配置了两根依次轮流工作的供油主管道，润滑脂泵送来的润滑脂可以直接进入各分配器，推动活塞向润滑点供油，阻力小的润滑点首先得到润滑脂。润滑脂泵为阻力小的供油主管路进行供油，分配器的阀芯在压力油的作用下进行移动，动作到位之后，压力油入供油的活塞缸的一腔，活塞顺势运动，并将另一腔油挤进供油点。众多分配器并联连接于主管路上，因压力沿着管路损失，理论上，润滑脂泵到供油点的管路越短，分配器就会越先工作，因此，压差开关需要安装于润滑脂泵到供油点的管路最长的分配器，当所有的分配器向给油点供出油到活塞缸的腔内后，压差开关将动作，换向阀变向，润滑脂泵即为另一条供油主管路供油，同理，分配器为给油点供出油到活塞缸的腔内，如此反复，系统会不间断地为给油点供油。当一处或多处润滑点受堵后，润滑系统仍能继续工作，但受堵润滑点不易被发现，容易造成缺油。

（3）智能式干油集中润滑系统原理。智能式干油集中润滑系统由润滑脂泵、压力表、流量表、电控箱、输油管路、控制线路、智能分油箱组成，智能分油箱由电控箱控制，分油箱实现分油并将分油结果反馈到控制柜。每个润滑点都设置一个智能分油箱，从而实现对运动副的实时监控，由于具备自动检测预警功能，因此能够延长设备的使用寿命。但该系统的设备分配器体积比较大，维护要求高，价格昂贵；对工作环境要求苛刻，因为电子器件和管路易受高温、潮湿、腐蚀性强等因素的影响。

2.3.2 稀油集中润滑系统的组成及工作原理

1．稀油集中润滑系统的组成

不同种类稀油集中润滑系统的组成结构基本类似，主要由油箱、润滑油泵、过滤器、冷却器、油量分配器及相关控制系统温度、压力的控制元件组成。稀油储存在油箱中，系统工作时，电动机带动油泵将稀油从油箱吸出，稀油流经控制元件单向阀后进入油量分配器，之后沿输油管进入过滤器，滤去油液中的杂质，然后流经冷却器后作用在摩擦副上，达到减少磨损的效果。润滑过后的稀油沿回油管道流回油箱，以便循环利用。在润滑油最终到达各润滑点前，油路中设置有许多控制开关，以便对供油量、供油压力、系统温度等进行精确控制。

（1）油箱。油箱是稀油集中润滑系统中的主要元件，其作用是存储润滑油，并使油液杂质得到沉淀，还可以分离润滑油和水分。随着设计水平的不断提高，油箱还能够消除润滑油中的泡沫、冷却或加热润滑油。为了使系统能够连续供油，油箱应具有足够大的储油容积。油箱一般由滤网、隔板、防尘密封部件及泻油口组成。由于润滑油泵及某些阀类元件直接安装在油箱上，因此，油箱应有足够的强度和刚度。当油箱的工作环境比较恶劣，污染也比较严重时，为了保证润滑油中的机械杂质得到充分沉淀，油水较为彻底分离，可通过在润滑系统中设置两个油箱，令它们互相交替使用来解决此问题。目前，为了尽可能满足油箱冷却、加热、沉淀杂质的功能，一种三段式油箱逐渐得到广泛使用。

（2）润滑油泵。润滑油泵是给稀油集中润滑系统提供动力的元件，它对系统润滑的好坏起着至关重要的作用。目前在稀油润滑系统中应用较多的主要有齿轮油泵、回转活塞油泵、螺杆油泵、叶片泵等，其中前两种较后两种应用更为广泛。螺杆油泵虽然制造成本较高，但它具有其他油泵无法比拟的独特优点，因此成为今后润滑油泵的发展方向。

1）齿轮油泵。齿轮油泵是广泛应用于液压系统中的一种液压泵。两相同尺寸的齿轮安装在一壳体内，壳体配合紧密。齿轮泵工作时，两个齿轮就在壳体内相互啮合旋转。齿间槽、端盖以及壳体构成一密闭的工作空间，齿轮泵吸油及排油的工作就依赖于该工作空间容积的改变。制造中一般将齿轮泵做成定量泵，用于定量稀油集中润滑系统。按照齿轮啮合方式的不同，可把齿轮泵分为外啮合齿轮泵和内啮合齿轮泵两大类，在实际使用中，外啮合齿轮泵更受到人们的欢迎。

外啮合齿轮泵的优点是，重量及尺寸都很小，制造工艺简单且价格较低，自动吸油能力强，工作稳定，耐用性好，维护方便，而且在使用中，即使油液受到污染也能正常供油。但外啮合齿轮泵也有一些缺点，如由于泵内一些零件承受的是不平衡的径向力，因此使用中磨损较为严重；如果零件的制造及安装精度低，则会增大油液的泄漏量，其工作压力的提高也会受到限制；由于流量脉动大，造成其压力脉动及噪声变大等。在稀油集中润滑系统中，油泵的工作时间短，间隔周期比较长，因此零件因承受不平衡的径向力而造成的磨损可以消除。

内啮合齿轮泵各零件布置紧密，重量和尺寸也较小，工作容积大，工作压力较稳定，运转噪声比外啮合齿轮泵小，也有较长的使用寿命。其缺点是齿形结构复杂，制造困难，需要用专门的设备制造，且有很高的加工精度要求，造价相对外啮合齿轮泵较高。

2）回转活塞油泵。回转活塞泵机体内部有转子或转动部件，油泵工作时，转子或转动部件做旋转运动，此时转子与机壳之间的工作容积发生改变，回转活塞泵就是利用该容积的变化完成吸油和排油的工作。在稀油集中润滑系统中，回转活塞泵由电动机带动曲轴及连杆运动，将其圆周运动转化为直线运动。

回转活塞泵的优点是结构简单，制造简便，工作效率高，使用寿命长。缺点是润滑油液流动不连续，容易出现故障。

3）螺杆油泵。螺杆泵有单螺杆泵、双螺杆泵和多螺杆泵等型式。螺杆油泵主要由三根螺杆相互啮合安装在泵体内组成，一根为主动螺杆，另外两根为从动螺杆。螺杆泵中也含有定子与转子，但它们之间形成的空腔是封闭的且相互隔绝，螺杆泵就是借助该密闭空间将润滑油排出。螺杆泵构造简单紧凑，体积小，抵御磨损的能力强，工作振动及噪声小，转动惯量、供油压力及供油量变化都很小。螺杆泵在发电厂的稀油集中润滑系统中应用较多，用来运送压力油。此外，螺杆泵由于适用黏度范围广，在石油开采中的应用也比较广泛。

4）叶片泵。叶片泵由定子、转子、叶片及配油盘构成。按作用形式的不同，叶片泵分为单作用（非平衡式）叶片泵和双作用（平衡式）叶片泵两种。单作用叶片泵将叶片向后倾斜放置，利用偏心旋转来改变叶片、配油盘、定子及转子组成的工作腔容积，从而实现吸油和压油。叶片泵的供油量可随定子和转子间的偏心距大小的改变而改变，因此可以随时调整供流量，也被称为变量泵。

叶片泵的优点是工作压力高，容积效率也较高，润滑油的输出量变动比齿轮泵更小，工作无振动且噪声很小；缺点是吸油特性较差，结构复杂，制造困难，且一旦油液受到污染将大大降低工作效率。如果需要限定油泵的外形尺寸，则叶片泵因其制造加工精度难以得到保证往往不能满足要求。

（3）过滤器。在稀油集中润滑系统中，过滤器的作用是过滤稀油中的机械杂质、清洁润滑油、增强润滑效果。过滤器按不同分类方法的分类如图 2-9 所示。

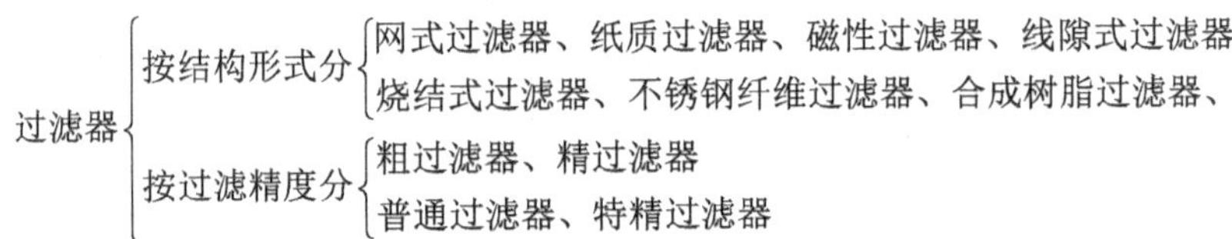

图 2-9 过滤器按不同分类分法的分类

其中在稀油集中润滑系统中网式过滤器、纸质过滤器及磁性过滤器使用更为广泛，且目前在机械设备中应用最多的为粗过滤器。高性能的过滤器应该具有良好的过滤效果，还能使润滑油有较好的通过性，同时还要有较高的机械强度。

（4）冷却器。冷却器用于控制润滑油的温度，使稀油在系统运行过程中性质基本不变，保证润滑的可靠性。冷却器分为列管式冷却器和板式冷却器两种。

1）列管式冷却器。列管式冷却器又称管壳式冷却器，属于水冷式冷却器，主要由壳体、管板、传热管束、挡板和管箱等组成。冷却器的列管内、外分别是冷却水、润滑油的流动通道，中间的折流板供润滑油折流用，通常在壳体内设置多个挡板来提高管外流体的传热系数，增强冷却效果。

列管式冷却器结构简单，制造方便，散热系数高，散热效果较好，主要由金属材料制成，同时也可以使用其他材料制造，但金属材料的冷却器更能抵抗高温及高压的冲击，是目前在我国比较受青睐的冷却器。

2）板式冷却器。板式冷却器主要由框架和板片两大部分组成。与普通的列管式冷却器相比，当流动阻力和泵的消耗功率消耗相同时，板式冷却器的传热系数更高，工作效率也更高。因此，当应用条件相差不大时，大可使用板式冷却器来代替列管式冷却器。

（5）分油器。分油器又可称为油量分配器，其作用是将油泵从油箱中吸出的润滑油送往需要润滑的各润滑点。在稀油集中润滑系统中，根据不同的工作方式，分油器可分为定量式分配器和递进式分配器。

1）定量式分配器。定量式分配器的工作原理是通过润滑油泵输送的压力油来推动分配器内的活塞，将事先存储在计量件中的润滑油强制送往各润滑点。定量式分配器可分为阻尼式定量分配器和容积式定量分配器两种，其中定量式分配器对油量的变化反应比较灵敏，排油量更加准确。

2）递进式分配器。递进式分配器属于阀体元件，其工作的基本原理是利用润滑油压力来推动分配器内部的柱塞，使柱塞产生递进运动，从而把润滑油定量地分配给各润滑点。递进式分配器根据结构的不同又可分为集成式分配器和片式分配器。集成式分配器的优点是结构紧凑，容易安装，缺点是一般由铝合金材料制成，在油水的综合作用下容易损坏；此外，集成分配器只能对需油量固定不变的润滑点供油，不能用于如注塑机等需油量有多种要求的机械设备。片式分配器由许多片分配块组成，不同规格的分配块可以和需求不同的设备配合选用，但由于其体积比较大，因此分配块之间会产生缝隙，从而导致润滑油发生泄漏。

递进式分配器即使在高压下也能准确、可靠地对润滑部位进行供油，且分配器不容易发生堵塞。

2. 稀油集中润滑系统的工作原理

（1）稀油润滑装置的基本原理。稀油集中润滑系统的基本工作原理与干油集中润滑系统类似，首先润滑油被油泵从油箱中吸出，然后流经单向阀，再经输油管道依次流过双筒磁网过滤器和油冷却器，最后被径直送往各个需要润滑的部位，完成润滑工作后的润滑油液在回油总管道中经回油过滤后返回油箱，以便使润滑油能够循环利用。

通常情况下稀油集中润滑系统配有两台油泵，一台油泵正常工作时开启，另一台油泵作为备用泵在工作泵出现故障时开启，可通过转换开关来支配这两台泵使之轮换使用，系统中的安全阀用来避免油泵载荷过大。压力开关用于控制系统压力，主机只能在系统油压到达设定值时才能开启，如果压力降低至设定值时，备用泵就开始工作，直到系统压力达到正常值。一般情况下会事先设定好系统压力的限值，如果系统压力连续降低至该压力限值以下，就会发出低压警报信号，同时强制主机停转，维修人员此时应立即进行检查，解决故障。有的稀油集中润滑系统不采用压力开关控制系统压力而采用压力罐来控制系统压力。压力罐中提前储存有润滑油，当系统发生故障而不能给润滑点供给润滑油液时，可将压力罐中的油液作为暂时的供油来源，供油时间由压力罐中的储油量来决定。压力罐内部除了安装有油位指示器外，还装有液位开关，压力罐开启前，出油口处的气动阀门处于关闭状态，为使压力罐中的气压处于正常状态，润滑油由另一路单向阀供往油泵，最终达到罐中润滑油与压缩空气的比例为 1:2 的状态。当系统液位恢复正常时，气动阀门将会自动打开，使压力罐进入工作状态；当系统出现问题致使润滑油液位在设定最低值以下时，液位开关将发出油量不足的警报信号，此时为避免压缩空气进入输油管道，气动阀门将自行关闭；当由于意外事故发生致使压力罐内的液位高于允许的上限值时，液位开关将发出气量不足的报警信号，此时应及时向罐内补气，重新调整压缩空气和润滑油容积的占有比例使之恢复正常；当系统停止运行时，压力罐出油口处的气动阀门被关闭，控制电路被切断。

（2）几种典型稀油润滑装置工作原理。

1）标准型稀油润滑装置。标准型稀油润滑装置就是比较常用的且组成相对较简单的一个稀油集中润滑系统，且有两种行业标准，分别为《稀油润滑装置 型式、基本参数与尺寸》（JB/T 8522－2014）和《稀油润滑装置（0.63MPa）》（JB/ZQ 4586－2006）。JB/T 8522－2014 标准中的稀油润滑装置在运行时，油泵将润滑油从油箱中吸出，油液经过滤器过滤后再流经输油管，然后被送入冷却器冷却，最后通过供油口将润滑油液送至需要润滑的零部件，完成润滑作用后的润滑油经过回油口流回到油箱，以实现循环润滑。

为保证系统工作的可靠性，标准型稀油润滑装置采用了两个润滑油泵，一个作为工作泵，一个作为备用泵；同时，该装置还采用了双筒过滤器，当由于发生故障而使流经滤筒的压力差大于原先设定值时，可以在系统继续保持运行的情况下手动地切换到另一个滤油筒，压差开关、液位开关、温度开关及电动机信号接入到电气控制柜，整个稀油润滑装置由控制柜进行控制。

行业标准 JB/ZQ 4586－2006 规定了另一种标准型稀油润滑装置的型式，与前一种相比，其冷却器的水路处安装有电磁换向阀，作用是控制冷却水的供给与否，此外还增加了磁性过滤器。

润滑系统突然断电的情况下，要求主机能够在一定的时间内持续供油，并在需要润滑的零部件转速降低时，保证不会因为断油而造成轴承副损坏。此时可以在系统中增设一个与系统并联安装的高位油箱，系统正常工作时，将高位油箱贮满油，当在运行过程中润滑装置突然断电，油泵电动机停止工作时，可利用此高位油箱继续向系统供油，从而保证即使在主机转速较低时，系统中也有足够的润滑油量。除使用高位油箱外，也可以用压力罐代替高位油箱作为系统的断油保护，压力罐的动力来源为气体压力，当润滑装置突然断电时就会将压力罐中的贮油压向系统，以保证短时间内持续供油。由于是采用气压作动力，所以此方法会使供油压力相对较高。

2）高低压系统的稀油润滑装置。若需要润滑的零部件的传动副负载较大，那么就要求润滑油不仅能够润滑传动副，还要在两摩擦表面建立油膜。例如，为了保证在轴和轴瓦之间有可靠的油膜进行隔离，系统中必须要增加高压供油系统，以便能提供建立油膜的高压油。

高低压系统的稀油润滑装置在标准型稀油润滑装置的基础上，另外增设了两路高压供油系统。因此该装置一共有三路供油口，分别是一个低压供油口和两个高压供油口，其供油压力在 25～31.5MPa 之间。两路高压系统各自有一套由高压泵、节流阀、溢流阀及压力开关等仪表组成的独立系统，可以同时向两轴承提供高压油来建立油膜，此外还可以根据需要进行流量调节以调整油膜的厚度。高压系统不仅可以是两路，根据实际需要，有时还可以设置多路高压系统，如四路或十路甚至更多。

3)双供油口稀油润滑装置。有的需要润滑的零部件不仅需要润滑油给以润滑，还需要有一路较高压力的油来控制系统总的供油压力。这就要求一个系统要同时设置有两个供油口，其中一个为润滑油供油口，另外一个为控制油供油口，此时的控制油压力一般不会很高，通常在 1MPa 左右。这种双供油口的稀油润滑装置有两种型式，即双供油口同时供油的稀油润滑装置和双供油口单独供油的稀油润滑装置。

①双供油口同时供油的稀油润滑装置。双供油口同时供油的稀油润滑装置通常用于压缩机的润滑，该装置的两供油口呈上下两路布置，上面一路为控制油供油口，油路压力一般在 1MPa 左右，相对润滑油供油口较高，但润滑油流量较小；下面一路为润滑油供油口，压力比较低，但润滑油流量相对较大。由于压缩机自身的工作环境及工作要求，如润滑过程中润滑油一直与压缩介质互相接触，要求润滑系统的压力波动要非常小，且润滑油的流量相对较一般的设备来说要更加稳定，因此，在该装置的润滑油供油口处另外安装了自力式压力调节阀，以防止工作过程中系统压力产生较大的波动；在控制油供油口处另外安装了蓄能器，用以控制润滑油流量的波动。此外，系统中还安装了一个应急泵，该应急泵的电动机与备用电源连接在一起，确保润滑装置即使在出现故障时也能不间断运行，实现润滑装置连续、可靠地运行，一般在实际应用中也可用使用汽轮机来带动备用泵，以保证停电时润滑装置能够继续运行。

②双供油口单独供油的稀油润滑装置。双供油口单独供油的稀油润滑装置相对来说是一个比较特殊的稀油润滑装置，通常应用于动叶可调风机的润滑。该装置也有两个供油口，即控制油供油口和润滑油供油口，但这两个供油口并不是同时供油的。控制油供油口可以调节风机叶片的角度，在一般情况下仅起到保持系

统压力恒定的作用，工作时，油液首先流经溢流阀，然后经油管流向润滑油供油口以润滑轴承等需要润滑的部位。润滑油供油口的下方设置一低压溢流阀，其作用是调节润滑油的供油压力。当风机的风量发生变化时，必须利用控制油供油口提供的油液来调节风机叶片角度，从而达到改变风量的目的，同时润滑油的供油量应相对减少。控制油提供润滑油的持续时间非常有限，一般仅为零点几秒到几秒，但由于风机轴承一般配备有油池，因此较短时间内润滑油的流量降低，并不会对轴承造成影响。

第 3 章　机械车辆集中润滑系统模糊控制分析

为了提高集中润滑系统在机械车辆上的应用效果，实现高效自动智能润滑，需要对该系统进行合理科学的控制，模糊控制以准确、鲁棒性强、容错能力好等优点广泛应用于集中润滑系统的控制中。本章通过对机械车辆润滑特点、使用现状、存在润滑问题、润滑要求，及润滑控制仿真软件的分析，并结合控制仿真变量的选择和模糊控制策略的确定等知识，进行了软件设计，同时还进行了润滑间隔、润滑量、润滑时间模糊控制分析。

3.1　机械车辆的润滑特点

机械车辆需要高质量的润滑，为达到其润滑效果要求，首先要了解机械车辆的润滑特点。本节在分析了机械车辆使用现状的基础上，找到其存在的润滑问题，进而明确机械车辆的润滑要求。

3.1.1　机械车辆使用现状

机械车辆在工程建设过程中承担着极为重要的作用，其强大的运输能力使工程建设越来越快。近年来，机械车辆的需求量越来越大，在我国机械行业中已占有相当大的比重，同时也带动了相关产业快速发展，对我国的国民经济增长做出了相当大的贡献。

机械车辆恶劣和极端的工作环境会导致车辆零部件产生严重磨损，从而缩短了工程车辆的使用寿命，甚至会对工程进展造成严重影响。在行业内大家都知道，磨损是机械车辆出现故障的主要因素之一。查阅相关资料发现，因为磨损引起的能源消耗占机械车辆全部能源消耗的 1/3，甚至更多。

对机械车辆零部件磨损程度有影响的主要是摩擦副之间的作用力、使用的材料、接触表面的粗糙度、硬度及润滑状态等，因此在不改变零部件的使用材料和相互接触表面的硬度的前提下，改善润滑状态是保证机械车辆正常运行、减少维护成本和延长车辆使用寿命的重要手段。在实际使用过程中发现，摩擦副之间如果没有得到足够的润滑，相互摩擦表面间的摩擦力将会大大增加，这会加快车辆零部件的磨损，缩短零部件的使用寿命，严重时还将导致机器直接不能工作；如果加入的润滑油/脂过多，则会造成资源的浪费，且会产生更多的热量，对环境造成更大的污染，因此为了使机器能够正常运转，并且减少使用成本、降低能源的消耗，应该保证机械车辆得到精确适量的润滑。

3.1.2 存在的润滑问题

目前，机械车辆的润滑主要是采用人工润滑或集中润滑，人工润滑就是根据经验由人工向车辆摩擦部件添加一定量的润滑油/脂，以减少零部件的磨损；集中润滑是通过电动油脂泵将储存的润滑油/脂输送到分配器，然后由分配器将获得的润滑油/脂通过管路定量地输送给各润滑点，使摩擦副一直保持良好的润滑状态。随着润滑工艺的不断成熟，世界上许多大公司生产的机械车辆大都配备了集中润滑系统，该系统实现了对各个分散润滑点的集中统一润滑，弥补了以往传统手工润滑的一系列不足，从而极大地改善了机械车辆润滑的性能和效果。集中润滑系统能够解决传统人工润滑的一系列问题，如工作量大，效率低下，车辆维护时间过长，成本高，操作人员对车辆润滑状况的检测过程复杂，难度较大等；由于润滑点的注油口常常裸露在外面，而机械车辆的工作环境又比较差，因此采用人工润滑很容易造成注油口被泥沙颗粒堵塞，且泥沙颗粒也很容易混入润滑油/脂，这样不仅使润滑点得不到充分润滑，而且混入的泥沙颗粒又会加剧润滑点的磨损。集中润滑系统尚存在的问题如下：

（1）结构设计和使用主要依赖于工程技术人员的经验和技巧，具有很大的盲目性，致使集中润滑系统存在各摩擦副的润滑效果欠佳，润滑油或脂消耗量偏大等缺陷。

（2）在温度较高的季节工作时，可能会出现抽空现象和油路堵塞等问题。

（3）在寒冷的季节工作时，可能损失润滑油/脂的黏度，使其因吸附性差、易流失而造成工作环境污染。

（4）集中润滑系统的自动化控制程度较低。

3.1.3 机械车辆的润滑要求

1．润滑及其作用

润滑是将特定介质（润滑剂）加入到两个摩擦表面之间，形成一层油膜，将摩擦表面隔开而降低摩擦、减少磨损的工程技术措施。

按摩擦面上油膜形成状况，润滑可分为3种：

（1）流体润滑：在两个摩擦表面之间保持有一定厚度的油层，使摩擦面完全隔开，磨擦面相对运动时，只有油层分子间发生滑动和摩擦，没有固相物体直接接触，这种润滑叫流体润滑。流体润滑是磨损最少、最理想的润滑状态，机械车辆集中润滑系统中的润滑多数属于这种形式。

（2）边界润滑：在摩擦副两个摩擦面之间，没有足够厚度的油膜，只有吸附在摩擦表面上的一层极薄的油性膜，载荷几乎全部通过表面微凸体的变形来承受。

（3）混合润滑：在摩擦副中，少数地方的油膜遭到破坏，出现固相物体直接接触，造成局部边界摩擦或干摩擦。

润滑在机械设备的正常运转和维护保养中起到的重要作用主要有：

（1）控制摩擦。对摩擦副进行润滑后，由于润滑剂介于两磨擦表面之间，使摩擦状态改变，相应的摩擦系数及摩擦力也随之改变。试验证明：摩擦系数和摩擦力的大小，是随着半干摩擦、边界摩擦、半流体摩擦、流体摩擦的顺序递减的，即使在同种润滑状态下，也会因润滑剂种类及特性的不同而不同。

（2）减少磨损。摩擦副的黏着磨损、磨粒磨损、表面疲劳磨损及腐蚀磨损等，都与润滑条件有关。在润滑剂中加入抗氧化和抗腐蚀添加剂，有利于抑制腐蚀磨损；加入油性和极压抗磨添加剂，可以有效地减轻黏着磨损和表面疲劳磨损；流体润滑剂对摩擦副具有清洗作用，同时也可减轻磨粒磨损。

（3）降温冷却。降低摩擦副的温度是润滑的一个重要作用。摩擦副运动时必须克服摩擦力作功，而消耗在克服摩擦力上的功全部转化为热量，从而引起摩擦副温度上升。摩擦热的大小与润滑状态有关，干摩擦热量最大，流体摩擦热量最小，而边界摩擦的热量则介于两者之间。因此，润滑是减少摩擦热的有效措施。摩擦副温度的高低，除了与摩擦热的高低有关，还与润滑剂的散热效果有关，液体润滑剂的散热效果最好，固体润滑剂的散热效果最差，半固体润滑剂的散热效果则介于两者之间。由此可见，用液体润滑剂不仅可以实现流体润滑，减少摩擦热的产生，而且还可以将摩擦热及时地带走。

（4）防止腐蚀。摩擦副不可避免地要与周围介质接触，由此可能因腐蚀、锈蚀而被破坏。摩擦副的两摩擦表面上，若有含防腐、防锈添加剂的润滑剂覆盖时，就可避免或减少由腐蚀而引起的损坏。

（5）密封作用。半固体润滑剂具有密封作用，它不仅可以防止润滑剂流失，而且还可以防止水分和杂质等的侵入。使用在工程机械、运输车辆、农业机械等设备上的润滑剂，不仅能保证润滑，而且也使气缸与活塞之间处于高度密封的状态，使之在运动中不漏气，提高了效率。

（6）传递动力。不少润滑剂具有传递动力的作用，如齿轮在啮合时，其动力不是在齿面间直接传递，而是通过一层润滑膜传递。液压传动、液力传动都是以润滑剂作传动介质而传力的。

（7）减振作用。所有润滑剂都有在金属表面附着的能力，且由于本身的剪切阻力小，所以在摩擦副两摩擦表面受到冲击载荷时，也都具有吸振的能力。如车辆的吸振器就是利用油液减振的，当车体上下振动时，就带动吸振器中的活塞在密封液压缸中上下移动，缸中的油液则逆着活塞的运动方向，从活塞的一端流向另一端，通过液体摩擦吸收机械能来稳定车体。

2. 润滑要求

机械车辆集中润滑系统除了要满足传统润滑系统润滑作用的要求外，更应满足其根据使用状况和工作特点产生的特殊的润滑要求，如：

（1）根据机械车辆运行工况和环境条件，考虑如速度、载荷及温度等工况参数；温度、湿度、砂尘等环境条件；传递功率、系统的流量、压力等力能参数的要求，并在此基础上有针对性地实施润滑。

（2）计算各润滑点所需润滑油的总消耗量并实施。根据润滑方案，计算出经过润滑后，各摩擦副工作时克服摩擦所消耗的总功率和效率，以便计算出带走运转中摩擦副产生热量所需的油量，再加上形成润滑油膜，达到流体润滑作用所需油量，即润滑油的总消耗量。

（3）计算润滑时间间隔并实施。根据润滑方案，以及各润滑点的速度、载荷、温度，确定每个润滑点的润滑时间间隔。

（4）计算润滑压力并实施。根据系统所消耗的润滑油总量，参考润滑泵的有效功率，综合确定各润滑点的润滑压力。

（5）有针对性、按需、智能、高效地实施润滑。

3.2 润滑模糊控制仿真软件分析

润滑模糊控制仿真软件是否合适直接影响着集中润滑系统的润滑效果，MATLAB 因其强大的功能和明显的优势，适用于集中润滑系统模糊控制仿真。本节主要运用 MATLAB 进行润滑模糊控制仿真软件分析，包含模糊控制仿真软件概述及应用。

3.2.1 模糊控制仿真软件概述

MATLAB 是美国 MathWorks 公司出品的商业数学软件，用于算法开发、数据可视化、数据分析以及数值计算的高级技术计算语言和交互式环境，主要包括 MATLAB 和 Simulink 两大部分。

MATLAB 对许多领域都专门开发了功能强大的模块集和工具箱。一般来说，它们都是由特定领域的专家开发的，用户可以直接使用工具箱学习、应用和评估不同的方法而不需要自己编写代码。如数据采集、数据库接口、概率统计、样条拟合、优化算法、偏微分方程求解、神经网络、小波分析、信号处理、图像处理、系统辨识、控制系统设计、LMI 控制、鲁棒控制、模型预测、模糊逻辑、金融分析、地图工具、非线性控制设计、实时快速原型及半物理仿真、嵌入式系统开发、定点仿真、DSP 与通讯、电力系统仿真等，都在工具箱（Toolbox）中有一席之地，对模糊控制系统就有与之对应的模糊逻辑工具箱（Fuzzy Logic Toolbox）可供使用。

Simulink 是 MATLAB 中的一种可视化仿真工具，是一种基于 MATLAB 的框图设计环境，是实现动态系统建模、仿真和分析的一个软件包，广泛应用于线性系统、非线性系统、数字控制及数字信号处理的建模和仿真中。在 Simulink 提供的动态系统建模、仿真和综合分析的集成环境中，无需大量书写程序，只需要通过简单直观的鼠标操作，就可构造出复杂的系统。Simulink 具有丰富的可扩充的预定义模块库、交互式的图形编辑器来组合和管理直观的模块图，图形化的调试器和剖析器来检查仿真结果，同时可直接访问 MATLAB 对结果进行分析，因此可视化、模型分析和诊断工具保证了模型的一致性。

Simulink 与 MATLAB 紧密集成，可以直接访问 MATLAB 中大量的工具来进行算法的研发、仿真的分析和可视化、批处理脚本的创建、建模环境的定制以及信号参数和测试数据的定义。对模糊控制系统仿真分析主要使用的是 Fuzzy Logic Toolbox 和 Simulink 的集成结合。

1. 模糊控制系统概述

（1）模糊控制系统的起源。模糊控制系统理论是在美国加州大学 LA.Zadeh 教授于 1965 年创立的集合理论的数学基础上发展起来的，主要包括模糊集合理论、模糊逻辑、模糊推理和模糊控制等方面的内容。

在 20 世纪初，生活中普遍存在的模糊现象就开始被人们研究了。1923 年，著名的哲学家和数学家 B.Russen 在他发表的一篇论文中就提到了有关的“含模糊性”的概念，尤其是我们的语言中就有许多模糊现象，如“较大的”和“较小的”这些都不是很清晰的概念，它们往往没有相对比较准确的限度，在根本上来讲是模糊的概念。但是，在特定的场合中人们对这些不准确的描述又能够精确的理解并不会引发什么误会。

1937 年，英国学者 M.Black 也曾对“含模糊性”的问题进行过深入研究，并提出了“轮廓一致”的新概念，这实际上就是人们后来所提出的“隶属度函数”的最早起点。不幸的是，他在描述一个事物的“真实接近程度”时，用了“接近程度”，很遗憾的是最后没能继续研究出模糊集合，但从某种意义上讲他已经研究出了模糊概念，可以说是模糊理论的开山祖师。

1965 年，Zadeh 在他的论文 *FuzzySets* 中第一次提出了表达事物模糊性的重要的概念，即隶属度函数，从而弥补了 19 世纪 90 年代德国数学家 GContor 所创立的经典集合理论的不完整性。利用隶属度函数能够描述一个比较模糊概念从“完全不属于”到“完全属于”的过渡，这样我们就能够定量地表示所提出的模糊概念，隶属度函数的提出奠定了模糊系统理论的数学基础。如此一来，比如说“长”和“短”这样我们在常规经典集合没有办法表达的模糊概念就能够表示出来了。模糊集合为计算机处理这种语言信息提供了一种可行的方法。

1966 年，P.N.Marinos 发表了有关于模糊逻辑研究的论文，标志着模糊逻辑从此诞生了。模糊逻辑与我们所了解的原来的经典二值逻辑有这些不同：模糊逻辑是一种不间断的逻辑，一个模糊命题是一个可以用来确定隶属度的句子，它的数值可以是区间[0,l]中的任何一个数。很显然，模糊逻辑是二值逻辑在广度上的扩展，而二值逻辑只是模糊逻辑其中的一部分。并且模糊逻辑具有更加广泛的实际意义，在我们的生活中无处不在，它不同于二值逻辑简单的肯定或随意的否定，而是把客观逻辑世界看成具有连续隶属度等级变化的，它允许一个命题可以是这样的也可以是那样的，可以是一部分的肯定也可以是一部分的否定，它与二值逻辑的区别在于隶属程度不一样。模糊逻辑为计算机模仿人的思维方式来处理普遍存在的语言信息提供了可能，因而具有跨时代的现实意义。

1974 年，Zadeh 进一步研究了模糊逻辑推理。此后，模糊系统理论逐渐成为一个热门的课题。

现在，模糊系统在理论和应用方面都有很大的进步，并且为包括模糊控制在内的其他方面的应用提供了坚定的理论支持，其主要研究领域包括如下几方面内容。

1）模糊控制系统理论基础研究。为了开发出更为新型，应用更为广泛，理论体系更为完善的模糊系统理论，我们必须把研究的重点放在以基本概念为核心的模糊系统理论和模糊方法论，其中最为关键的是如何利用模糊控制理论对人的思维能力和创造能力进行开发。与此同时，也要把以前所掌握的基础理论、基本概念，进行严谨、合理的分析，对模糊推理中一些概念性的东西如对值理论、统一性理论、推理算法、多变量分析以及模糊量化理论等进行合理的推敲；对模糊方法论中的模糊集合论、模糊方程、模糊统计和模糊数学也要有更为深入的分析；对思维功能与模糊系统的关系、以及模糊系统评价的各种方法、模糊系统与其他系统特别是与神经网络等相结合的理论要有更为深入、透彻的研究。

2）模糊计算机方面的研究。主要目标是研制出系统简单化、体型微量化并且运算及推理速度极高的计算机，且该计算机还要有模糊关系高速推理的功能。这些领域的研究涉及模糊语言程序的编写、模糊计算机结构的设计、模糊逻辑器元件的安装及模糊逻辑储存器等方面。

3）机器智能化研究。其研究目标是为了满足对模糊信息的理解，对具有逐渐变化标志模糊系统的控制，以及对这些模式的识别和智能化决策的研究。这些研究主要包括智能化控制、传感器、对信息意义的理解、评价体系、具有人性化思想和动作性能的机器人、拥有语言理解能力的智能化沟通以及具有瞬时理解能力的图像识别等。

4）人机工程研究。人机工程的研究是为了实现一种专家系统，这个系统可以快速地进行模糊检索和对不能够预测的输入条件进行判断，以及实现把人和人之间的联系变为人与电脑之间的联系并能够满足对新系统研究的要求。在这些方面又涵盖了模糊数据库、模糊专家系统、智能接口和对人的自然语言的人机工程研究要求。

5）人类系统和社会系统的研究。此研究主要是为了利用模糊系统理论解决不能够被完美预测的人的复杂行为、人的心理变化，社会经济条件和结构的变化趋势，以及各种复杂的社会现象，预测事物的发生和对事物进行决策判断等。在这方面的应用包括对各种危机的预警和对由人为的失误所造成事件的评价方法，以及建立不完整结构系统的模型，还有在系统故障检测与诊断中的各种应用和对人的行为与心理变化的分析等。

6）自然系统的研究。此研究的主要目的是为了利用模糊理论去解决比较难以研究的自然现象和自然模型。并且还可以对各种物理模型、化学现象进行更进一步的解释，也可以对自然环境大气圈、地球生物圈、地圈进行研究。

（2）模糊控制系统的发展。模糊控制是模糊系统理论应用最有效、最广泛的领域，目前模糊控制在各种领域已经解决了许多用以前的控制理论不能很好解决的问题，并且有了很大的成果。

一开始模糊控制器只是一种在语言的基础上来实现控制目的地的控制器，并且这些控制器的规则主要来自其设计者所拥有的知识经验，应用范围主要是那些难以建立模型或者建立的模型难以控制的地方。当时，模糊控制器大多数用的是Malndani的规则所设计的控制器结构，到了20世纪80年代以后，人们对模糊控制器进行了很多的改进，解决了那些没有操作经验和专业知识进行的控制，还有那些有很明显的非线性和延迟性的过程进行的控制。人们根据人脑能够对发生的复杂事物立刻做出反应和判断的特点研制了各种各样的具有自己适应、组织、学习等功能的模糊控制器。与此同时，人们还设计了模糊PID混合控制、模糊Smith预估控制、预见式模糊控制等新的控制策略。自20世纪90年代到现在，在工业中运用模糊控制的例子越来越多，模糊控制所涉及的方法也逐渐发展为模糊PID控制、模糊监督控制以及模糊逻辑与神经网络、遗传算法互相融合的控制等新形式。

在模糊控制理论研究方面，20世纪70年代末曾出现了关于模糊控制的算法结构、模糊控制规则分析、模糊控制器的多值继电器模型、最优模糊控制器的代数模型及语言模型分析方法等大量优秀的理论成果，并且在模糊辨识方面，还有一些具有突破性的研究。自从 20 世纪 80 年代中期以来，在模糊控制理论领域的研究已经得到大量应用并取得了巨大的成功。学者和科学家打算把自动控制学科中相对成熟的理论研究加入到模糊控制来创建一个合理的理论框架，这个框架的理论成果主要包括了模糊控制系统的理论设计、非线性的控制理论，以及多个变量模糊控制系统等。这段时间内建立在规则基础上的一系列模糊模型、模糊规则模型、模糊线性模型已经逐渐形成相对比较成熟的方法理论。在模糊模型控制的基础上，人们对于模糊内膜和模糊预测的控制的研究已经逐渐成为新的大热门领域。

模糊控制应用的发展远远超过了模糊控制理论的研究，并且还没有形成相对系统、完整的理论结构，这是目前阻碍模糊控制理论发展最主要的因素。模糊控制实际上就是一种非线性的控制方法，因为它本身十分复杂并且非线性系统理论远远没有达到成熟的地步，所以现在人们无法建立像线性控制那样成熟的理论模型。但对模糊控制理论的应用，不仅仅要能够表达模糊控制系统的本质，还要能够提供各种使用和分析模糊控制系统的方法。

（3）模糊控制的应用现状。模糊集合的理论是在 1965 年由 Zadeh 第一次提出的，这标志着模糊系统理论的正式诞生，同时也打破了传统集合理论中属于或不属于的二元性关系。然而，在那时控制界对模糊控制理论并没有什么兴趣，最主要的原因是当时现代控制理论在宇航和军事领域的应用中正处于巅峰状态，人们对于模糊控制理论还没有什么需求。1974 年，Mandani 和同事第一次把模糊控制应用到了蒸汽机的控制中。从此以后，各种媒体对于模糊控制的相关报告越来越多。1980 年，Holmblad 和 ostergaard 顺利地将模糊控制器安装在水泥窑炉上，第一个商品化的模糊控制器就这样诞生了。

1985 年，AT&T 贝尔实验室的 Togai 和 Watanabe 设计出了第一块模糊逻辑芯片。1987 年，在 Makawa 的模糊计算机运算的样本的基础上，Otnron 公司成功研制开发出了第一代模糊微处理计算机。在模糊控制器开发的过程中，Makawa 设计了首台采用推理的高速控制器硬件系统，并且成功应用在拥有两个并不相同的参数的倒立摆的控制上。进入 20 世纪 90 年代后，日本首先在家用电器的方面加入了模糊控制的应用，这一创举在全球范围内引起了一股“模糊控制热潮”，这大大加快了模糊控制技术的应用和发展，同时美国和欧洲的一些国家也加大了对模糊控制技术的投入力度。

（4）模糊控制系统的工作原理。模糊控制系统和其他控制系统主要的不同表现在其模糊控制器的组成和功能上。模糊控制系统原理如图 3-1 所示。

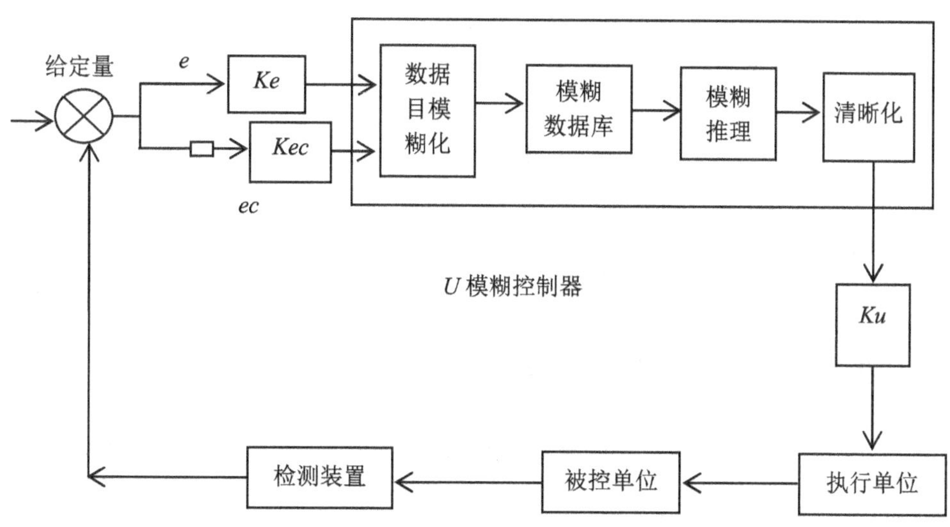

图 3-1　模糊控制系统原理图

当控制系统输入一个给定量时，经过数据目模糊化然后把精确值变成模糊值；在模糊数据库中，输入模糊规则，经过模糊推理，最后清晰化得到一个确定的输出值，通过执行单位和被测单位检测出来。模糊控制器是整个控制系统的核心，利用计算机为它服务，然后利用编写程序函数控制工作。一般过程为：开始先用计算机启动控制系统，就会收到被控对象的一个精确值；然后用精确值减去之前设定的给定值，就会得到偏差值 e；最后利用模糊化方法把 e 的偏差的范围转化为模糊范围，利用模糊语言表示出来，从而得到模糊子集 e；根据模糊规则进行模糊推断，就会得到输出的量 u。

2. Fuzzy Logic Toolbox 概述

（1）Fuzzy Logic Toolbox 简介。Fuzzy Logic Toolbox 提供了一个简单的基于鼠标单击的图形用户界面，可以使用户轻易地完成模糊逻辑的设计过程。它提供内置的最新模糊逻辑设计方法，如模糊群（Fuzzy Clustering）、模糊自适应神经网络学习（Adaptive Neuro-fuzzy Learning）等。交互式的图形用户界面可以精细地调节系统行为并使之可视化。通过 Fuzzy Logic Toolbox 不需要进行复杂的模糊化、模糊推理及清晰化运算，只需要设定相应参数，就可以很快得到所需要的控制器，而且修改也非常方便。

Fuzzy Logic Toolbox 是进行模糊推理和模糊控制器仿真的工具包，它集成了 FIS 编辑器、隶属函数编辑器、模糊规则编辑器、规则浏览器和输出预览器等可视化工具，使用户快速开发设计模糊控制器成为可能。当然，这些工具实质都是由开发者为 MATLAB 用户编写的后缀为.m 的文件或后缀为.s 的函数组成的，如

fuzzy.m 等。这些以.m 为后缀的文件通常放在 Fuzzy 目录下，用户可以在 MATLAB 环境中单独编程调用这些文件或函数来进行编程。

（2）Fuzzy Logic Toolbox 特点。

1）易于使用。Fuzzy Logic Toolbox 提供了建立和测试模糊逻辑系统的一整套功能函数，包括定义语言变量及其隶属度函数、输入模糊推理规则、整个模糊推理系统的管理以及交互式地观察模糊推理的过程和输出结果。

2）提供图形化的系统设计界面。Fuzzy Logic Toolbox 中包含以下五个图形化的系统设计工具：

①模糊推理系统编辑器，用于建立模糊逻辑系统的整体框架，包括输入与输出数目、去模糊化方法等；

②隶属度函数编辑器，用于通过可视化手段建立语言变量的隶属度函数；

③模糊推理规则编辑器；

④系统输入输出特性曲面预览器；

⑤模糊推理过程预览器。

3）支持模糊逻辑中的高级技术。可支持的高级技术包含自适应神经模糊推理系统（Adaptive Neural Fuzzy Inference System，ANFIS），用于模式识别的模糊聚类技术、模糊推理方法的选择等。

4）集成的仿真和代码生成功能。Fuzzy Logic Toolbox 不但能够实现 Simulink 的无缝连接，而且通过 Real-time workshop 能够生成 ANSI C 源代码，从而易于实现模糊系统的实时应用。

5）独立运行的模糊推理机。在用户完成模糊逻辑系统的设计后，可以将设计结果以 ASCII 文件保存；利用 Fuzzy Logic Toolbox 提供的模糊推理机，可以实现模糊逻辑系统的独立运行或者作为其他应用的一部分运行。

（3）Fuzzy Logic Toolbox 应用过程。

1）定义输入输出变量。为直接反映人类自然语言的模糊性特点，在模糊规则的前件和后件中引入语言变量和语言值的概念。语言变量分为输入语言变量和输出语言变量，输入语言变量是对模糊推理系统输入变量的模糊化描述，通常位于模糊规则的前件中，输出语言变量是对模糊推理系统输出变量的模糊化描述，通常位于模糊规则的后件中。

进入 MATLAB 编程环境后键入 fuzzy 即可进入 FIS Editor:Untitled 窗口。FIS Editor:Untitled 窗口是模糊推理系统的主界面，它集成了隶属度函数编辑器、模糊规则编辑器、规则浏览器和输出预览器等功能，可以通过主菜单进行选择。在 FIS Editor:Untitled 窗口中可以设置模糊控制器的模糊算子、输入输出变量个数、模糊变量名称以及解模糊化的方法（如加权平均判决法、中位数法、最大隶属度法等），还可通过 Edit 菜单下 Add Variable…命令的子菜单添加输入输出量，如图 3-2 所示。

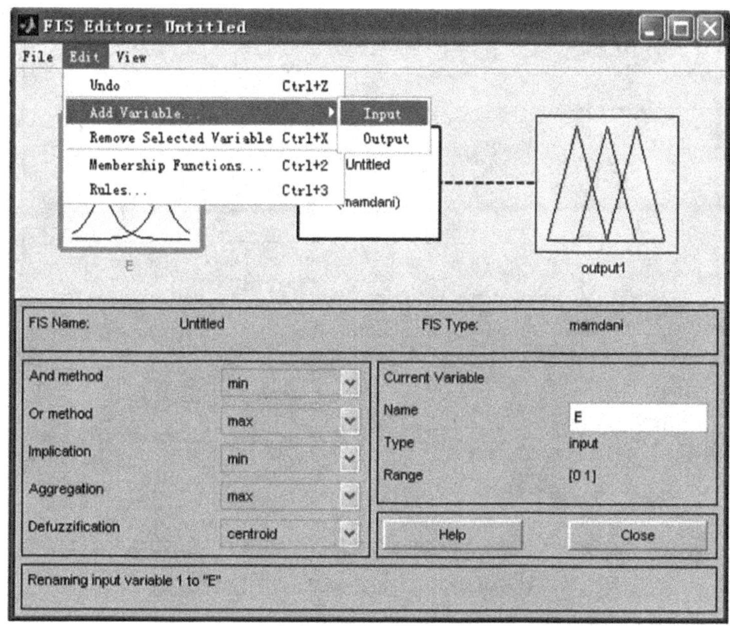

图 3-2 FIS Editor:Untitled 窗口

2）定义语言变量隶属度函数。每个模糊语言变量具有多个模糊语言值，模糊语言值的名称通常具有一定的含义，如 NB（负大）、NM（负中）、NS（负小）、ZE（零）、PS（正小）、PM（正中）、PB（正大）等。每个语言值都对应一个隶属度函数，隶属度函数可有两种描述方式，即数值描述方式和函数描述方式。数值描述方式适用于语言变量的论域为离散的情形，此时隶属度函数可用向量或表格的形式来表示；对于论域为连续的情况，隶属度函数则采用函数描述方式。

在 MATLAB 模糊逻辑工具箱中支持的隶属度函数类型有如下几种：高斯型、三角型、梯形、钟型、Sigmoid 型、Π 型以及 Z 型。利用工具箱中提供的函数可以建立和计算上述各种类型隶属度函数。隶属度函数曲线的形状决定了对输入、输出空间的模糊分割，对模糊推理系统的性能有重要的影响。在 Fuzzy Logic Toolbox 中提供了丰富的隶属度函数类型的支持，利用工具箱的有关函数可以方便地对各类隶属度函数进行建立、修改和删除等操作。

双击 FIS Editor:Untitled 窗口中的输入变量或输出变量方框，就可以进入 Membership Functions Editor:Untitled 窗口主界面，对模糊变量的隶属函数进行编辑，通过 Edit 菜单下的 Add MFs...命令来添加隶属度函数，如图 3-3 所示。

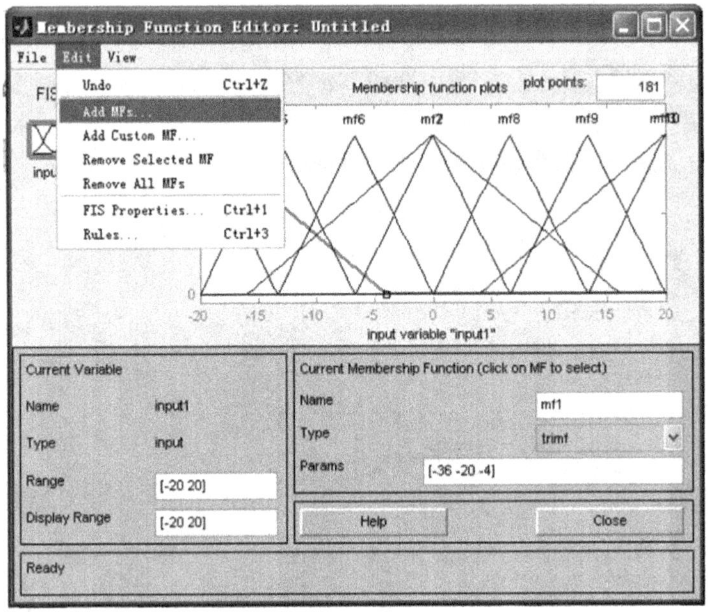

图 3-3 Membership Functions Editor:Untitled 窗口

3）定义模糊控制规则。在模糊推理系统中，模糊规则以模糊语言的形式描述人类的经验和知识，规则是否正确地反映人类专家的经验和知识及对象的特性，直接决定了模糊推理系统的性能。模糊规则通常的形式是“IF 前件 THEN 后件”，前件由对模糊语言变量的语言值描述构成，如“温度较高，压力较低”。规则进行模糊矩阵计算，verbose 格式如以下形式：If (E is NB)and(EC is NB)then(U is PB)；If(E is NM)and(EC is NB)then(U is PB)；If(E is NS)and(EC is NB)then(U is PM)。

如果规则输入格式无误，系统就能把 verbose 规则格式转化为 symbolic 格式和 indexed 格式，当然也可以按照另外两种格式直接编写规则，方法类似。模糊规则的建立是构造模糊推理系统的关键。在实际应用中，初步建立的模糊规则往往难以到达良好的效果，必须不断加以修正和试凑。在模糊规则的修正和试凑过程中，应尽量保证模糊规则的完备性和相容性。

单击 FIS Editor:Untitled 窗口或 Membership Functions Editor:Untitled 窗口中 Edit 菜单下的 Rule...命令，或双击 FIS Editor:Untitled 窗口中流程图里的规则方框即可进入 Rule Editor:Untitled 窗口，其中模糊规则编辑框实际上是个文本编辑框，只要按照规定的模糊规则书写格式编写模糊规则，计算机就可以根据模糊推理合成，如图 3-4 所示。

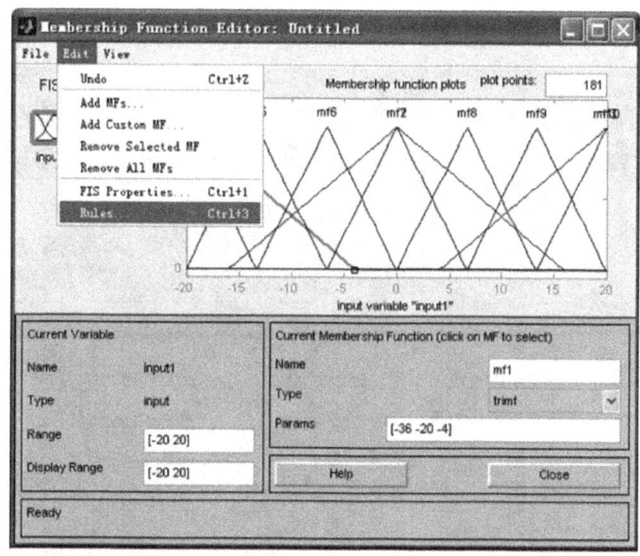

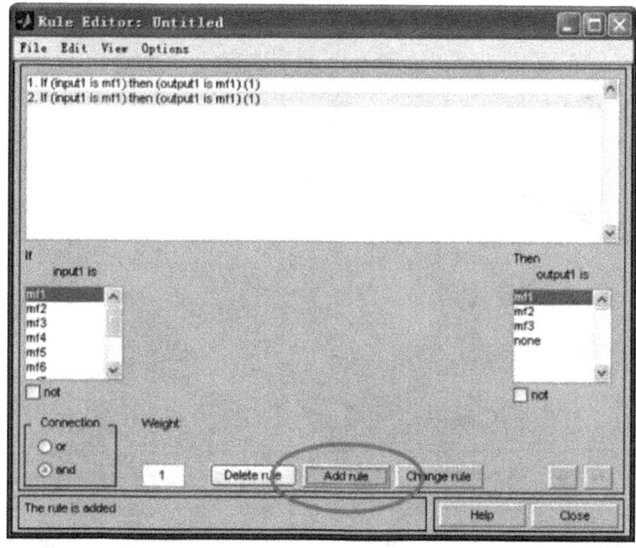

图 3-4 模糊规则编辑过程

在 Rule Viewer:tank 窗口中，以图形形式描述了模糊推理系统的推理过程，如图 3-5 所示。

（4）输出预览。当规则输入无误后，单击 View 菜单中的 surface...命令即可进入 Surface Viewer:tank 窗口，该窗口以图形的形式显示模糊推理系统的输入输出特性曲面，可以看到经模糊决策矩阵运算并清晰化后得到的三维坐标图，如图 3-6 所示。每个坐标轴代表一个模糊变量，坐标范围就是该模糊变量的论域，通过鼠标拖动可以旋转坐标轴，不同的变量可以任意选用不同的坐标轴。如图 3-6 中的 x，y 轴分别表示输入模糊变量 E 和 EC，z 轴表示输出模糊变量 U，由此可看出该三维坐标图相当于一个模糊控制查询表，可以很直观地校验模糊规则编写得是否合理。由于维数所限，预览图最多只能同时预览两个输入量和一个输出量。

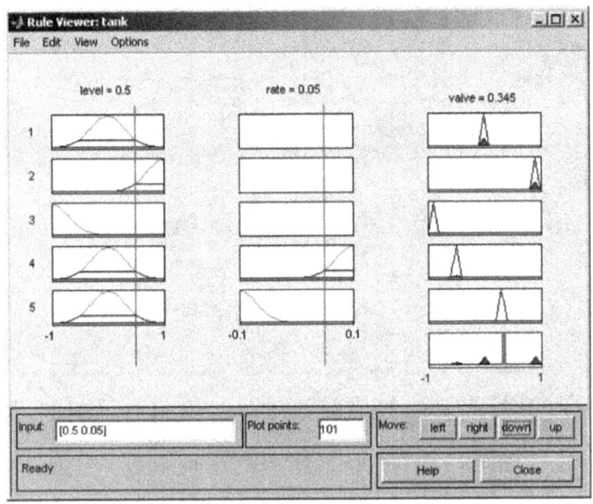

图 3-5 Rule Viewer:tank 窗口

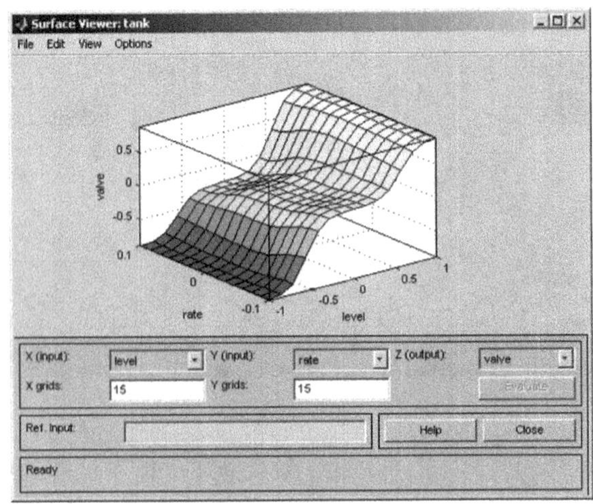

图 3-6 Surface Viewer:tank 窗口

3. Simulink 概述

（1）Simulink 简介。Simulink 是 MATLAB 最重要的部分之一，它为用户提供了一个动态系统建模、仿真和综合分析的集成环境。Simulink 仿真系统既可应用于线性系统，也可应用于非线性系统；既能够适用于连续系统，也能够适用于离散系统和连续与离散相结合的系统；既适用于定常系统，也适用于时变系统。

Simulink 提供了一个图形化的仿真系统，在该系统中用户不需要编写复杂的程序，仅用鼠标进行操作即可。在已有的模糊数据库中选择标准模块后，根据要求连接起来组成动态系统模型，并在各模块的参数对话框为系统中个各模块设定参数，当各个模块的参数设置结束以后，系统的仿真模型就建好了。若是对于某一模块没有更改原本数值，这就表示要利用系统为该模块划定的默许参数值作为该模块当下的参数。

Simulink 模块库的内容十分丰富，如图 3-7 所示，除包括输入信号源模块库、输出接收模块库、离散系统模块库、连续系统模块库、数字运算模块库、非线性模块库等许多标准的模块库外，用户还可以自定义创建模块。

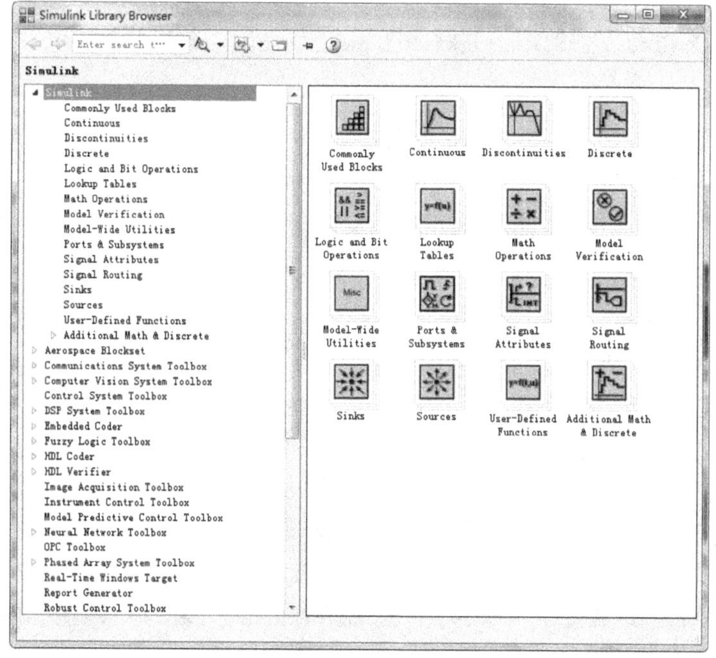

图 3-7 Simulink Library Browser 窗口

系统的模型创立起来之后，对仿真参数和运算数值进行改变，即可启动程序对整个系统进行实验分析，用户能够通过操纵 Simulink 菜单进行，也可以使用 MATLAB 命令来实现。菜单方法多用于交互式运行，而命令方式多用于运行一批仿真时。

在仿真过程当中，用户能够选用不同的输出方法来观察仿真结果。依据仿真结果，用户能够适当地调整系统的参数，并观测剖析仿真结果的变化，从而得到更为理想的仿真结果。

（2）Simulink 模块处理分析。一个典型的 Simulink 仿真模型由以下三类模块组成：

1）信号源模块。信号源模块作为仿真系统的输入，它包括一个恒定的信号源、函数信号发生器和用户自己在 MATLAB 中建立的自定义信号。

2）被模拟的系统模块。被模拟的系统模块由许多模块连接而成，它作为仿真的中心模块，决定着仿真系统的运行过程，也是完成系统仿真建模分析的关键所在。

3）输出显示模块。系统的输出由输出显示模块接收。系统输出体现的方式包括示波器显示、图形显示和输出到文件或者 MATLAB 工作空间中 3 种，输出显示模块能够在接收器模块库中查找出来。

Simulink 仿真模型的结构关联如图 3-8 所示。

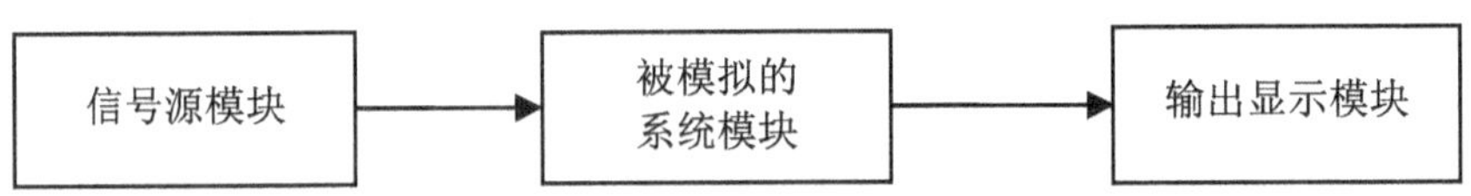

图 3-8 Simulink 仿真模型的结构关联图

（3）模块的基本操作。

1）模块的编辑。首先在 Simulink 仿真模块库中选择需要的模块，然后将其拖入编辑窗口，当要求对模块进行复制、移除、形状的改变和名称的处理时，按照规定的操作步奏进行设置。

2）模块的连接。当拖动模块进入系统后，需要将它们根据合理的顺序串联起来构成一个完整的系统模型，模块之间的衔接要使前一个输出与后一个输入连接。

3）模块的参数设置。模块的参数与要求设计的仿真系统密切相关，模块参数的设置要按照所要求的数值进行设定，设置模块的参数时双击所要设置参数的模块，系统出现“参数设置”对话框，然后在对话框中改变输入参数即可。

（4）Simulink 仿真过程。

1）初始化阶段。

①对模型的参数进行设定。

②展开模型的各个层次。

③按照一定的顺序对模型进行排列。

④确定所有显示化的信号属性，并检查每个模块能否接收来自它们输入端的信号。

⑤掌握全部非显示信号采样时间模块的采样时间。

⑥分配和初始化储存空间，用来储存每一个模块的状况和目前的输出。

2）模型运行阶段。

单击系统仿真开始命令，观察输出结果。

（5）Simulink 模块库简介。

1）常用的模块库。经常使用的模块库是为了加快建模速度而将最常用的基本模块集合放在一起构成的。常用的模块库包括总线信号生成器模块、常数总线信号选择器模块、数据类型转换模块、常数模块、信号分离器模块、离散时间积分模块、增益模块、信号模块、积分模块、逻辑操作模块、信号合成模块、输入接口模块、输出接口模块、乘法模块、子系统模块、求和模块、开关转换模块、信号终端模块、单位延迟模块等。

2）连续系统模块库。连续系统模块库提供了用于连续系统建模与仿真的基本模块，包括积分环节模块、微分环节模块、传递函数模块、可变延时模块、状态空间模块、可变传输延迟模块、传输延迟模块和零极点增益模块等。

3）非连续系统模块库。非连续系统模块库包含了一些常用的非线性运算模块，如饱和度模块、死区模块模块、速度限制模块、量子点模块、磁滞回环模块、限零模块和继电器模块等。

4）离散系统模块库。离散系统模块库主要用于提供创立离散采样系统的模块，主要包括单位延迟模块、整数延迟模块、触发延迟模块、离散传递函数功能模块、离散过滤分析模块、离散状态空间模块和 Discrete-Time Integrator 模块等。

5）数学模块操作库。数学模块操作库供给了与数学运算相关的仿真模块，主要包括求和模块、加法模块、减法模块、偏差模块、增益模块、乘积模块和数学函数模块等。

6）用户自定义功能模块。Simulink 仿真系统为用户设置了一个扩展功用的模块库，主要包括函数功能模块、MATLAB 功能模块、S-函数模块、S-函数编辑器模块和 S-函数模块及实例源代码模块库等。

3.2.2 润滑模糊控制仿真软件应用

由模糊控制的理论可知，模糊控制是一种基于语言规则和模糊推理的控制方法，在模糊控制器的设计过程中存在着许多主观因素，如隶属度的确定、控制规则的构造等，系统需要反复调试才能达到较好的鲁棒性和稳定性，因此利用计算机进行仿真显得十分重要。MATLAB 可以进行矩阵运算、绘制函数和数据、实现算法、图像处理、创建用户界面、连接其他编程语言的程序等，而且包括 Fuzzy Logic Toolbox 和 Simulink 等在内的重要组件，可以提供一个动态系统建模、仿真和综合分析的集成环境，使其成为国际公认的最优秀的科技应用软件之一，并广泛应用于自动控制系统的仿真。同时，该软件把模糊控制技术与仿真技术结合在一起，使得繁杂的控制过程变得相对简单，从而能够对繁杂的控制系统进行有效的仿真分析控制。因此，可以选择 MATLAB 作为机械车辆集中润滑系统模糊控制的软件。

首先，MATLAB 中的 Simulink 可以满足仿真要求。使用 Simulink 进行简单、普通的仿真时，对建立系统模型的方法性、有效性要求并不高；但随着仿真模型的复杂化，系统变得更加庞大，在采用 Simulink 建模仿真时，就要求进行科学、系统的规划。通常 Simulink 建模需要满足以下基本要求：

（1）建模从总体的角度考虑。系统的建模应该对应总体的要求，系统中的每一个模块的改变都会影响到系统整体的运行结果，各个模块的选择都必须与研究的总体要求相对应。

（2）模型有针对性。系统模型只应该包括与研究目的相关的方面，也就是与研究目的相关的系统行为子集的特征描述。对同一个系统，模型不可能是唯一的，随着研究目的的改变，模型也会有所差别。

（3）子模型划分遵循一目了然的规则。通常繁杂的系统是由很多子系统构成的，于是复杂的模型也是由很多的子模型构成的。互相联系的子模型的关联，在完成研究目标所必要的信息关联之外，相对连接要尽可能少，结构尽量便于理解。

(4)模型精度适当。同一个系统的模型根据系统的精度需要可以分为很多级，并且对不同的模型，其精度要求是不一样的，因此需要根据实际情况的要求具体分析。

其次，MATLAB 中可实现 FIS 与 Simulink 的有效连接。模糊控制系统的设计与仿真，是以仿真模型图为基础的，仿真模型图由 Simulink 中的模块连接构成。在组建有关模糊控制的仿真模型图时，必须用“模糊逻辑工具箱”中“模糊逻辑控制器”。要实现 FIS 与 Simulink 的连接，一般要经过三个步骤：

（1）FIS 结构文件导入到工作空间。

例如：要把编辑并储存好的 FIS 文件“xuexi”送入工作空间。

在 MATLAB 主窗口中，输入“fuzzy xuexi”，得出 FIS Editor:xuexi 界面。

在该界面上，单击 File 菜单下的 Export 选项下的 To Workspace...命令，在弹出的对话框中的 Workspace variable 右侧的编辑框内，输入文件名称，此处为“xuexi”。

单击 OK 按钮，完成输入工作空间。

（2）模糊逻辑控制模块的嵌入 FIS 文件。嵌入工作必须在“模型编辑器”中完成。

在编辑仿真模型图，采用“模糊逻辑控制器”模块时，首先把“模糊逻辑控制器”拖入模型编辑器界面中。

选择“模型编辑器”中的“模糊逻辑控制”，系统弹出设定参数的编辑器，在“FIS 文件或结构”下的编辑框下给模糊逻辑控制器命名为“xuexi”，单击“确定”按钮，即完成嵌入工作。

（3）嵌入成功性的检查。FIS 嵌入的成功与否关系到模糊逻辑控制器与 Simulink 仿真系统是否相互联系起来，是否能够进行仿真操作，在仿真前必须进行检查。检查嵌入成功与否的方法是：右击模型编辑器中的“模糊逻辑控制器”模块，在弹出的菜单中单击“看当下任务”命令进入“检查嵌入”对话框，对话框中的“FIS 的向导”模块中显示“FIS”表示 FIS 成功嵌入模型中，并已成功连接到 Simulink；如果显示“sffis”意味着连接失败，需要重新嵌入。

3.3 模糊控制仿真模型的建立

模糊控制仿真模型的核心是建立模糊控制器，并应用机器语言进行软件开发。本节对模糊控制器的结构组成和基本模糊控制器的设计进行论述，并对已开发出的车载集中润滑系统模糊控制数据分析软件和基于流变特性分析的车载集中润滑系统模糊控制软件进行简要描述。

3.3.1 模糊控制器简介

1. 模糊控制器的结构

所谓模糊控制器的结构指的是它的输入输出变量、模糊化算法、模糊推理规则和清晰化计算方法。在确定性控制系统中，我们根据控制器输出的个数，把控制系统分为单变量控制系统和多变量控制系统。在模糊控制系统中，也可类似的划分为单变量模糊控制和多变量模糊控制，下面分别对其做简单的介绍。

（1）单变量模糊控制器。在单变量模糊控制器中，根据输入变量的个数的不同，可以把模糊控制器分为一维模糊控制器、二维模糊控制器和三维模糊控制器，如图 3-9 所示。

1）一维模糊控制器。通常把受控变量和给定输入值的偏差 e 作为一维模糊控制器的输入变量。由于输入变量单一，只采用偏差值不能够准确的反映控制过程的动态特性，得到的结果很难令人满意，因此一维模糊控制器通常用于一阶被控对象。

2）二维模糊控制器。二维模糊控制器有两个输入变量，多数都是采用受控变量值和给定输入值的偏差 e 和偏差变化 ec，因此控制过程中的输出的动态特性能够得到比较准确地反映，控制的效果也比一维控制器要好，应用也相对广泛得多。

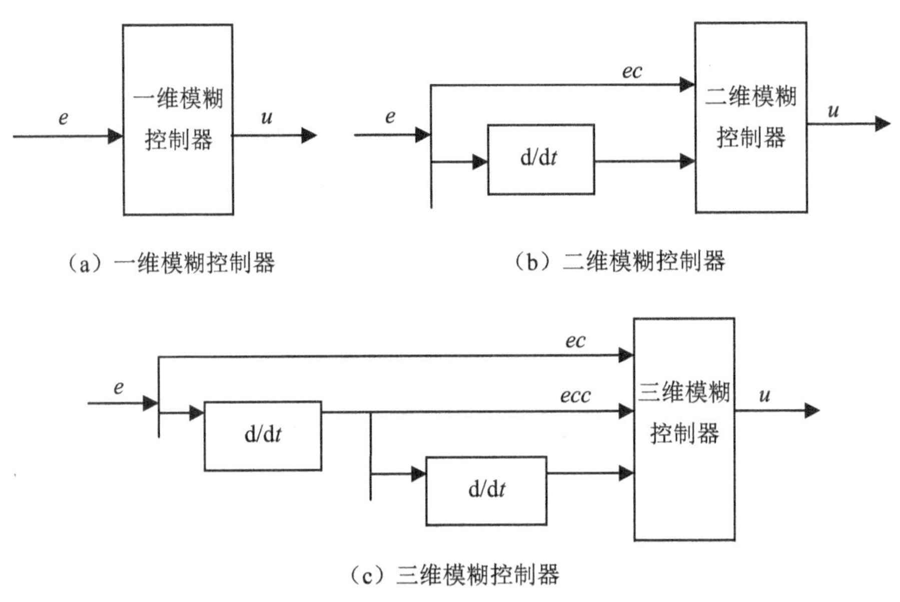

（a）一维模糊控制器

（b）二维模糊控制器

（c）三维模糊控制器

图 3-9　单变量模糊控制器

3）三维模糊控制器。三维模糊控制器有三个输入变量，分别是系统偏差量 e、偏差变化量 ec 和偏差变化率 ecc。这种模糊控制器的结构复杂，推理运算需要的时间较长，适用于对动态特性要求比较高的场合，一般很少选用。

从理论上来讲，要想让模糊控制系统的控制精度提高，就需要提高模糊控制器的维数，但是维数越高，模糊控制规律就变得越复杂，设计难度也就越大，模糊推理算法的实现就越困难，因此，在设计模糊控制系统时多选用结构简单的二维控制器。

（2）多变量模糊控制器。在模糊控制系统中，多变量模糊控制器有多个输入和输出变量，它具有多变量的结构，如图 3-10 所示。由于多变量模糊控制器结构比较复杂，通常可运用模糊控制器的解耦特性，即把一个多输入、多输出的模糊控制器分解成若干个多输入、单输出的模糊控制器，来降低设计难度。

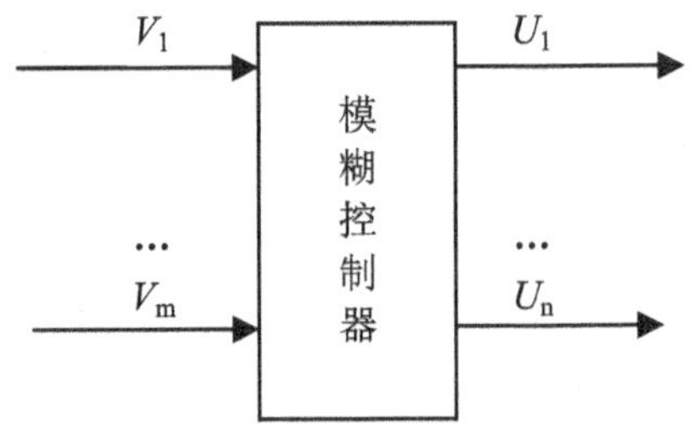

图 3-10　多变量模糊控制器

2. 模糊控制器的组成

一般模糊控制器由三个主要的功能模块组成：

（1）模糊化过程。模糊化过程一般是将隶属度函数作为模糊化函数，把精确的数字形式表示的输入量，转化为模糊语言表示的某一值，并与语言值的隶属程度一一对应。当模糊集合设计完成，对任意输入值，根据模糊集合的分布情况确定此输入值对应的隶属度，就完成了将输入值模糊化的工作。

（2）模糊逻辑推理。模糊逻辑推理是模糊控制的核心，由三部分组成：大前提、小前提、结论。大前提是多个多维模糊条件语句，构成规则库；小前提是一个模糊判断句，又叫事实，它通过对比知识库的信息，模拟人类逻辑推理决策的过程，给系统一个适合的控制量。

（3）反模糊化过程。反模糊化过程即精确化过程。由于在实际控制过程中，只有一个确定的值才能去控制或驱动执行机构，而通过模糊推理，得到的结果是一个模糊集合，因此必须把模糊结果反模糊化。在推理得到的模糊集合中取一个最能代表这个模糊推理结果可能性的精确值的过程就是反模糊化过程。

3.3.2 基本模糊控制器的设计

在模糊控制中，模糊控制器的作用是经过电子计算机，将精确量转换为模糊量，转换后的精确量作为模糊控制输入信息，依据归纳手动控制方法获得的语言控制规则实施模糊推理，给出模糊输出判定，然后把模糊量转换为精确量，即具体的数值，最后传递给受控对象。

设计一个模糊控制器来实现语言控制，一般有三个步骤：

（1）把输入的精确量转化为模糊量，即把语言变量的语言值转化成适当论域上的模糊集合。

（2）设计模糊控制算法，通过一组模糊条件语句组成模糊控制规则，并计算模糊控制规则确定的模糊关系。

（3）输出信息的模糊判断，并完成从模糊量到精确量的变换。

模糊控制器的方框图如图3-11所示。

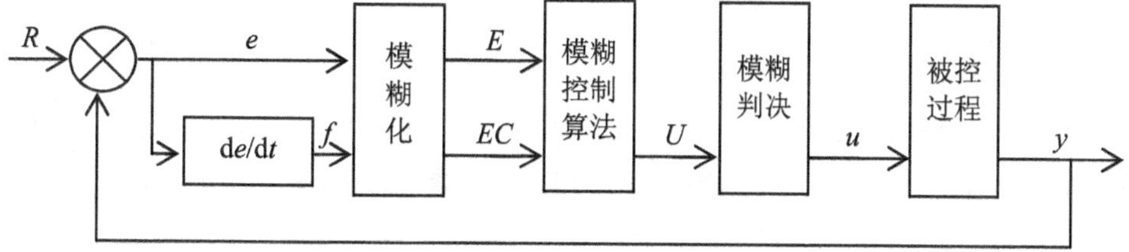

图3-11　模糊控制器的方框图

在图 3-11 中，e，f 分别为系统误差与误差变化率（精确量）；E，EC 分别为对应系统误差和误差变化率的语言变量的模糊集合（模糊量）；u 为模糊控制器输出的控制（精确量）；U 为输出的模糊量；y 为控制指令。

1. 精确量的模糊化

模糊控制器的语言变量指的是输入变量和输出变量，它们是用自然语言形式表现的，而不是用数值形式表达出的变量，所以称为“模糊”。模糊控制器的语言变量的确定是模糊控制的第一步。目前，在大多数模糊控制中，系统误差和其变化率当作模糊控制器输入语言变量，控制量的变化当作模糊控制器的输出语言变量。

根据人们的习惯，通常将相比较的同类事物分为“快”“中”“慢”或 “高”“中”“低”或“大”“中”“小”3 个等级，故在描述误差、误差变化率和控制量的改变时，每每选用“大”“中”“小”3 个等级的模糊概念，同时想到变量有正有负，因此在设计模糊控制器时，人们常用“负小”“负中”“负大”“零”“正大”“正中”“正小”这 7 个语言变量来描述。

一个确定数的模糊化，是根据给定的数及已计算过的量化因子解出要求的数在基本论域中的量化等级，同时查找语言变量 E 的赋值表，找出该量化等级对应的最大隶属度值对应的模糊集的组合。

2. 模糊控制算法的设计

模糊控制算法基本上是总结了实际操作人员在操作控制过程中所产生的一系列模糊的条件语句，即在不同情况下该怎么去解决问题，它与控制系统的可靠性有关，是控制器最重要的部分。常用的模糊控制器有单个输入单个输出模糊控制器、两个输入单个输出模糊控制器、多个输入单个输出模糊控制器和两个输入多个输出模糊控制器。本书设计应用到的模糊控制器是两个输入一个输出模糊控制器。

基于对操作者手动控制策略的归纳，由此产生的每一条模糊条件语句只是表示了一个具体情况下的解决方案。事实上，由于操作者在控制过程中所遇到的情况是有各种可能的，所以得到人工控制策略的完整控制规则要由许多控制规则不同的模糊条件语句构成。

3. 输出信息的模糊判决

有了表达控制策略的模糊关系，在给出模糊控制器输入语言变量论域上的模糊子集后，对应反应模糊关系的条件语句，能够得出输出语言变量在论域上相对应的模糊集合，即可完成模糊推理。

模糊控制器的输出是一个模糊集合，它表示的是控制语言不同取值的一种组合，因为被控过程只可以接受一个控制量，这就要求从输出的模糊子集判决出一个精准的控制量，即设计一个从模糊集合到普通集合的映射，这个映射称为判决。

常用的判决方法有三种，即最大隶属度法、加权平均法、取中位数法。三种方法具有不同的特点，所得出的结果也是不一样的，需要根据被控过程的具体情况加以选用。

3.3.3 车载集中润滑系统模糊控制数据分析软件

车载集中润滑系统模糊控制数据分析软件是一款用来对车载集中润滑系统模糊控制数据进行分析的软件，通过使用该软件，用户可以及时分析、监控系统产生的相关数据，并能实时记录和处理该数据信息。该软件系统界面美观大方，同时具有强大的自定义导入导出等功能，已获得国家计算机软件著作权登记证书。

1. 主要功能

系统首页窗口拥有该系统的基本功能信息，可以在该窗口了解该软件的基本功能信息，并可以根据系统引导打开新窗口了解该系统软件的更多功能信息。单击相应图标或者对话框，系统将显示相应的窗口。

（1）启动系检测。单击“导航栏”上的“启动系测试”功能键，可以进入启动系测试界面，用户可以在该界面上进行启动系测试，如图 3-12 所示。

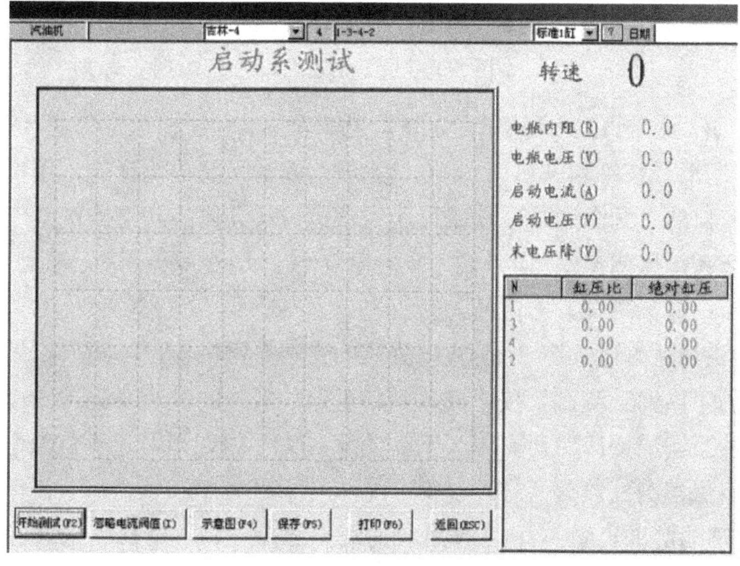

图 3-12 启动系测试界面

管理员可以在该界面上进行启动测试。单击界面上的功能键可以进入到相应的界面，单击界面上的相关按钮，系统将显示相关功能或者界面。

（2）无载测功。单击“导航栏”上的“无载测功”按钮，可以进入无载测功窗口，用户可以在该窗口进行功率测试，如图 3-13 所示。

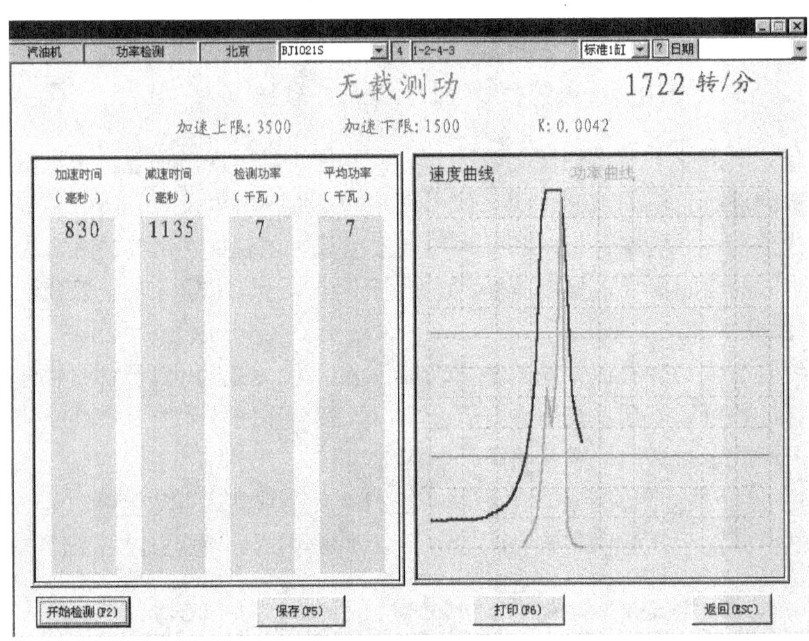

图 3-13 无载测功窗口

单击“开始检测（F2）”按钮即可进行功率测试，并能在该窗口保存测试信息。

（3）润滑系统检测。图 3-14 是该系统的润滑系统检测窗口，用户可以通过双击首页窗口的“润滑测试”按钮进入到该窗口。具体的润滑测试操作如下：用户进入润滑系统检测窗口后，单击“开始检测（F2）”按钮即可进行润滑系统检测，并能在该窗口保存测试数据信息。

（4）供油系测试。图 3-15 是该系统的供油系测试窗口，用户可以通过双击首页窗口的“供油系测试”按钮进入到该窗口。具体的供油系测试操作如下：用户进入供油系测试窗口后，单击“开始检测（F2）”按钮即可进行供油系测试，并能在该窗口保存测试数据信息。

（5）喷油脉冲。图 3-16 是该系统的喷油脉冲窗口，用户可以通过双击首页窗口的“喷油脉冲”按钮进入到该窗口。具体的喷油脉冲操作如下：用户进入喷油脉冲窗口后，单击“开始检测（F2）”按钮即可，并能在该窗口保存测试数据信息。

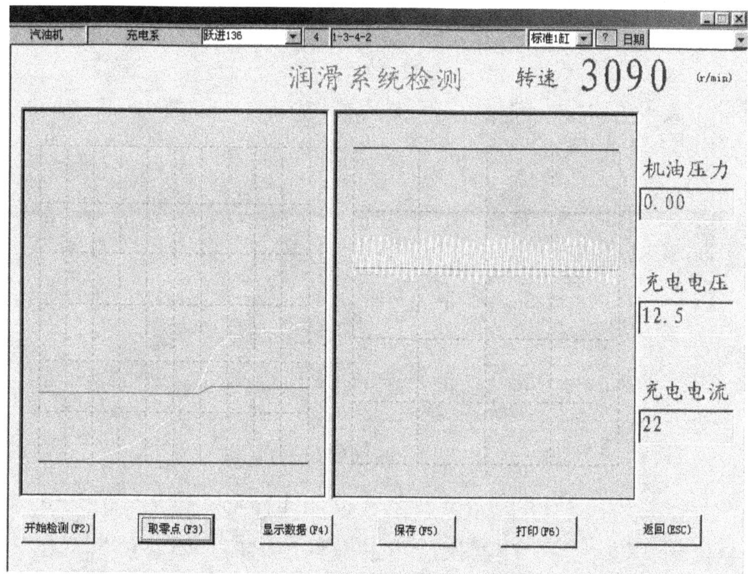

图3-14 润滑系统检测窗口

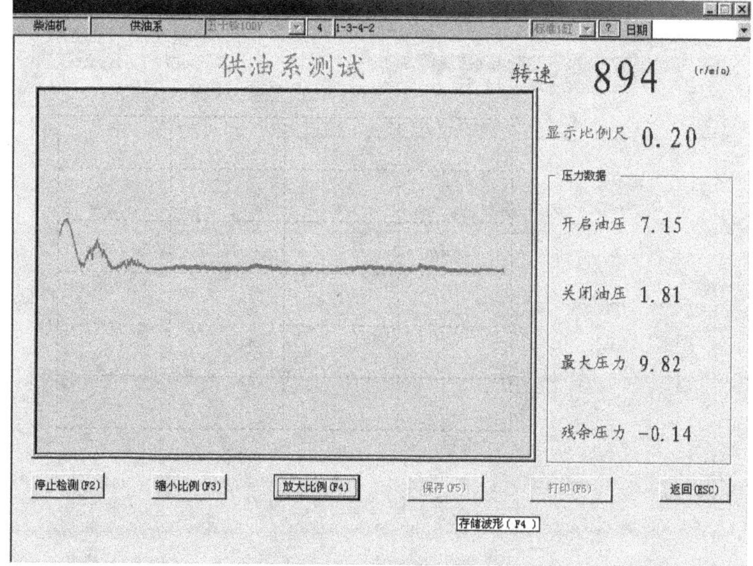

图3-15 供油系测试窗口

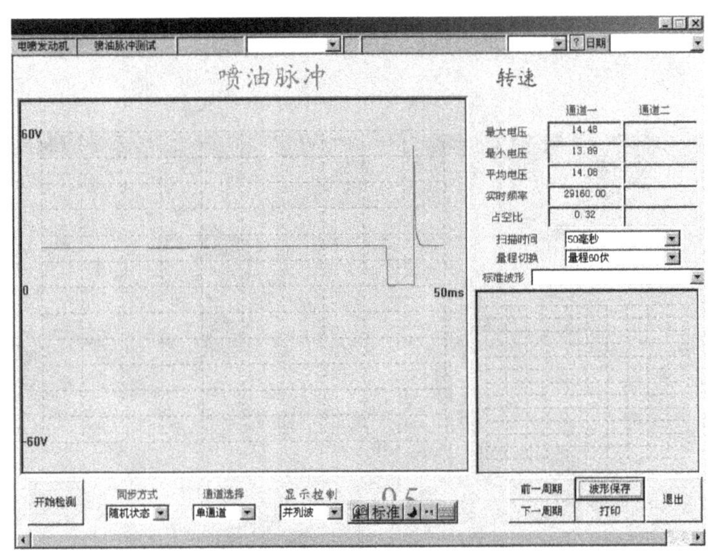

图 3-16 喷油脉冲窗口

（6）四通道示波器。图 3-17 是该系统的四通道示波器窗口，用户可以通过双击首页窗口的“四通道示波器”按钮进入到该窗口。具体的四通道示波器操作如下：用户进入四通道示波器窗口后，设置控制区相应的参数并单击“模拟检测”按钮即可，并能在该窗口保存测试数据信息。图 3-18 是该系统的 16 通道自检示波器窗口，操作与四通道示波器类似，此处不予赘述。

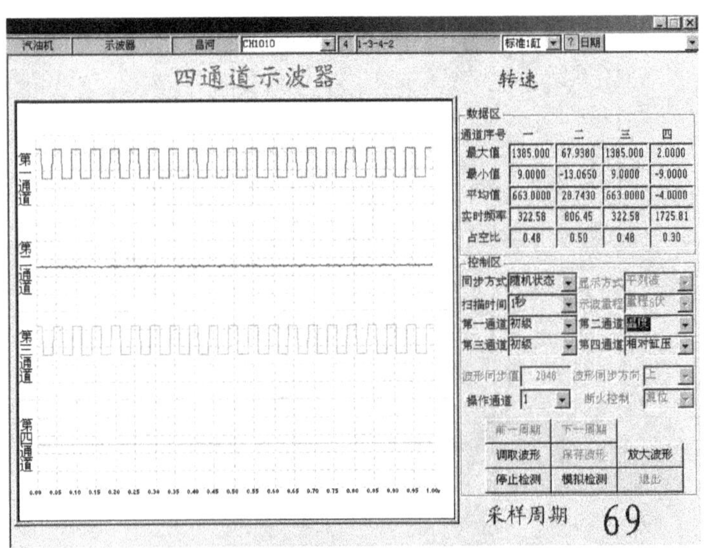

图 3-17 四通道示波器窗口

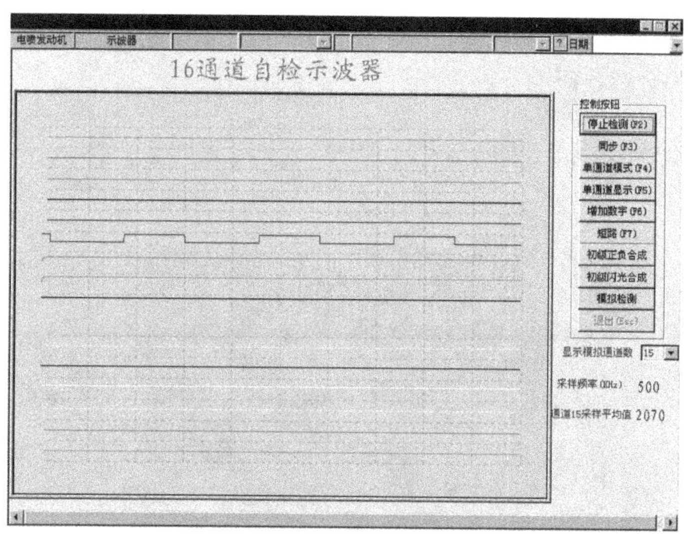

图 3-18　16 通道自检示波器窗口

（7）转速测试。单击系统界面上的“转速”按钮，系统将会出现转速界面，如图 3-19 所示。

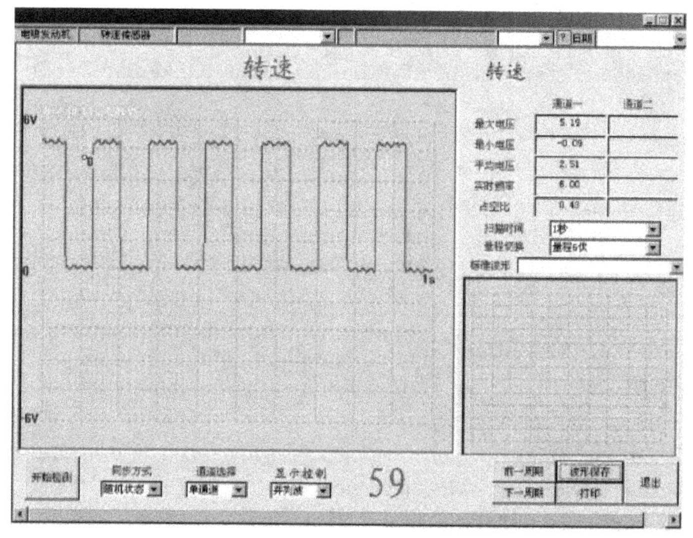

图 3-19　转速界面

管理员可以在该界面单击“开始检测”按钮，进行发动机转速测试，单击界面上的功能键可以进入到相应的界面，单击界面上的相关按钮系统将显示相关功能或者界面。

2. 部分源代码

该软件部分源代码如下：

“

```
unit uEWOTANewProjectExpert;
interface
uses
  {$IFDEF DELPHI5}DsgnIntf,{$ENDIF}
  {$IFDEF DELPHI6UP}DesignEditors,{$ENDIF}
  ToolsAPI, Classes, uEWOTARepositoryExpert;
type
  TEWNewProjectExpert = class(TEWRepositoryExpert, IOTAProjectWizard)
  end;
implementation
end.
unit uEWOTANewModuleExpert;
interface
uses
  {$IFDEF DELPHI5}DsgnIntf,{$ENDIF}
  {$IFDEF DELPHI6UP}DesignEditors,{$ENDIF}
  ToolsAPI, Classes, uEWOTARepositoryExpert;
type
  TEWNewModuleExpert = class(TEWRepositoryExpert, IOTAFormWizard)
  end;
implementation
end.
unit uEWOTAHelpers;
{$I eDefines.inc}
interface
uses
  {$IFDEF DELPHI5}ComObj,{$ENDIF}
  ToolsAPI, Classes;
function GetDelphiVersion: Integer;
function GetDllPath: String;
function ModuleServices: IOTAModuleServices;
function CurrentProject: IOTAProject;
function ProjectByName(const aName: string): IOTAProject;
function CurrentProjectGroup: IOTAProjectGroup;
function GetUniqueProjectFilename(aProject: IOTAProject; aName: string): string;
function FindModuleByUnitName(const aProject: IOTAProject; const aModuleName: string):
IOTAModule;
```

```
function RemoveInitialT(const aString:string):string;
function AddInitialT(const aString:string):string;
function ProjectName: string;
function LoadStringFromFile(iFilename:string):string;
procedure SaveStringToFile(const iFilename,iString:string);
function ReplaceVariables(const aString: string; aVariables: TStrings): string;
function ReadModuleSource(const aModule: IOTAModule): string;
procedure WriteModuleSource(const aModule: IOTAModule; const aCode, aHeader: string);
procedure AddOrReplaceNamedModule(const aProject: IOTAProject; aName, aCode: string);
function LanguageFromPersonality(aProject: IOTAProject): string;
function LanguageFromPersonalityEx(aProject: IOTAProject): string;
implementation
uses {$IFDEF MSWINDOWS}Windows, ActiveX, {$ENDIF} SysUtils, Forms, uEWHelpers;
function LoadStringFromFile(iFilename:string):string;
{$IFDEF DELPHI2009UP}
begin
  With TStringList.Create do try
    LoadFromFile(iFilename);
    Result := Text;
  finally
    Free;
  end;
end;
{$ELSE}
var t:text;
    s:string;
begin
  try
    AssignFile(t,iFilename);
    Reset(t);
    try
      result := '';
      while not Eof(t) do begin
        Readln(t,s);
        result := result+s+#13#10;
      end;
    finally
      CloseFile(t);
    end;
  except
```

```
      on E:Exception do
        raise EInOutError.Create('Error loading file '+iFilename+' ('+E.ClassName+': '+E.Message+')');
  end;
end;
{$ENDIF}
procedure SaveStringToFile(const iFilename,iString:string);
{$IFDEF DELPHI2009UP}
begin
  With TStringList.Create do try
    Text := iString;
    SaveToFile(iFilename);
  finally
    free;
  end;
end;
{$ELSE}
var t:TextFile;
begin
  try
    AssignFile(t,iFilename);
    Rewrite(t);
    try
      Write(t,iString);
    finally
      CloseFile(t);
    end;
  except
    on E:Exception do
      raise EInOutError.Create('Error saving file '+iFilename+' ('+E.ClassName+': '+E.Message+')');
  end;
end;
{$ENDIF}
function NewGuid:TGUID;
begin
  {$IFDEF MSWINDOWS}
  CoCreateGuid(result);
  {$ENDIF MSWINDOWS}
  {$IFDEF LINUX}
  CreateGuid(result);
```

```
  {$ENDIF}
end;
function NewGuidAsString:string;
begin
  result := GuidToString(NewGuid());
end;
function NewGuidAsStringNoBrackets:string;
begin
  result := GuidToString(NewGuid());
  result := Copy(result,2,Length(result)-2);
end;
function ReplaceVariables(const aString: string; aVariables: TStrings): string;
var
  i:integer;
begin
  { No, this isn't efficient code. But given the fact that this is used at designtime and
    in a place where the execution is abolutely not time-critical, clarity is preferable to
    efficiency, imho. mh. }
  result := aString;
  if Assigned(aVariables) then begin
    for i := 0 to aVariables.Count-1 do begin
      result := StringReplace(result,'$('+aVariables.Names[i]+')',
      aVariables.Values[aVariables.Names[i]],[rfReplaceAll,rfIgnoreCase]);
    end;
  end;”。
```

……………………………………

```
“
begin
  UploadFile(pvRFileName, pvLocalFileName, pvType);
end;
function TDIOCPFileAccessImpl.FileSize(pvRFileName, pvType: PAnsiChar): Int64;
begin
  FFileOperaObject.readFileINfo(pvRFileName, pvType, False);
  Result := FFileOperaObject.FileSize;
end;
procedure TDIOCPFileAccessImpl.Open;
begin
  FFileOperaObject.close;
  FFileOperaObject.Open;
end;
```

```
procedure TDIOCPFileAccessImpl.SetHost(pvHost: PAnsiChar);
begin
  FFileOperaObject.setHost(pvHost);
end;
procedure TDIOCPFileAccessImpl.SetPort(pvPort:Integer);
begin
  FFileOperaObject.setPort(pvPort);
end;
procedure TDIOCPFileAccessImpl.UploadFile(pvRFileName, pvLocalFileName,
  pvType: PAnsiChar);
begin
  FFileOperaObject.uploadFile(pvRFileName, pvLocalFileName, pvType);
end;
end.”。
```

3.3.4 基于流变特性分析的车载集中润滑系统模糊控制软件

基于流变特性分析的车载集中润滑系统模糊控制软件是一款用来对车载集中润滑系统进行模糊控制的软件，能够及时分析系统的数据信息，还可以对系统相关参数信息进行配置操作。该软件具有强大的数据导出功能，报表更加灵活，并且加入了许多人性化设置，为用户带来更好的使用体验，目前已获得国家计算机软件著作权登记证书。

1. *主要功能*

基于流变特性分析的车载集中润滑系统模糊控制软件的主要功能包括曲线相关、通信口、设定/显示值、校准数据、检定设置、参数设置、数据采集与通信单元模块（实时监控）、数据管理、显示设置、选项（数据补偿/通信）、测量设置-闭路光合、测量设置-开路光合、流变特效分析等。下面就部分功能做详细介绍。

（1）曲线相关。单击“曲线相关”按钮，进入曲线相关界面，可以看到多个功能操作标签，单击不同的功能标签，进入相应的界面进行操作，如图 3-20 所示。进入曲线相关界面后，即可进行曲线相关的基本信息设置，其主要信息为曲线 Y 轴坐标设置的最大值、最小值、曲线背景颜色等。曲线 Y 轴坐标设置：最大值输入“10”；最小值输入“–10”。

（2）数据管理。单击“数据管理”按钮，进入数据管理界面，如图 3-21 所示，可以看到数据管理界面的详细信息资料，主要内容包括数据新增、数据删除、数据分析、数据查询、数据导出、数据存储等。数据新增包含数据类型、数据名称、起始时间、结束时间，其界面如图 3-22 所示。

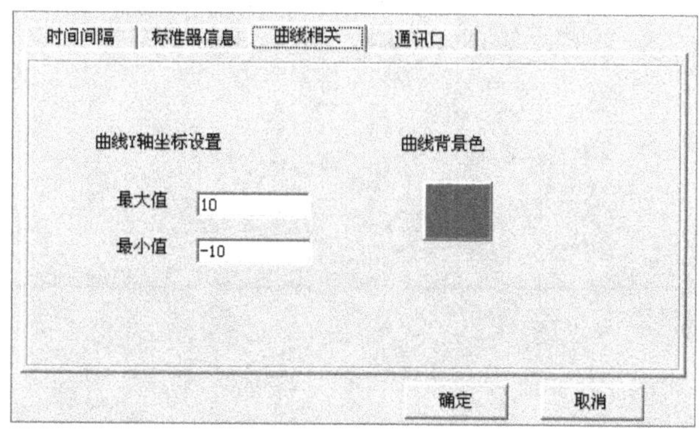

图 3-20 曲线相关界面图

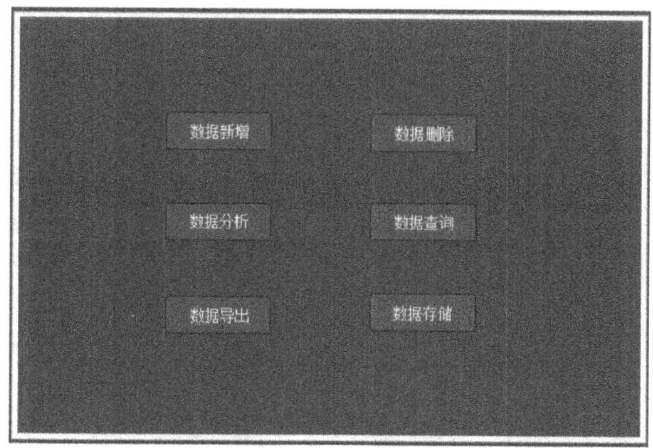

图 3-21 数据管理界面图

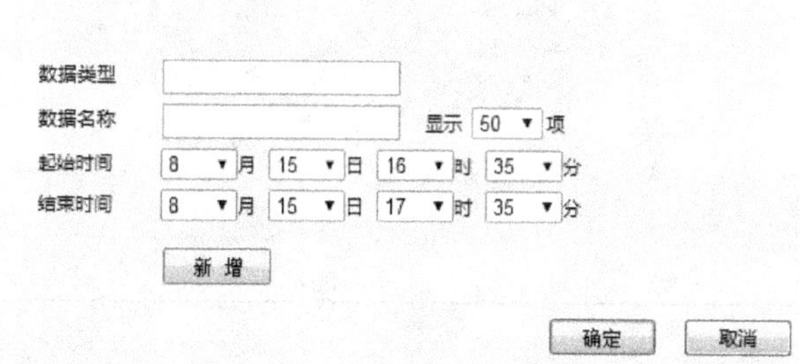

图 3-22 数据新增界面图

（3）选项（数据补偿/通信）。单击“选项（数据补偿/通信）”按钮，进入“选项（数据补偿/通信）”界面，如图 3-23 所示，可以看到选项界面的详细信息资料，（主要内容包括相对偏移、绝对偏移、端口、波特率等。相对偏移输入“29.8”%，端口选择“COM1”，波特率为 14400b/s）。

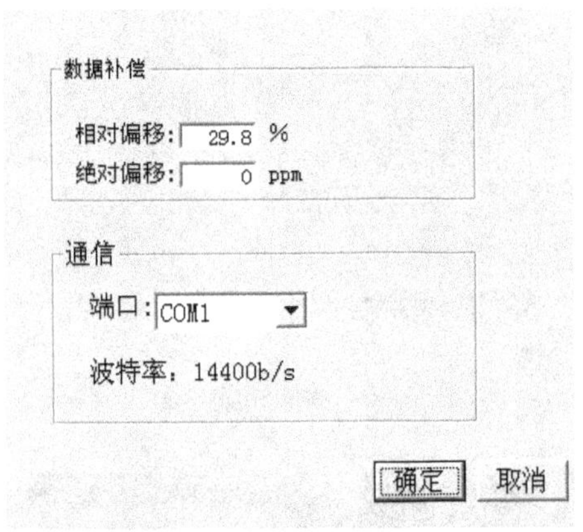

图 3-23 选项（数据补偿/通信）界面图

（4）测量设置-闭路光合。单击“测量设置”按钮，选择“闭路光合”标签进入闭路光合界面，如图 3-24 所示，可以看到闭路光合界面的详细信息资料，主要内容包括取样周期、叶面积、样品号、系统容积、气体流量、取样地点、样品描述等。

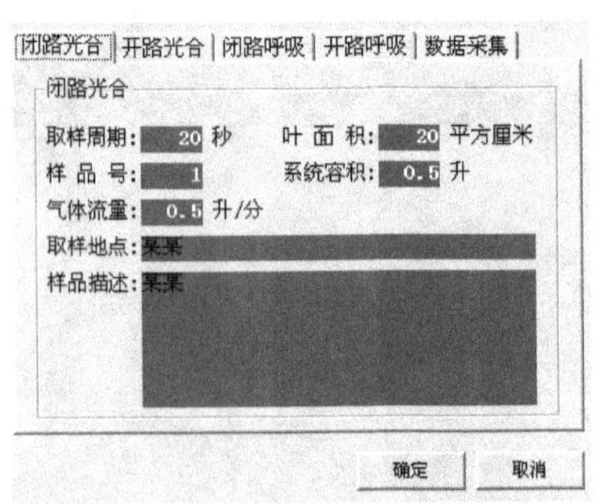

图 3-24 闭路光合界面图

闭路光合设置详情如下：

取样周期：即取样间隔信息，设置取样间隔为 20 秒；

叶面积：即叶面积信息，设置叶面积为 20 平方厘米；

样品号：即样品号信息，设置样品号为1；

系统容积：即系统容积信息，设置系统容积为0.5升；

气体流量：即气体流量信息，设置气体流量为0.5升/分；

辅助操作项：

确定：设定测量设置-闭路光合设置确定项；

取消：设定测量设置-闭路光合设置取消项；

（5）测量设置-开路光合。单击“测量设置”按钮，选择“开路光合”标签，进入开路光合界面，如图3-25所示，开路光合主要内容有取样间隔、叶面积、样品号、气源浓度、气体流量、气源湿度、取样地点、样品描述等功能信息。

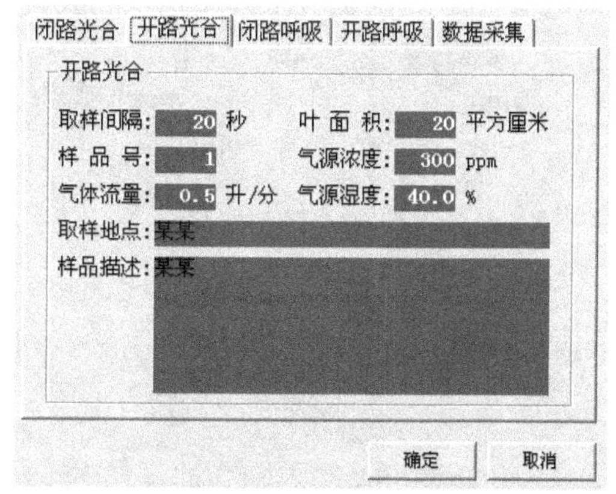

图3-25 开路光合界面图

开路光合设置详情如下：

取样间隔：即取样间隔信息，设置取样间隔为20秒；

叶面积：即叶面积信息，设置叶面积为20平方厘米；

样品号：即样品号信息，设置样品号为1；

气源浓度：即气源浓度信息，设置气源浓度为300ppm；

气体流量：即气体流量信息，设置气体流量为0.5升/分；

气源湿度：即气源湿度信息，设置气源湿度为40.0%；

辅助操作项：

确定：设定测量设置-开路光合设置确定项；

取消：设定测量设置-开路光合设置取消项。

（6）流变特性分析。单击“流变特性分析”按钮，打开流变特性分析界面，可以看到其详细信息，单击相应的功能按钮，就能在界面显示出对应的功能，如图3-26所示。

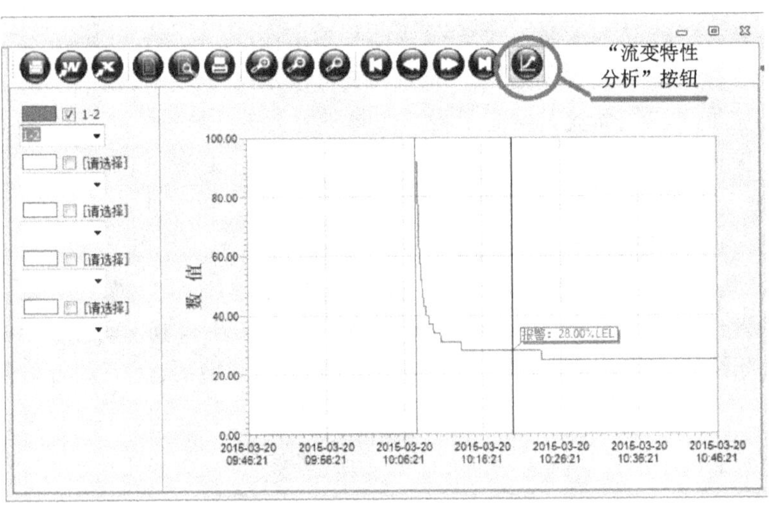

图 3-26 流变特性分析界面图

2. 部分源代码

部分源代码如下：

```
“
unit ufraEscalatorInfo;
interface
uses
  Windows, Messages, SysUtils, Variants, Classes, Graphics, Controls, Forms,
  Dialogs, ufraTechInfoBase, DB, ADODB, CSADOQuery, DBCtrls, CSDBNavigator,
  StdCtrls, Buttons, ExtCtrls, Mask, dxCntner, dxEditor, dxExEdtr, dxEdLib,
  CSdxDBDateEdit, dxDBELib, DBCtrlsEh, CSCustomdxDateEdit;”
……………………………………………………………………………………
“implementation
(****************************************************************************
**************************)
constructor TCustomIni.create(const FileName: string; Action: TSettingsAction);
begin
  FIniDefsCheckBox := nil;              // clear out the controls fields for checking
  FMaxMRUFiles := MaxMRU;               // with assigned() to work
  Fini := TiniFile.Create(FileName);    // create the ini file object
  FProfilelist := TstringList.Create;   // create the profile list
  FProfilecontrol := nil;               // this will be created elsewhere,
  FDefaultExt := ConfigExt;             // we just need to assign it later
  if assigned(Action) then
    FSettingsAction := Action
```

```
  else
    FSettingsAction := nil
end;
(*****************************************************************************
**************************)
destructor TCustomIni.free;
begin
  if assigned(Fini) then                    // free the ini object
    Fini.free;
  if assigned(FProfilelist) then            // FprofileControl is freed bu the main form
    FProfilelist.free;
end;
(*****************************************************************************
**************************)
procedure    TCustomIni.assignControls(ProfileControl:    TComboBox;    IniDefsCheck:
TcheckBox);
begin
  if assigned(IniDefsCheck) then
    FIniDefsCheckBox := IniDefsCheck;
  if assigned(ProfileControl) then
    FProfileControl := ProfileControl;
end;
(*****************************************************************************
**************************)
procedure TCustomIni.ClearMRU;              // clear the most recently used profile list
begin
  if Assigned(FProfileList) then
    begin
      FProfileList.clear;                   // clear the list
      if assigned(Fini) then
        Fini.EraseSection('Profiles');      // update the ini file
      if Assigned(FProfileControl) then
        fProfilecontrol.Items.Clear;        // update the screen control
      SaveIniValues;
      ReadIniValues;
    end;
end;
(*****************************************************************************
**************************)
procedure TCustomIni.SetUsesIniDefaults(flag: boolean); // setter for FUsesIniDEfaults
```

```
begin                                    // also updates the screen control if assinged
  FUsesIniDefaults := flag;
  if assigned(FIniDefsCheckBox) then
    FIniDefsCheckBox.checked := flag;
end;
(*****************************************************************************
**************************)
function TCustomIni.GetCurrProfile: string;            // return current profile
begin
  if FProfileList.Count > 0 then
    result := FprofileList.Strings[0]
  else
    result := extractFilePath(ParamSTR(0)) + 'Default' + FDefaultExt;
end;
(*****************************************************************************
**************************)
function TCustomIni.GetIniFile: string;                // returns the ini file name
begin
  if assigned(Fini) then
    Result := Fini.FileName
  else
    Result := '';
end;
(*****************************************************************************
**************************)
procedure TCustomIni.AddMRU(const ProfileName: string);
var oldIndex: integer;                                 // ad a loaded profile to the MRU list
begin
  oldIndex := Fprofilelist.IndexOf(Profilename);
  if OldIndex <> -1 then                               // no duplicates in MRU
    FProfileList.Delete(OldIndex);
  FProfileList.insert(0, ProfileName);                 // add files LIFO style to the MRU
  if assigned(FProfileControl) then
    try                                                // the MRU list can't be sorted so
      FProfileControl.Items.BeginUpdate;               // can't use TstringList.duplicates
      FProfileControl.Items.Assign(FProfileList);      // update the screen control
    finally
      FProfileControl.Items.EndUpdate;
      FProfileControl.ItemIndex := 0;      // select the first entry (the current one0
      if Assigned(FSettingsAction) then
```

```
        FSettingsAction.SettingsChanged := false; // indicate that no changes have been made
so far
    end;
end;
(****************************************************************************
*************************)
procedure TCustomIni.ReadIniValues;
var index: integer;                          // read profile information from ini file
  TempStr: string;
begin                                        // read profile information from ini file
  if Fini.SectionExists('Profiles') then
    for index := 0 to FMaxMRUFiles - 1 do    // read the MRU into the internal list
      begin
        TempStr := Fini.ReadString('Profiles', 'Profile #' + inttostr(index), '');
        if length(tempstr) > 0 then
          if FProfileList.IndexOf(tempstr) = -1 then
            FProfileList.Add(Tempstr);       // only add a profile once
      end;
  AddMRU(CurrProfileName);    // if ini file is blank add the default profile
  // read flag indicationg where to get defaults for new files from
  UsesInidefaults := Fini.ReadBool('Defaults storage', 'Use ini defaults', false);
  if FusesIniDefaults then            // if defaults are loaded from the ini file then
    begin                             // read them
      DefBackground := Fini.ReadInteger('Defaults', 'HTML Background', DefBackGroundConst);
      DefText := Fini.ReadInteger('Defaults', 'HTML Text Color', DefTextConst);
      DefLink := Fini.ReadInteger('Defaults', 'HTML Link Color', DefLinkConst);
      DefVisitedLink := Fini.ReadInteger('Defaults', 'Visited Link color', DefVisitedLinkConst);
      ConfigExt := Fini.ReadString('Defaults', 'Default Profile Extention', ConfigExtConst);
    end;
  if Assigned(FSettingsAction) then
    FSettingsAction.SettingsChanged := false;   // indicate that no changes have been made so far
end;
(****************************************************************************
*********************)
procedure TCustomIni.SaveIniValues;
var index: integer;                         // save profile information to ini file
begin                                       // profilelist will only be saved in the ini file
  index := 0;
  while (index < FMaxMRUFiles - 1) and (index < FProfileList.Count) do // save profile list
    begin
      Fini.WriteString('Profiles', 'Profile #' + IntToStr(index), FProfileList.strings[index]);
      inc(index);
```

```
    end;                                    // save defaults and defaults location flag
   Fini.WriteBool('Defaults storage', 'Use ini defaults', FUsesIniDefaults);
   Fini.WriteInteger('Defaults', 'HTML Background', DefBackGround);
   Fini.WriteInteger('Defaults', 'HTML Text Color', DefText);
   Fini.WriteInteger('Defaults', 'HTML Link Color', DefLink);
   Fini.WriteInteger('Defaults', 'Visited Link color', DefVisitedLink);
   Fini.WriteString('Defaults', 'Default Profile Extention', ConfigExt);
end;
(*************************************************************************
*********************)”。
```

3.4 模糊控制仿真分析实例

在机械车辆集中润滑系统模糊控制中，通常选用单变量二维模糊控制器。本节论述对机械车辆集中润滑系统的润滑间隔、供脂量及润滑压力三个关键指标进行模糊控制的过程，即应用 MATLAB 软件实现模糊控制器设计及仿真分析。

3.4.1 润滑间隔模糊控制分析

1. 控制器设计

在模糊推理系统 FIS 编辑器中，可以对模糊系统的整体框架、主题结构等进行设计。设计任何模糊系统，都应该先用 FIS 编辑器完成系统总体框架的设计之后，再分别进行细节的编辑与设计，最后再返回修改、调节和完善。

在 MATLAB 的 Command 命令窗口，输入 fuzzy，单击回车，弹出模糊推理系统 FIS 图形编辑器，MATLAB 的模糊逻辑推理系统有两种类型，即 Mamdani 型及 Sugeno 型，在选择控制器的类型为 Mamdani 型时，它能够对模糊推理系统进行设计，并可以显示基本信息。

（1）确定语言变量。两输入单输出的二维模糊控制器，把工作环境温度变化 e 和变化率 ec 作为输入变量，把润滑间隔时间 u 为输出变量。设理想的环境温度为 T_0=25℃，实际环境温度为 T（车辆过去 12 小时内统计的平均温度），偏差 $e=T_0-T$，控制器的两个输入分别为测得温度与理想温度的偏差 e，偏差变化率 ec，输出为润滑间隔时间 u（单位为 h）。把偏差 e，偏差变化率 ec 以及控制量 u 分为 7 个模糊集。e 和 ec 的模糊集为：{NB，NM，NS，ZO，PS，PM，PB}，即{负大,负中,负小,零,正小,正中,正大}；u 的模糊集为：{7 挡,6 挡,5 挡,4 挡,3 挡,2 挡,1 挡}；论域定义为：e 和 ec 的论域为{–3,–2,–1,0,1,2,3}；u 的论域为{7,6,5,4,3,2,1}。

在 FIS Editor:Untitled 窗口中，单击菜单 Edit，选择 Add input 命令，即可增

加一个输入语言变量，并将左侧矩形框的 input1 和 input2 重新命名为“温度变化 e”和“温度变化率 ec”；将右侧矩形框的 output1 重新命名为“润滑间隔时间 u”。下半部各选项都保持系统默认的“min”“max”“min”“max”和“centroid”（面积重心法）不变，如图 3-27 所示。

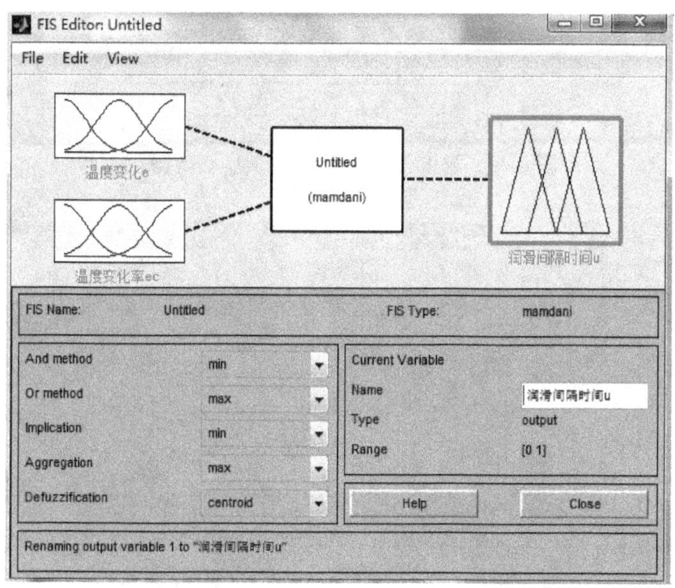

图 3-27 模糊推理系统 FIS Editor:Untitled 窗口

（2）确定隶属度函数。在 FIS Editor:Untitled 窗口中，单击菜单 Edit 中的 membership function 命令进入 Membership Functions Editor:Untitled 窗口，并根据确定的输入变量 e、ec，输出变量 u 的模糊集和论域，分别输入到对应选项，建立 e、ec 和 u 的隶属度函数。其图形分别如图 3-28、图 3-29 及图 3-30 所示。

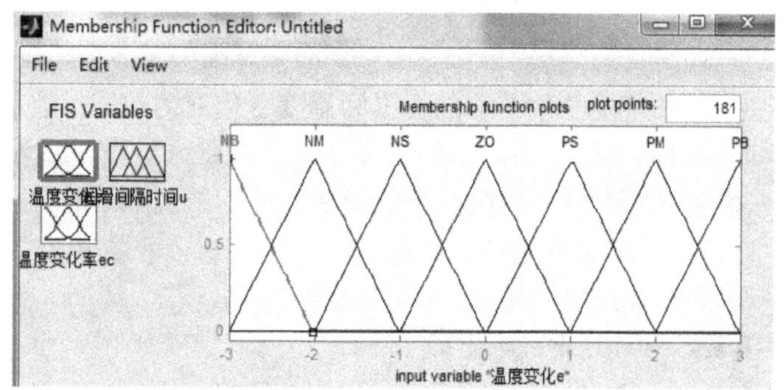

图 3-28 温度变化 e 的隶属度函数图形

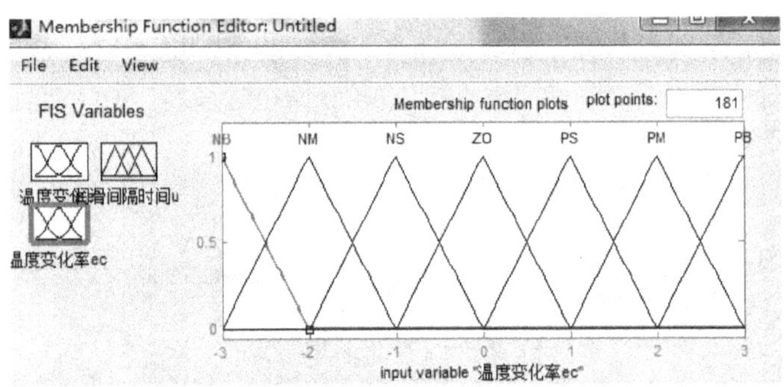

图 3-29 温度变化率 *ec* 的隶属度函数图形

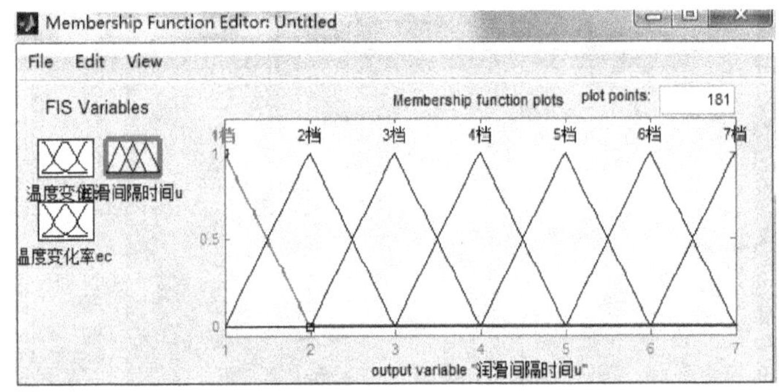

图 3-30 润滑间隔时间 *u* 的隶属度函数图形

MF Editor 窗口左侧为变量模框区，右侧为图形函数区，单击模框区中的任何一个小模框，都会使它的边框变红、变粗，同时图形函数区内显示出相应的函数图形及函数名称。

在图 3-28 中，左侧的变量模框区中显示红色边框的即为其中一个输入变量“温度变化 *e*”，右侧的隶属函数区的图形代表相应的隶属度函数图形，图形顶部标注了代表输入温度变化 *e* 的模糊集，底部的横坐标代表温度变化 *e* 的变化等级为–3 到 3。

温度变化率 *ec* 隶属度函数图形的含义和温度变化 *e* 的相同，这里不再赘述。

输出润滑间隔时间 *u* 的隶属度函数图形各部分的含义可参考上述解释。

（3）输入控制规则。模糊控制规则设计的标准为：工作环境温度越高，润滑间隔时间越短；工作环境温度越低，润滑间隔时间越长。可采用“if A then B”的形式来描述，则模糊规范表示为

1）if e=NB and ec=NB then u=1 挡

2）if e=NB and ec=NM then u=1 挡

3）if e=NB and ec=NS then u=2 挡

4）if e=NB and ec=ZO then u=2 挡

5）if e=NM and ec=PS then u=3 挡

6）if e=NM and ec=PM then u=3 挡

……

46）if e=PB and ec=ZO then u=6 挡

47）if e=PB and ec=PS then u=6 挡

48）if e=PB and ec=PM then u=7 挡

49）if e=PB and ec=PB then u=7 挡

上面编辑的控制规则总共有 49 条，采用模糊控制规则表的形式见表 3-1。

表 3-1　模糊控制规则表

u		*e*						
		NB	NM	NS	ZO	PS	PM	PB
ec	NB	1 挡	1 挡	2 挡	2 挡	3 挡	3 挡	4 挡
	NM	1 挡	2 挡	2 挡	3 挡	3 挡	4 挡	5 挡
	NS	2 挡	2 挡	3 挡	3 挡	4 挡	5 挡	5 挡
	ZO	2 挡	3 挡	3 挡	4 挡	5 挡	5 挡	6 挡
	PS	3 挡	3 挡	4 挡	5 挡	5 挡	6 挡	6 挡
	PM	3 挡	4 挡	5 挡	6 挡	6 挡	6 挡	7 挡
	PB	4 挡	5 挡	5 挡	6 挡	6 挡	7 挡	7 挡

举例对表格的含义进行解释：如果 *e* 的模糊集对应的是 NB，并且 *ec* 对应的是 NB，则 *u* 对应的是 1 挡，即 *e* 和 *ec* 的交叉对应的挡位就是输出的挡位。

在 FIS Editor:Untitled 窗口中，单击 Edit 菜单中的 Rules 命令进入 Rule Editor:Untitled 窗口，把控制规则输入到文本编辑框，如图 3-31 所示。单击 File→Save to file，把 FIS 文件名改为“mywendu.fis”，然后保存起来，后面的 Simulink 建模中需要调用。

Rule Editor:Untitled 窗口上面部分是模糊规则的展示区，展示所有编辑出来的模糊规则；下面部分是模糊规则编辑区，左侧是输入变量区，右侧是输出变量区，变量区内列出了覆盖该变量的所有模糊子集名称。

变量区下面的小图标 not 意义是取否，当它被勾选时表明对应的模糊子集被否定。再往下有 Connection（连接）和 Weight（权重），Connection 设有 or 和 and 两个连接词，用于设置两个输入变量之间的关系，Weight 表示该规则被聚合时所占的比重。

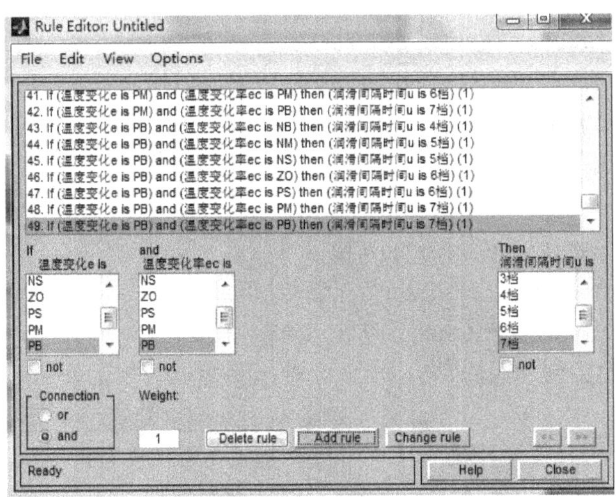

图 3-31 Rule Editor:Untitled 窗口

（4）观察推理过程。模糊规则观察器可以形象地显示出模糊推理的过程，在完成模糊子集和模糊规则的编辑之后，可以用它来进行观察。

在 FIS 编辑器中，视图的规则和视图曲面可以用来理解模糊规则合成推理的过程，以及输入输出变量之间的关系，如图 3-32 和图 3-33 所示。

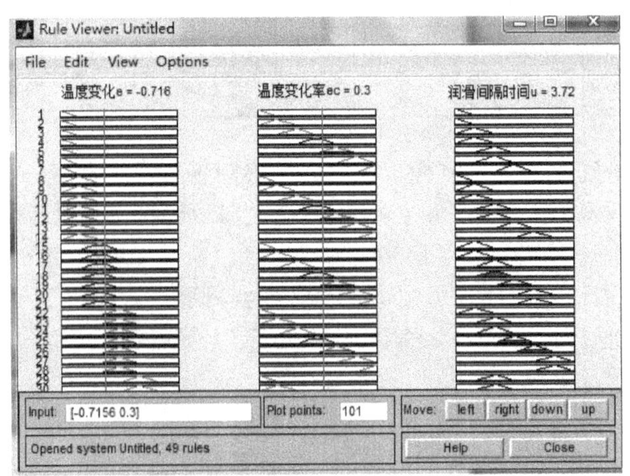

图 3-32 Rule Editor:Untitled 窗口

Rule Viewer:Untitled 窗口上部分是显示变量的图框，每一个小框显示的内容覆盖输入和输出变量的模糊子集及其隶属度函数曲线，每一行小框代表一个模糊规则，每行图框左侧的数字表示该条规则的序号；下部分 input 右侧的编辑框内显示的是输入向量，两个分量的数值分别为两个输入变量的即时数值，Move 区域有四个按钮，left,right,down,up，单击任意一个按钮可以使变量图框区向相应的方向整体移动。

用鼠标拉动输入框中的红色竖线，每一个位置都有一个对应的输出，由此可以动态地显示出输出量随着输入量变化的动态变化情况。

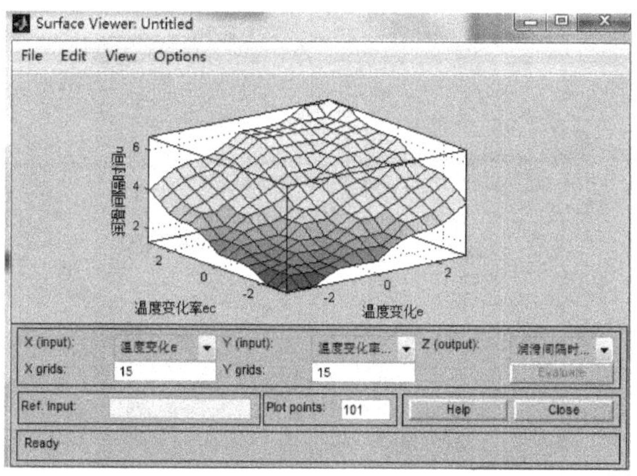

图 3-33 Surface Viewer:Untitled 窗口

Surface Viewer:Untitled 窗口设有坐标区，第一行显示图形的 *X,Y,Z* 三个坐标轴代表的变量，可以通过选择相应的下拉列表框来编辑；第二行的 X grids 和 Y grids 用于设置图形中的网线数目，数值越大，曲面的网眼越小，图形越细腻，可以设置为 3～100 之间的整数。

Surface Viewer:Untitled 窗口显示的是一个立体的结果，它通过一个空间曲面把整个论域上的输出量与输入量间的函数关系清晰地显示了出来。*X* 轴、*Y* 轴分别代表温度变化 *e* 和温度变化率 *ec*，*Z* 轴代表润滑间隔时间 *u*，坐标轴数值代表论域的范围。

2. 仿真设计分析

模糊控制系统的核心是模糊控制器，也就是前面介绍的模糊推理系统。下面重点介绍如何将模糊控制器与 Simulink 模型连接，进而建立模糊控制系统。

（1）建立 FIS 文件与模糊控制器仿真分析软件 Simulink 的连接。模糊控制分析的核心是模糊控制器模糊推理系统设计，但模糊控制仿真模型通常以特定的文本形式存取，通常在 FIS 编辑器中编辑完成并形成 FIS 文件，因此需要建立 FIS 文件与模糊控制器仿真分析软件 Simulink 的连接。

1）在 MATLAB 命令窗口输入 readfis，会弹出一个目录对话框，直接选择待导入的文件。

2）在 FIS 编辑器中，单击 File→Export→To workspace，以“mywendu”为名

称将其导入工作空间。

（2）构建模糊控制系统的仿真模型。在 Simulink 中，在菜单 File 中，选择命令新建模型 Model，建立如图 3-34 所示的仿真模型。

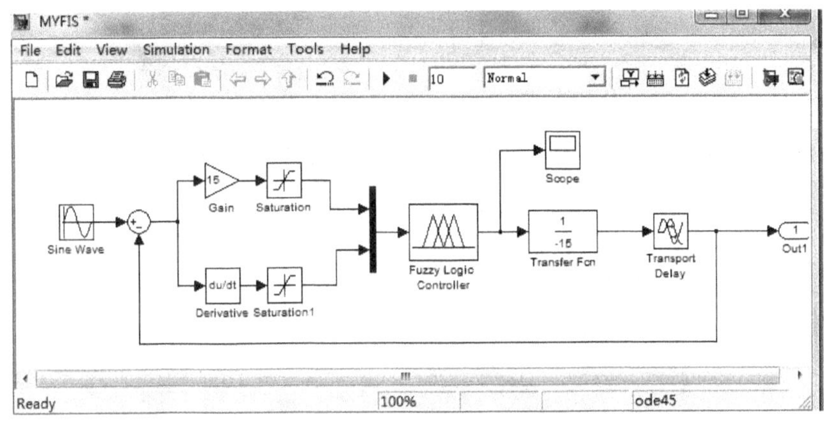

图 3-34　仿真模型界面图

在仿真模型中，双击 Fuzzy Logic Controller 模块，打开如图 3-35 所示的参数对话框，在 FIS file or structure 输入“mywendu”，进而把 FIS 嵌入模糊控制器模块中。

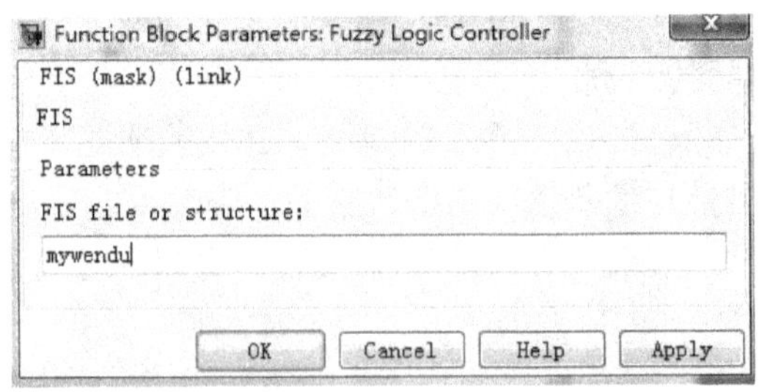

图 3-35　Function Block Parameters: Fuzzy Logic Controller 对话框

（3）进行系统仿真。在仿真模型 MYFIS 上单击“ ▶ ”按钮运行仿真，可以得到如图 3-36 所示的仿真结果曲线。

（4）仿真结果分析。在本模糊控制系统中，设计的输入度量是温度变化和温度变化率，输出是润滑间隔时间，而温度在一天中的变化是随时间呈类似正弦波的变化的，因此在仿真模型中，选择 Sine Wave（用仿真时间作为时间源生成正弦波）作为模型的输入。

在前面的控制规则中，把输出分为 7 挡，分别表示润滑间隔时间为 1h，2h，3h，4h，5h，6h，7h。通常情况下，工作环境温度的变化范围为–20～70℃，我们设定理想的环境温度为 25℃，所以温度的变化在–45～45℃之间，我们把它也分为 7 个等级，分别用论域{–3,–2,–1,0,1,2,3}表示。

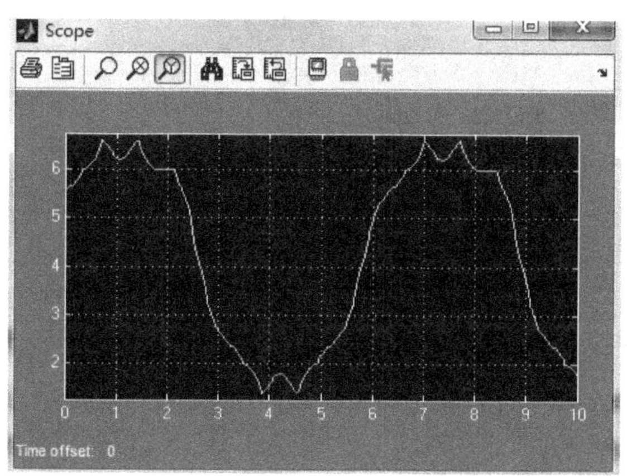

图 3-36 仿真结果曲线界面图

在两个输入变量中，以温度变化作为主要影响因素。温度越高，偏差越大，润滑间隔时间越短；温度越低，偏差越小，润滑间隔时间越长。例如，现在环境温度为 40℃，温度偏差为 25–40=–15℃，对应的挡位为 3 挡，即润滑间隔时间为 3 小时。

总之，根据既定的控制规则，经过模糊推理系统的推理，输出的润滑间隔也随着温度的变化呈现类似正弦波的变化，这个变化趋势可以用系统的仿真结果曲线（图 3-36）来显示。润滑间隔也可以根据图 3-32 进行动态观察。

3.4.2 供脂量模糊控制分析

1. 控制器设计

供脂量模糊控制系统采用 T-S 型模糊控制器，为双输入量、单输出量的二维模糊控制器。首先，根据实际经验确定温度与周期的关系，工作温度为–20～70℃，控制器环境温度判断区间为：≤10℃、10～25℃、25～35℃、35～45℃、>45℃，润滑供脂量根据温度变化在 1～150g（每 30g 为一个挡）自动调整，设定基本的润滑供脂量为 30g。当车辆点火之后，在行驶过程中根据三个温度传感器节点所测出来的温度，以最大温度偏差作为输入，经过模糊化设定温度的隶属度，再通过模糊推理和反模糊化合成推理，最终得到周期控制输出量。

模糊控制器采用常用的标准形式，即输入-输出变量，E 取 3 个温度传感器测出的温度最大值，采用三角形隶属度函数，输入变量模糊化设温度偏差 E 的基本论域范围为[–6,5]，温度偏差变化率 EC 的基本论域范围为[–5,5]，输出变量模糊

化设供脂量 U 的基本论域范围为[–4,4]。分别定义输入变量和输出变量的模糊语言变量分为 5 级：{负大,负小,零,正小,正大}，简记为{NL,NS,ZO,PS,PL}。

在 FIS 编辑器中，单击菜单 Edit 中的 membership function 命令，会弹出 Membership Function（MF）窗口。将确定的输入变量 E、EC 和输出变量 U 的模糊集和论域，分别输入到对应选项，建立 E、EC 和 U 的隶属度函数。图 3-37 为 FIS 编辑器输入输出界面图。

MF Editor 窗口上部分左侧为变量模框区，右侧为图形函数区，单击模框区中的任何一个小模框，都会使它的边框变红、变粗，同时图形函数区内显示出相应的函数图形或函数名称。图 3-38 至图 3-40 所示分别为温度偏差 E、温度偏差变化率 EC、供脂量 U 的隶属度函数图形。

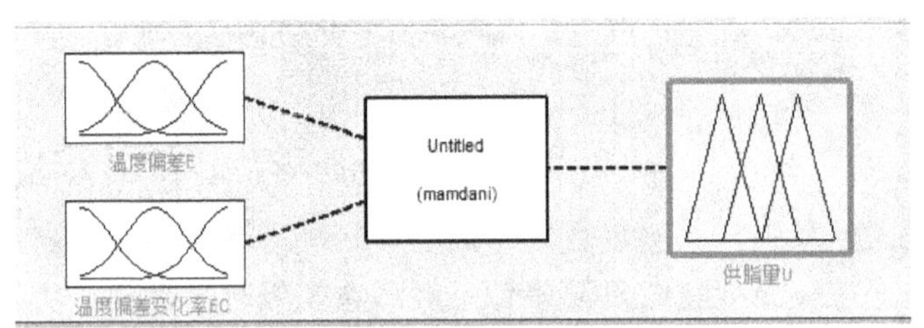

图 3-37 FIS 编辑器输入输出界面图

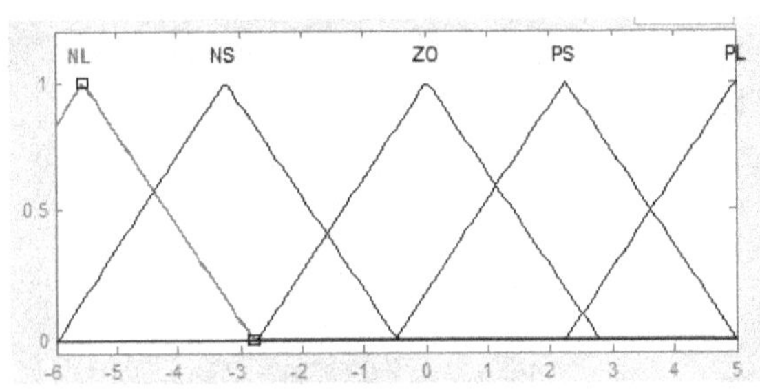

图 3-38 温度偏差 E 的隶属度函数图形

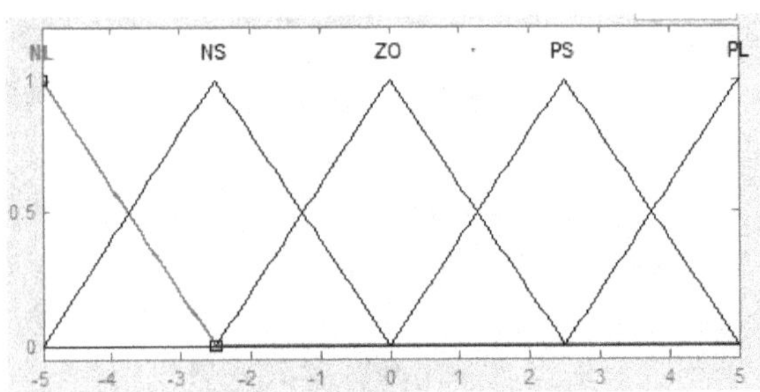

图 3-39 温度偏差变化率 EC 的隶属度函数图形

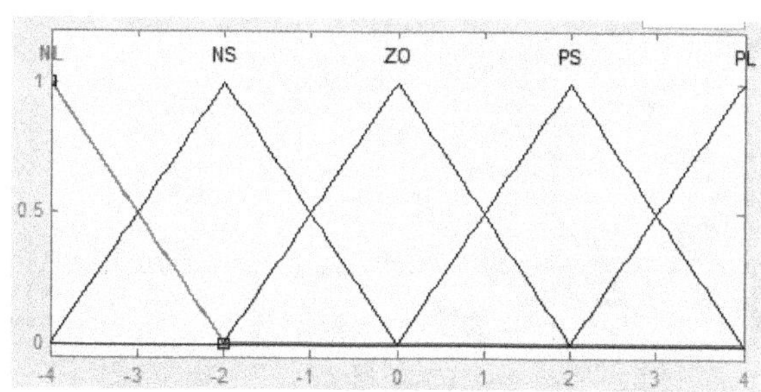

图 3-40 供脂量 U 的隶属度函数图形

根据实际润滑系统控制的经验总结建立的适合本系统的模糊控制规则表，见表 3-2。模糊规则并不是随便添加的，而是根据专家的经验知识总结出来的，模糊规则的好坏直接影响模糊控制器的控制效果。

表 3-2 模糊控制规则表

U		E				
		NL	NS	ZO	PS	PL
EC	NL	PL	PL	PS	ZO	NS
	NS	PL	PL	PS	ZO	NS
	ZO	PL	PS	ZO	NS	NL
	PS	PS	PS	NS	NL	NL
	PL	ZO	PL	NS	NL	NL

在 FIS 编辑器中，单击 Edit 菜单中的 Rules 命令，在弹出的窗口中按照"if E and EC then U"的形式添加规则，还可以对权重进行修改。为了提高系统的实时响应速度，事先根据模糊控制规则表以及语言能力，计算出模糊控制汇总表，并通过严格的实际检验，得到存储在单片机程序存储器的反复变化表，然后计算不同工作条件的实际输入范围和量化因子 Ke 和 Kec 的论域，确定输出的比例因子的 Ku。当实际控制时，模糊控制器向系统在不同的工作条件的输入量 E，EC 分别与相应的 Ke、Kec 相乘，并量化输入变量论域，由模糊规则表计算可得到所需的输出量 U，再乘以 Ku，系统得到不同条件下的实际输出量。

通过输入模糊规则得到的模糊规则编辑器界面如图 3-41 所示。

规则编辑器界面上面的部分是模糊规则的展示区，展示所有编辑出来的模糊规则。下面部分是模糊规则编辑区，左侧是输入变量区，右侧是输出变量区，变量区内列出了覆盖该变量所有模糊子集的名称。

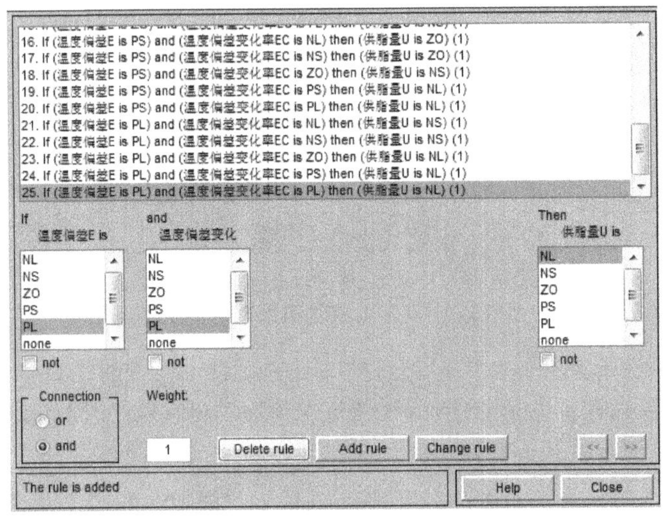

图 3-41　模糊规则编辑器界面图

变量区下面的复选按钮 not 的意义是取否，当它被勾选时表明对应的模糊子集被否定。再往下有 Connection（连接）和 Weight（权重），Connection 设有 or 和 and 两个连接词，用于设置两个输入变量之间的关系，Weight 表示该规则被聚合时所占的比重。

模糊规则观察器可以形象地显示出模糊推理的过程，在完成模糊子集和模糊规则的编辑之后，可以用它来进行观察通过模糊控制建立所得的模糊规则的合成推理过程和输入输出变量间的关系，如图 3-42 所示。

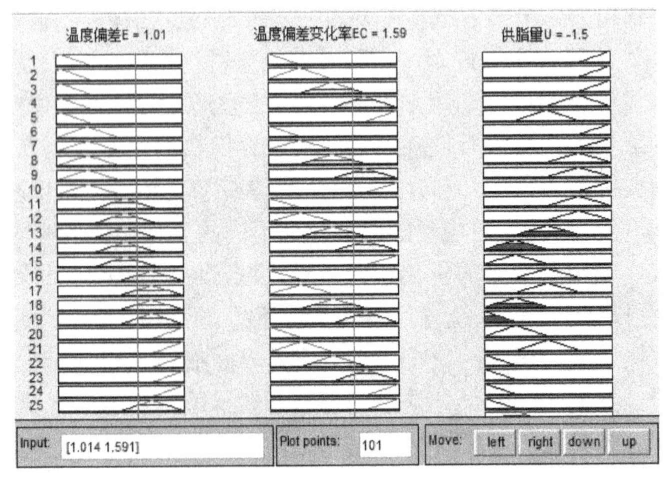

图 3-42　模糊控制规则浏览界面图

观察器界面的上部分是显示变量的图框，每一个小框显示的内容覆盖了输入和输出变量的模糊子集及其隶属度函数曲线，每一行小框代表一个模糊规则，每行图框左侧的数字表示该条规则的序号。观察器下面 input 右侧的编辑框内显示的是输入向量，两个分量的数值分别为两个输入变量的即时数值，Move 区域有四个按钮，left,right,down,up，单击任意一个按钮可以使变量图框区整体向相应方向移动。

Surface 曲面显示界面设有坐标区，第一行显示图形的 *X,Y,Z* 三个坐标轴代表的变量，可以通过选择相应下拉列表框来编辑。第二行的 X grids 和 Y grids 用于设置图形中的网线数目，数值越大，曲面的网眼越小，图形越细腻，可以设置为 3～100 之间的整数，如图 3-43 所示。

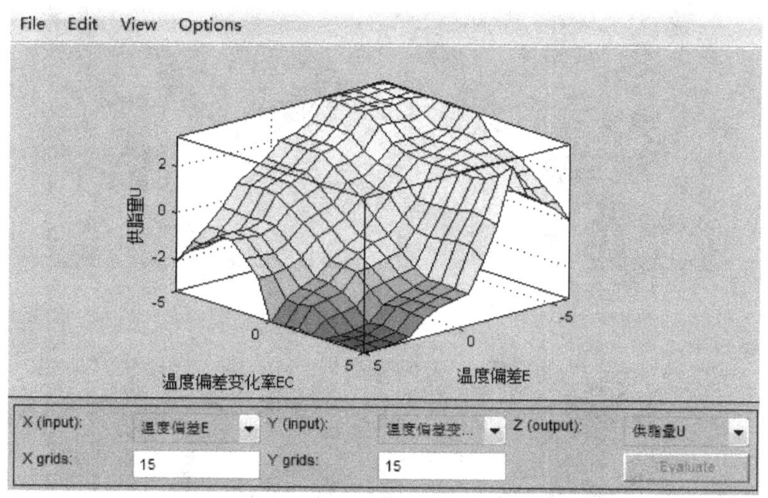

图 3-43　输入输出变量特性曲面界面图

2. 仿真设计分析

仿真模型通常以特定的文本形式存取，可直接用文本编辑软件进行编辑，MATLAB 软件提供了一种通俗易懂简单明了的方式，即运用可视化的路径在仿真模型编辑窗口，利用各种模块库将系统“搭建”起来。在 MATLAB 软件中的 Command 窗口输入 Simulink，弹出 Simulink Library Browser 窗口。单击 File→New→Model 可弹出一个新建仿真模型窗口，可将所需的模块拖动到该新建的模型窗口，根据系统的设计方案，用带箭头的线段将相应模块依次连接起来，即可完成仿真模型的建立，如图 3-44 所示。

在仿真模型 MYFIS 上单击“▶”按钮运行仿真，可以得到系统阶跃响应曲线（图 3-45）和控制输入变化曲线（图 3-46）。

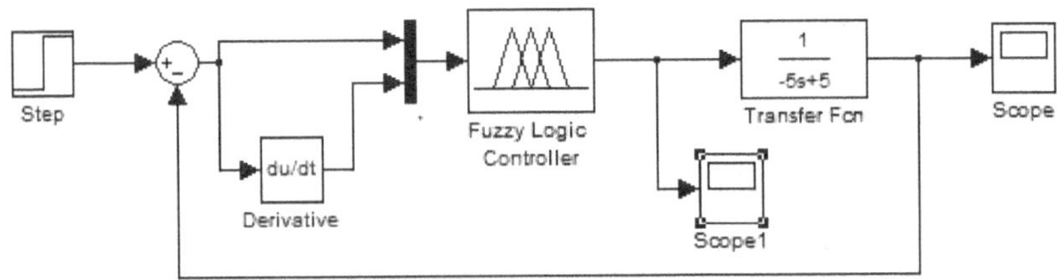

图 3-44 仿真模型图

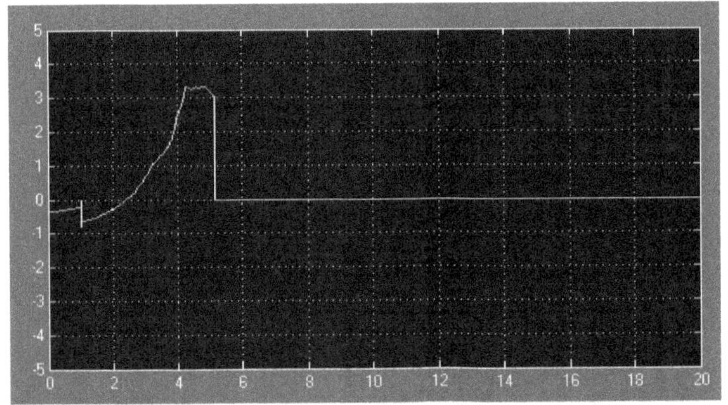

图 3-45 系统阶跃响应曲线

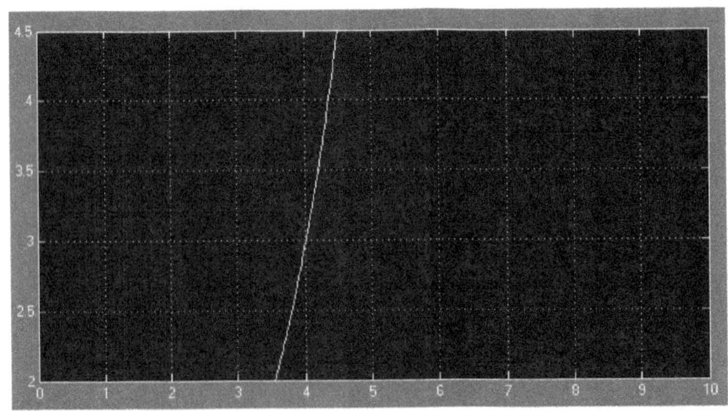

图 3-46 控制输入变化曲线

在该模糊控制系统中，设计的输入量是温度偏差和温度偏差变化率，输出量是供脂量，而温度在一天中的变化是随时间呈类似正弦波的变化的，因此在仿真模型中，选择 Sine Wave 作为模型的输入。由仿真结果曲线可以看出模糊控制系统控制效果并不是很理想，由阶跃响应曲线可知控制过程不稳定，在坐标 4 附近出现了超调量，并且产生多次振荡，虽然在坐标5附近趋于稳定，但由控制输入曲线看出控制输入变化大，不符合实际需求。解决方法如下：

（1）增加模糊控制规则，完善系统控制特性，使模糊规则能更好地控制输入输出，达到理想控制效果。

（2）细化仿真模型的建立，这样仿真模型能够清晰体现模糊推理控制全过程，形象地反映控制变化量间的关系，实现稳定控制。

3.4.3 润滑压力模糊控制分析

1. 控制器设计

（1）确定模糊控制器的语言变量。选择实际温度 m 与给定温度 n 之间的温度偏差 $e=m-n$ 以及温度偏差变化率 ec 作为模糊控制器的输入语言变量，把控制供油压力的油泵的转速变化量 u 当作输出语言变量，该润滑压力控制系统即为一个双输入单输出的模糊控制器。

在 FIS 编辑器界面上的编辑功能中添加变量选项下选择“输入”命令将模糊推理系统变成二维模糊推理系统，将输入名称改为温度偏差、温度偏差变化率，输出名称改为转速变化量，如图3-47所示。

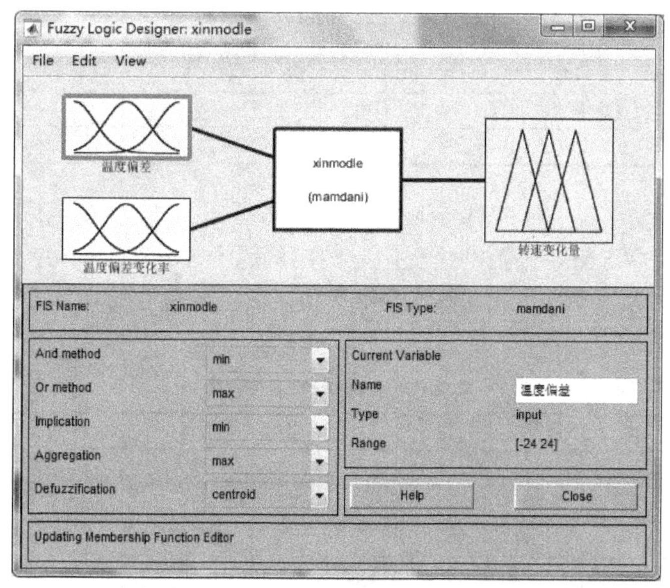

图3-47 模糊逻辑编辑器界面图

（2）确定语言变量的相关值。设温度偏差 e 的基本论域为[−24,24]，选定 e 的论域 $X=\{-6,-5,-4,-3,-2,-1,0,1,2,3,4,5,6\}$，则温度偏差 e 的量化因子 $Ke=6/24=1/4$。

为语言变量 e 选取 5 个语言值：PB，PS，ZO，NS 和 NB。依据操作者的实际工作经验可得其赋值表，见表 3-3。

表 3-3 语言变量 e 赋值表

语言值	e												
	−6	−5	−4	−3	−2	−1	0	1	2	3	4	5	6
PB											0.2	0.6	1
PS								0.2	0.6	1	0.6	0.2	
ZO						0.5	1	0.5					
NS		0.2	0.6	1	0.6	0.2							
NB	1	0.6	0.2										

设误差变化率 ec 的基本论域[−3,3]，选定 ec 的论域 Y={−6,−5,−4,−3,−2,−1,0,1,2,3,4,5,6}，则误差变化率 ec 的量化因子 Kec=6/3=2。为语言变量 ec 选取 5 个语言值：PB，PS，ZO，NS 和 NB。依据操作者的实际工作经验可得其赋值表，见表 3-4。

表 3-4 语言变量 ec 赋值表

语言值	ec												
	−6	−5	−4	−3	−2	−1	0	1	2	3	4	5	6
PB											0.2	0.6	1
PS								0.2	0.7	1	0.7	0.2	
ZO						0.5	1	0.5					
NS		0.2	0.7	1	0.7	0.2							
NB	1	0.6	0.2										

设控制量变化量 u 的基本论域为[−300,300]，若选定 U 的论域 Z={−6,−5,−4,−3,−2,−1,0,1,2,3,4,5,6}，则控制量变化 u 的比例因子 Ku=300/6=50，为语言变量 u 选取 PB，PS，ZO，NS，NP，共 5 个语言值。依据操作者的实际工作经验可得其赋值表，见表 3-5。

表 3-5 语言变量 u 赋值表

语言值	u												
	−6	−5	−4	−3	−2	−1	0	1	2	3	4	5	6
PB											0.2	0.6	1
PS								0.2	0.6	1	0.6	0.2	
ZO						0.5	1	0.5					
NS		0.2	0.6	1	0.6	0.2							
NB	1	0.6	0.2										

（3）确定隶属度函数。根据设计编辑器前规定的整体参数范围和每个语言值

对应隶属度函数的类型、名称、范围，得出温度误差、温度误差变化率和转速变化量的隶属度函数图形，如图 3-48 至图 3-50 所示。

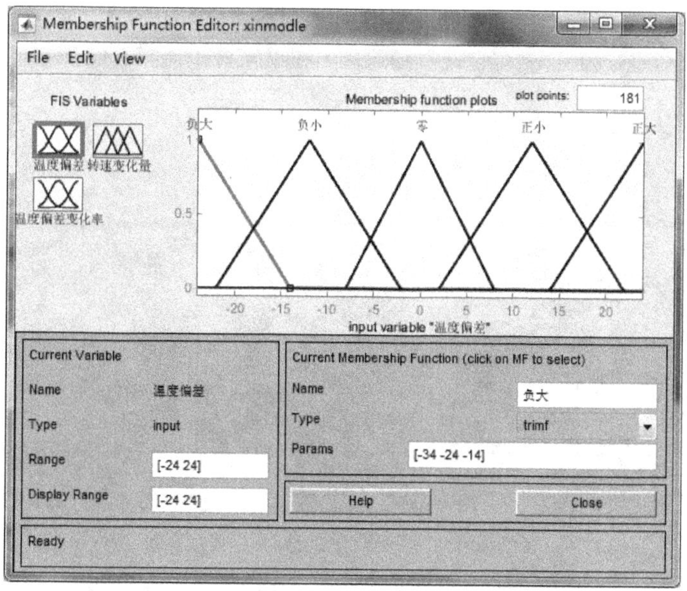

图 3-48　温度误差隶属度函数图形

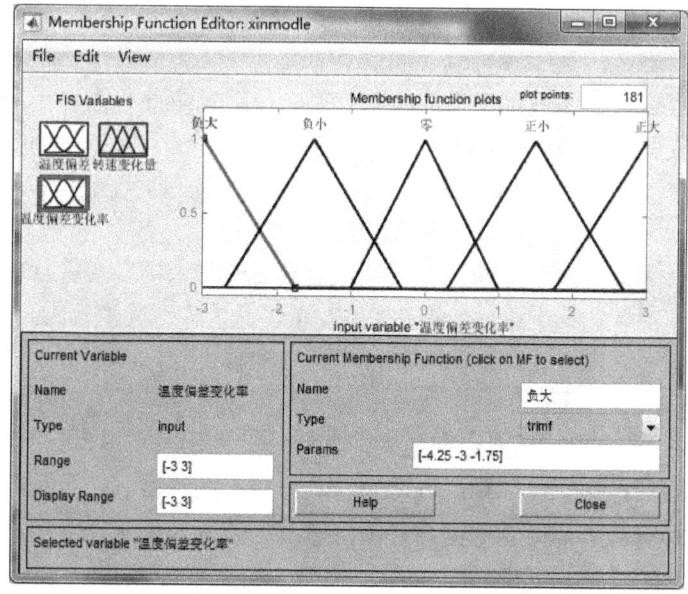

图 3-49　温度误差变化率隶属度函数图形

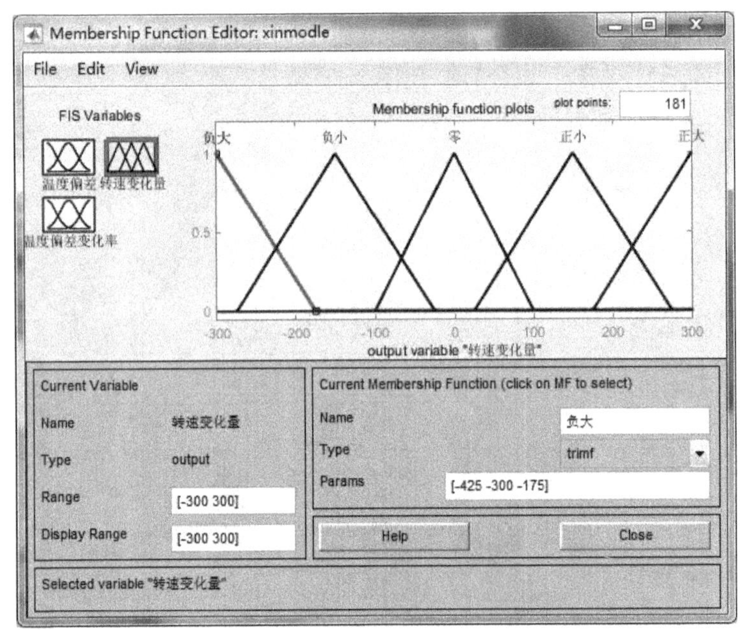

图 3-50　转速变化量的隶属度函数图形

温度误差隶属度函数曲线有五条，分别对应五个语言变量且它们的隶属度函数都是三角函数，其中论域范围[–24,24]，“负大”的参数范围为[–34,–14]，“负小”的参数范围是[–22,–2]，“零”的参数范围是[–8,8]，“正小”的参数范围是[2,22]，“正大”的参数范围是[14,34]。

温度误差变化率隶属度函数曲线有五条，分别对应五个语言变量且它们的隶属度函数都是三角函数，其中论域范围[–3,3]，“负大”的参数范围为[–4.25,–1.75]，“负小”的参数范围是[–2.7,–0.3]，“零”的参数范围是[–1,1]，“正小”的参数范围是[0.3,2.7]，“正大”的参数范围是[1.75,4.25]。

转速变化量隶属度函数曲线有五条，分别对应五个语言变量且它们的隶属度函数都是三角函数，其中论域范围[–300,300]，“负大”的参数范围为[–425,–175]，“负小”的参数范围是[–275,–25]，“零”的参数范围是[–100,100]，“正小”的参数范围是[25,275]，“正大”的参数范围是[175,425]。

（4）建立模糊控制规则。基于对手动控制策略的总结，可以得出每种情况下的模糊条件语句，由于在控制过程中会遇到各种不同的情况，于是能够反映策略的掌控规则通常是由很多条模糊条件语句组成。各条模糊条件语句决定的控制决策之间的关系是“或”关系。

下面给出根据压力控制过程的一组模糊条件语句：

1）如果“温度偏差”是“负大”且“温度偏差变化率”是“正大”，则“转速变化量”是“负大”；

2）如果“温度偏差”是“负大”且“温度偏差变化率”是“正小”，则“转速变化量”是“负大”；

3）如果“温度偏差”是“负大”且“温度偏差变化率”是“零”，则“转速变化量”是“负大”；

4）如果“温度偏差”是“负大”且“温度偏差变化率”是“负小”，则“转速变化量”是“负大”；

5）如果“温度偏差”是“负小”且“温度偏差变化率”是“正大”，则“转速变化量”是“正大”；

6）如果“温度偏差”是“负小”且“温度偏差变化率”是“正小”，则“转速变化量”是“正小”；

7）如果“温度偏差”是“负小”且“温度偏差变化率”是“零”，则“转速变化量”是“负小”；

8）如果“温度偏差”是“负小”且“温度偏差变化率”是“负小”，则“转速变化量”是“负小”；

9）如果“温度偏差”是“零”且“温度偏差变化率”是“正大”，则“转速变化量”是“正大”；

10）如果“温度偏差”是“零”且“温度偏差变化率”是“正小”，则“转速变化量”是“正小”；

11）如果“温度偏差”是“零”且“温度偏差变化率”是“零”，则“转速变化量”是“零”；

12）如果“温度偏差”是“正小”且“温度偏差变化率”是“正大”，则“转速变化量”是“正大”；

13）如果“温度偏差”是“正小”且“温度偏差变化率”是“正小”，则“转速变化量”是“正小”；

14）如果“温度偏差”是“正小”且“温度偏差变化率”是“零”，则“转速变化量”是“正小”；

15）如果“温度偏差”是“正小”且“温度偏差变化率”是“负小”，则“转速变化量”是“负小”；

16）如果“温度偏差”是“负小”且“温度偏差变化率”是“负大”，则“转速变化量”是“负大”；

17）如果“温度偏差”是“正大”且“温度偏差变化率”是“正小”，则“转速变化量”是“正大”；

18）如果“温度偏差”是“正大”且“温度偏差变化率”是“零”，则“转速变化量”是“正大”；

19）如果“温度偏差”是“正大”且“温度偏差变化率”是“负小”，则“转速变化量”是“正大”；

20）如果“温度偏差”是“正大”且“温度偏差变化率”是“负大”，则“转速变化量”是“正大”；

21）如果“温度偏差”是“零”且“温度偏差变化率”是“负小”，则“转速变化量”是“负小”。

依据模糊控制规则，得出模糊控制规则表，见表 3-6。

表 3-6　模糊控制规则表

u		*e*				
		NB	NS	ZO	PS	PB
ec	PB	NB	PB	PB	PB	PB
	PS	NB	PS	PS	PS	PB
	ZO	NB	NS	ZO	PS	PB
	NS	NB	NS	NS	NS	PB
	NB	NB	NB	NB	NB	PB

通过输入模糊规则得到的模糊规则编辑器界面，如图 3-51 所示。

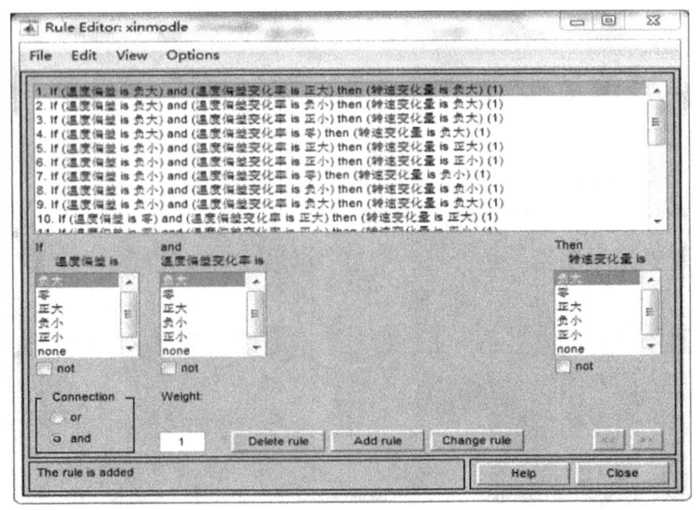

图 3-51　模糊控制规则编辑器界面图

在系统输入输出特性曲面中可以较为直观的看出图形的变化趋势，如图 3-52 所示。

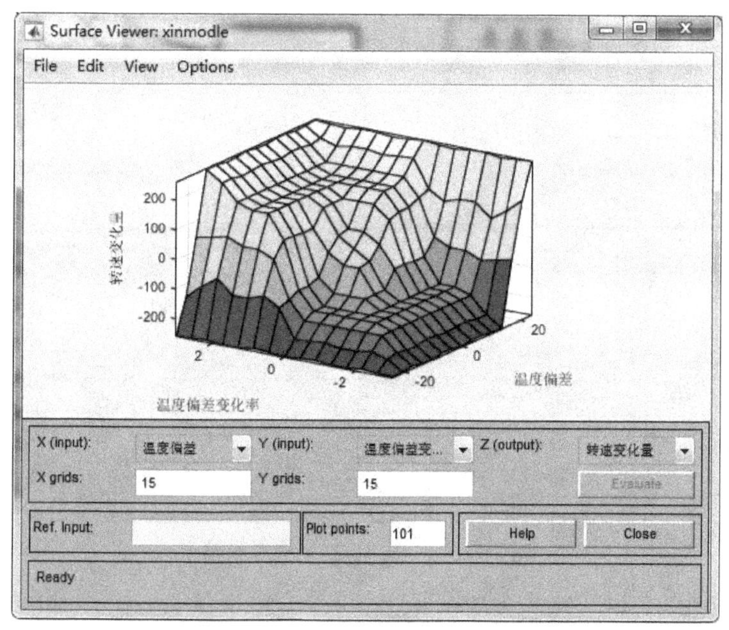

图 3-52 输入输出特性曲面界面图

2. 仿真设计分析

把模糊控制器设计完成后，储存起来，建立一个 FIS 文件，以供仿真时使用。在完成仿真系统的创建时，先将 Fuzzy Logic Toolbox 中的模糊逻辑控制器移动到系统编辑界面中去，再将事先创建保存的 FIS 文件嵌入模糊逻辑控制器中；随后将常数模块、求和模块、微分模块、混合器模块、传递函数模块、增益模块和示波器模块移到系统编辑界面中，依顺序将每个模块连接起来构成一个完整的仿真系统。阶跃信号模块是输入，代表输入值的特性；求和模块用于反馈对比；微分模块用于求取温度偏差变化率；混合器模块起到连接两个输入值与模糊逻辑控制器的作用；温度偏差和温度偏差变化率两个输入值进入模糊逻辑控制器后依据既定的模糊控制规则，输出转速的变化量。仿真系统的模型如图 3-53 所示，仿真结果曲线图如图 3-54 所示。

对集中润滑系统润滑压力模糊控制进行仿真分析得出的曲线表现了在给定输入值后，系统进行了一定时间的响应，开始下降幅度较大，说明系统在做较大幅度的改进使输出能够达到要求，后来曲线下降幅度较小，说明系统已经趋于稳定，最后曲线值不变，表明系统达到稳定状态，完成仿真分析。仿真过程能清楚的观察到系统随时间的变化，这是它的优点，这也是运用该技术的关键所在。

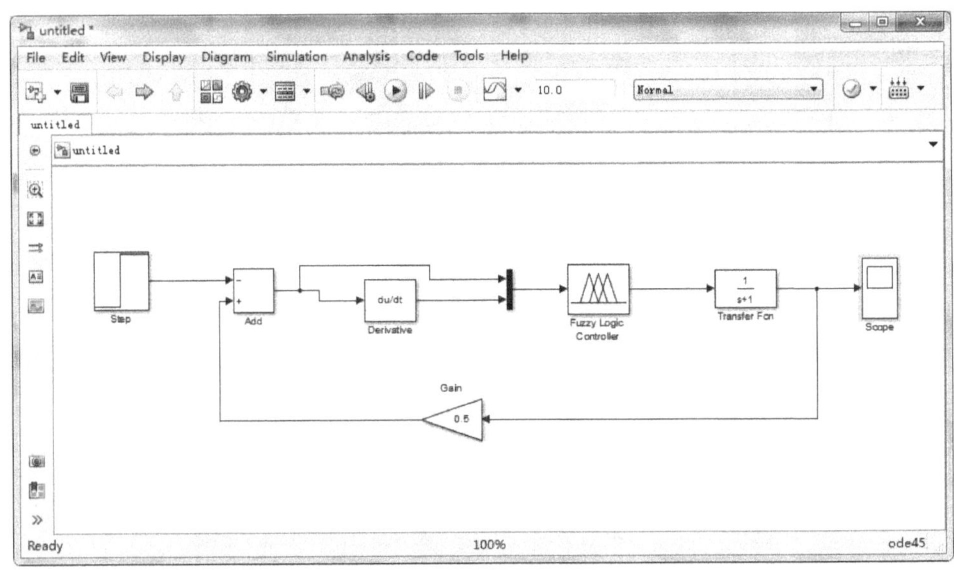

图 3-53 系统的仿真模型界面图

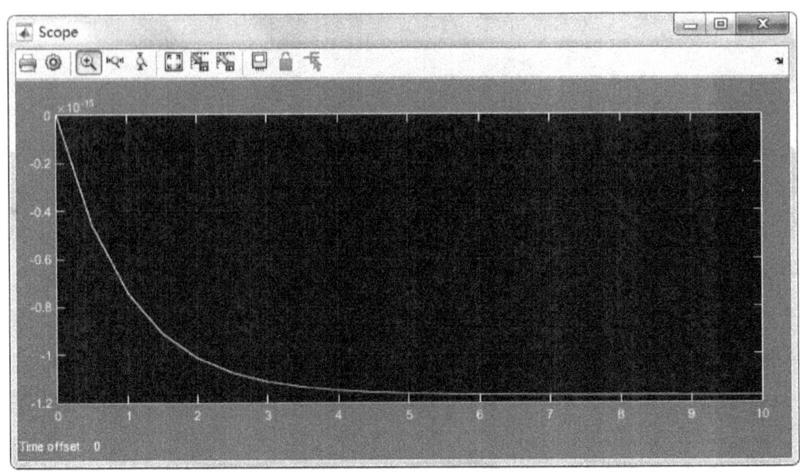

图 3-54 仿真结果曲线界面图

第 4 章　机械车辆集中润滑系统装置设计

由于不同机械车辆对集中润滑系统装置的要求不同，所以应根据机械车辆类型、适用场合等具体情况对机械车辆集中润滑系统进行装置设计。本章充分分析了机械车辆集中润滑系统装置的整体设计要求、关键部件设计要求，并对装置设计实例进行了分析，主要论述了针对不同机械车辆的可视集中润滑装置、移动智能润滑装置、自动润滑装置、多部位润滑装置、多功能润滑装置等五个设计实例。

4.1　机械车辆集中润滑系统装置设计要求

满足机械车辆集中润滑系统装置设计要求是进行设计的前提条件，因此本节论述了机械车辆集中润滑系统装置整体设计要求及关键部件设计要求，其中关键部件包含监控装置、泵油装置、分配器、管路及管路附件。

4.1.1　整体设计要求

集中润滑系统是向机械车辆的摩擦点供送润滑剂的系统，由用以输送、分配、调节、冷却和净化润滑剂以及指示、报警和监控润滑剂压力、流量和温度等参数的一整套装置组成。一般而言，机械车辆的集中润滑系统在设计时应满足以下要求：

（1）能够均匀、连续地对各摩擦点供应一定流量和压力的润滑剂，并可按需要进行调节。

（2）工作可靠性高。采用有效的密封和过滤装置，保持润滑剂的清洁，防止因外界环境中的污染物如灰尘、水分等进入系统降低润滑效率，同时防止因密封不严造成润滑剂泄漏而污染环境。

（3）结构简单并尽可能标准化，便于维修、快速调整，以及检查、更换零部件或润滑剂，减少初始投资及维修、保养费用。

（4）带有工作参数的指示、报警及工况监控装置，能及时发现润滑故障。

（5）可加装冷却或预热装置等热交换器，保证润滑系统能够提供合适的润滑剂工作温度。

在进行润滑系统设计的时候需要仔细筛选每一个细节和零部件以适应特定的

应用场合。根据各种设备的实际工况，合理选择和设计润滑方法、润滑系统及其装置，对保证设备具有良好的润滑状况和工作性能，以及保持设备较长的使用寿命，具有十分重要的意义。

同时，国家也出台相关行业标准对集中润滑系统设计进行要求。比如中华人民共和国汽车行业标准《汽车底盘集中润滑系统技术要求》，之后修订为《汽车底盘集中润滑供油系统技术要求》，这个文件中明确规定，部分要求如下：

（1）集中润滑系统各组成部分外观应该光滑、平整；集中润滑系统各组成部分内部必须清洁，无杂质、污物。

（2）在集中润滑供油系统的工作压力范围内，系统应运行正常，工作可靠，密封良好，不允许有外部泄漏现象。

（3）集中润滑供油系统进行耐久性试验后，应能够正常工作，分油管每循环给油量应不低于试验前的80%。

（4）集中润滑供油系统的润滑脂，推荐使用符合极压锂基润滑脂标准中的润滑脂以及其他汽车底盘专用润滑脂，必要时应使用适合低温环境工作的润滑脂。

（5）根据汽车底盘的工作环境，集中润滑供油系统各部分应能在–40～70℃温度范围，汽车行驶中的振动，尘土、砂石和积水经常性的溅击、腐蚀等条件下正常工作。

（6）自动润滑系统主管路中应加装与润滑泵相匹配的压力传感器等。

4.1.2 关键部件设计要求

1. 监控装置

监控装置由控制器、检测开关（如压力开关、液位开关、动作循环指示器等）等组成，监控装置应具备以下基本功能：

（1）对系统的工作循环能够进行自动控制及人工操作。

（2）具有对润滑油箱缺油，系统失压和电机回路的断路、短路等检测开关信号异常故障进行监控和诊断的能力，并能自动发出声光报警。

（3）自动显示系统的工作循环次数、供油时间、休止时间等工作状态。

（4）具备在车辆停驶断电后再次启动行驶时能连续记时的记忆功能。

（5）控制器上预留有CAN总线通信接口。

监控装置一般设计要求如下：

（1）监控装置应有故障显示器且让驾驶员容易看见。

（2）控制器电源应由汽车电源总开关或点火开关控制，当停驶断电后，自动控制器应同时停止。

（3）电路中应加装保险装置，用以保护电子元器件不会因电路故障而损坏。

（4）每个工作循环的时间，应该根据车辆状况、行驶道路等级、气候条件、所用油脂型号等具体情况而定。

（5）压力开关动作发信正常，其动作压力和复位压力偏差应为标称值的±10%。

（6）控制器抗电磁辐射干扰性能应符合《机动车电子电器组件的电磁辐射抗扰性限值和测量方法》中的规定要求；控制器静电放电抗扰度试验应符合《电磁兼容试验和测量技术静电放电抗扰度试验》标准的要求等。

2. 泵油装置

泵油装置由电机、润滑泵、辅助元件（如溢流阀、卸压阀、换向阀等）及润滑油箱等组成。一般设计要求如下：

（1）集中润滑供油系统卸压式润滑泵的额定压力不小于 3.0MPa、加压式不小于 4.0MPa。

（2）多线式不小于 10MPa、递进式及双线式不小于 16MPa。

（3）按规定试验时，泵油装置应运转正常，各辅助元件功能应符合工作要求，润滑泵溢流阀开启压力偏差应为标称值的±2.5%；流量偏差应为标称值的–5%～10%。

（4）润滑油箱的加注口应有可拆卸式过滤装置，并易于清洗或更换，以防止加注口堵塞或杂质进入油箱，向润滑油箱中重新注入润滑脂时，必须使用同质的润滑脂。

（5）润滑油箱容量的选择，应考虑集中润滑供油系统所设置的每一工作循环时间的间隔要求和全部润滑点的每个工作循环的用油量，保证每次加满润滑脂应能满足车辆行驶 200h 以上。

（6）润滑油箱应设有通气孔，并能防止飞溅杂质的进入，同时也不允许润滑脂从此处溢出。

（7）应能从外部清楚目测润滑油箱油面高度。

（8）油箱应能便于将油脂全部排出，进行人工清理。

（9）电机的额定电压是 12V 或 24V，与汽车电器设备基本技术条件要求的标称电压相一致；电机技术要求应符合《汽车电器设备基本技术条件》中的有关规定；在正常工作时，电机工作电流应不超过额定电流的 1.2 倍等。

3. 分配器

集中润滑系统中（多线式除外）所配置的分配器型式及数量应根据系统类型、具体车型和底盘结构来确定。

分配器一般有加压式、卸压式、递进式及双线式等型式。分配器各出油孔的输出压力应符合表 4-1 的规定，在所规定的润滑泵工作压力范围内应能正常工作，在正常的工作压力范围内，分配器在贮油状态和排油完毕后应封闭油孔，不应出现回漏现象。分配器每循环每孔给油量标称值可为 0.1mL、0.2mL 和 0.4mL 等，应根据汽车底盘各润滑点的需要选择，其实际每循环每孔给油量偏差为±10%。

表 4-1　分配器各出油孔的输出压力规定　MPa

分配器型式	加压式	卸压式	递进式	双线式
输出压力	≥2.0	≥1.5	≥4.0	≥4.0

4. 管路及管路辅件

管路及管路辅件一般设计要求如下：

（1）主油管路及多线式系统的供油管路可承受的最大压力应不低于润滑泵额定工作压力的 2 倍，分油管路可承受的最大压力应不低于分配器出油孔输出压力的 1.5 倍。

（2）主油管路内径应不小于 6mm，分油管路及多线式系统的供油管路内径应不小于 2.5mm。

（3）加压式和卸压式系统中不同给油量的分油管路应用不同颜色表示（表 4-2）；其他系统的分油管路也应以不同颜色或其他标识予以表示和区分，并明确标示含义。

表 4-2　不同给油量的分油管路颜色

分油管路每循环给油量/mL	0.1	0.2	0.4
管路颜色	白	黄	红

（4）管路接头处所用的连接件、紧固件、密封件等，应符合国家有关标准的规定。

（5）所选取管路的材料，必须符合国家有关标准的规定，如果使用非金属管路材料，其各项性能指标均应符合国标对制动软管结构、性能的要求及试验方法标准对液压制动软管的要求等。

4.2　装置设计实例

本节主要论述五种集中润滑系统的润滑装置，包括针对大型机械装备润滑问题设计的可视集中润滑装置、针对固定皮带输送机润滑问题设计的移动智能润滑装置、针对垂直螺旋输送机润滑问题设计的自动润滑装置、针对谷物联合收割机润滑问题设计的多部位润滑装置、针对秧苗栽植机选苗和润滑问题设计的多功能润滑装置，阐明了这些润滑装置设计的意义及其结构、原理和优点。

4.2.1 可视集中润滑装置

可视集中润滑装置主要是针对大型机械装备润滑问题设计的，该装置已经申请国家发明专利并取得授权。

1. 可视集中润滑装置设计意义

目前，作为支持国民经济发展的大型机械装备，要保证其长期稳定地运转，往往离不开良好的润滑设备，润滑设备作为影响大型机械集中润滑系统工作效率的重要部件，长期面临润滑要求高、润滑量大、监控难、油脂沉积严重、工作环境恶劣、粉尘多等诸多问题，经常出现需要润滑时缺油、少油的状况，使得整个润滑系统的工作效率低，设备得不到充分的润滑，从而导致设备磨损，甚至停机停产，缩短了设备的使用寿命。

一般情况下，润滑装置由电机、减速机、柱塞机构、储油桶等组成，电动机带动减速机构，继而带动泵体内的活塞做来回往复运动，由此完成吸油和排油工作。现有的大型机械使用的润滑装置普遍存在储油量小，结构复杂，从而导致输送距离有限、流量小、工作效率低；装置内的油脂容易受粉尘污染而沉积，不但浪费能源还污染环境；可视化程度低，观测不方便，控制难度大等问题。

因此，本书设计了一种可视集中润滑装置，润滑过程能够可视化，观测、控制方便，在保证大容量储油的前提下，装置结构美观合理，体积小，便于长距离集中运输、搬运，而且能够避免装置内油脂沉积，提高了润滑油利用效率。

2. 可视集中润滑装置结构及原理

可视集中润滑装置主要由储油装置、泵座、柱塞装置、连接机构、支撑体和动力装置等组成，其结构示意图，如图 4-1 所示。

其中，储油装置 1 固定安装在泵座 9 上且二者相互连通；泵座 9 的一侧与柱塞装置 5 的一端相连，柱塞装置 5 的另一端与动力装置 4 相连；动力装置 4 与储油装置 1 平行放置且位于储油装置 1 的左侧，其另一端固定连接在泵座 9 上；储油装置 1 一侧的下方中间部位设置有过滤进油口 11，泵座 9 上开设有过滤出油口 8；储油装置 1 包括储油桶 15，储油桶 15 由大容量透明材料制成，容量在 20L 以上，筒壁上有刻度，便于观察；伸缩压板 2 为圆形薄板，通过伸缩压板弹簧 13

吊设在储油桶 15 内壁顶部上，且与储油桶 15 之间过渡配合形成滑动连接；储油桶 15 内竖直设置有伸缩转子 3，伸缩转子 3 为方形平板，通过伸缩转子弹簧 14 压设在储油桶 15 内壁底部上，伸缩压板弹簧 13 和伸缩转子弹簧 14 的形变量随储油桶 15 内的储油量多少发生变化，而且伸缩转子 3 不停转动，可以减少油脂沉积，节约能源，降低成本；储油筒 15 与泵座 9 之间安装有减震层 10；柱塞装置 5 与动力装置 4 之间设置有连接机构 6，连接机构 6 的一端与柱塞装置 5 的一端连接，另一端与动力装置 4 连接；过滤进油口 11 上安装有进油过滤网 12，防止粉尘进入储油筒内；柱塞装置 5 在泵座 9 内做来回往复运动，完成吸油和排油工作；动力装置 4 包括电动机 16、减速器 17，其下方设置有支撑体 7，支撑体 7 包括两块支撑板，并通过两块支撑板与泵座 9 固定连接成一体；过滤出油口 8 的数量至少有 2 个，其上装设有出油过滤网，既防止粉尘进入又增加出油效率。

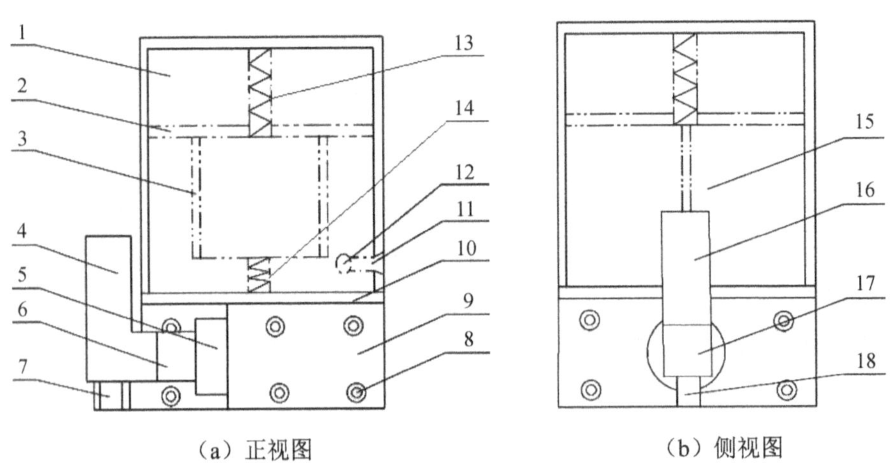

（a）正视图　　（b）侧视图

图 4-1　可视集中润滑装置结构示意图

1－储油装置；2－伸缩压板；3－伸缩转子；4－动力装置；
5－柱塞装置；6－连接机构；7－支撑体；8－过滤出油口；
9－泵座；10－减震层；11－过滤进油口；12－进油过滤网；
13－伸缩压板弹簧；14－伸缩转子弹簧；15－储油桶；
16－电动机；17－减速器；18－支撑板

3. 可视集中润滑装置优点

本书设计的可视集中润滑装置结构美观合理，实现了润滑过程的可视化，在保证大容量储油的前提下尽可能减小了体积，便于运输和搬运，以及长距离集中输送，提高了集中润滑工作效率，减少了油脂污染与沉积，节能环保，成本较低，安全可靠，适合大型机械应用在润滑点密集的区域内。

4.2.2 移动智能润滑装置

移动智能润滑装置主要是针对固定皮带输送机润滑问题设计的，该装置已经申请国家发明专利并取得授权。

1. *移动智能润滑装置设计意义*

目前，固定皮带输送机因输送量大、输送距离长、可以长时间工作等特点，广泛应用于冶金、煤炭、港口等行业的散料、包装物的输送和转运场合，其稳定工作是正常生产的可靠保证，而良好的润滑是稳定工作必不可少的一环。但固定皮带输送机的润滑装置，长期面临工作环境差、粉尘多、移动困难、润滑要求高、智能化程度低等诸多问题，使固定皮带输送机得不到合理的润滑，以致出现摩擦磨损增加、运行周期缩短、事故频发、备件消耗增加、开工率低等情况。因此，固定皮带输送机用润滑装置的改进和创新势在必行。

针对上述情况，为了解决现有技术问题的不足，本书设计了一种固定皮带输送机用的移动智能润滑装置，它是通过智能控制器控制两个电机分别驱动柱塞泵及行走轮工作，使柱塞泵可根据需要向皮带输送机注油润滑，行走轮带动柱塞泵及油箱沿皮带输送机的长度方向移动，从而对皮带输送机的不同部位定时定量地进行合理润滑。

2. *移动智能润滑装置结构及原理*

固定皮带输送机用的移动智能润滑装置，主要由储油装置、吸油滑块装置、连接装置、柱塞泵、电机、移动小车、智能装置等组成，其结构示意图如图 4-2 所示。

其中，车架 6 上固定有柱塞泵 7，柱塞泵 7 的泵体 11 下端与车架 6 之间设置有第二连接层 23，第二连接层 23 为减震吸噪层；柱塞泵 7 的动力输入端通过减速器 8 连接柱塞电机 9，柱塞电机 9 通过控制线连接智能控制器 10；柱塞泵 7 的泵体 11 上设置有油桶 2，油桶 2 与泵体 11 之间设置第一连接层 21，第一连接层 21 为减震吸噪层，其上设置有透孔，透孔连通泵体 11 的进油口与油桶 2 的出油口，且内部设置有进油阀；进油阀为电磁阀，包括滑块 22、复位弹簧 5 及强力电磁铁 28，其中滑块 22 和复位弹簧 5 设置在第一连接层 21 的空腔内，强力电磁铁 28 设置在第一连接层 21 外；强力电磁铁 28 通过复位弹簧 5 与滑块 22 连接，通过控制线与智能控制器 10 连接；泵体 11 上设置多个排油口 12，排油口 12 为螺旋连接口，其内壁设置有排油速度传感器 24，排油速度传感器 24 通过控制线连接智能控制器 10；油桶 2 的顶端设置有注油口 13，注油口 13 内部设置有过滤网

25，上部设置有橡胶密封套 26；车架 6 上设置有行走电机 14，行走电机 14 通过传动机构带动设置在车架 6 底端的驱动轮 15 转动，驱动轮 15 上设置有轮速传感器 27，轮速传感器 27 通过控制线连接智能控制器 10；车架 6 的底端还设置有从动轮 16，驱动轮 15 及从动轮 16 上均设置有制动装置 17，制动装置 17 及行走电机 14 分别通过控制线连接智能控制器 10。

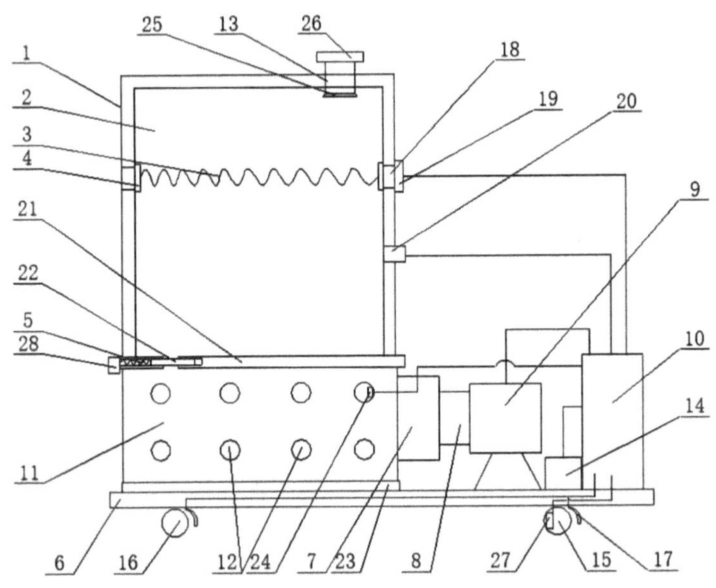

图 4-2 移动智能润滑装置结构示意图

1—防护罩；2—油桶；3—磁性压簧；4—压片；5—复进弹簧；6—车架；7—柱塞泵；8—减震器；9—柱塞电机；10—智能控制器；11—泵体；12—排油口；13—注油口；14—行走电机；15—驱动轮；16—从动轮；17—制动装置；18—磁铁；19—磁体旋转控制开关；20—液位传感器；21—第一连接层；22—滑块；23—第二连接层；24—排油速度传感器；25—过滤网；26—橡胶密封套；27—轮速传感器；28—强力电磁铁

油桶 2 为长方体非金属筒体结构，油桶 2 内的润滑油的液面上悬浮有沿油桶宽度方向布置的磁性压簧 3，磁性压簧 3 两端分别设置有压片 4，油桶 2 外壁上设置的磁铁 18 透过油桶 2 壁吸附压片 4，磁性压簧 3、压片 4 及磁铁 18 随着油桶 2 内的液面的升降而上下移动；油桶 2 外罩有透明非金属防护罩 1，防护罩 1 的外壁上设置有磁体旋转控制开关 19，磁铁 18 透过防护罩 1 吸附磁体旋转控制开关 19，磁体旋转控制开关 19 通过控制线连接智能控制器 10；油桶 2 下部设置有液位传感器 20，液位传感器 20 对应磁体旋转控制开关 19，并通过控制线连接智能控制器 10。

使用时，启动行走电机 14 及柱塞电机 9，行走电机 14 带动驱动轮 15 转动，从而推动装置沿皮带输送机长度方向移动，柱塞电机 9 带动柱塞泵 7 的柱塞做往复运动；智能控制器 10 控制进油阀打开，油桶 2 内的润滑油在重力及柱塞泵 7 的吸力作用下进入泵体 11 内，最后从排油口 12 排出，将排油口 12 连通皮带输送机的润滑油孔，从排油口 12 排出的润滑油对皮带输送机进行润滑。磁性压簧 3 及压片 4 随着油桶 2 内润滑油油面的降低而向下移动，从而使油桶 2 两侧的磁铁 18 向下滑动，带动磁体旋转开关 19 向下滑动，当磁体旋转开关 19 碰触液位传感器 20 后，液位传感器 20 发送信号给智能控制器 10，智能控制器 10 发出油桶 2 液位低信号，操作人员可打开橡胶密封套 26，从注油口 13 向油桶 2 内注油。

当无需对皮带输送机进行润滑时，智能控制器 10 发送信号给强力电磁铁 28，使其失电，磁力消失，滑块 22 在复位弹簧 5 的作用下复位，将油桶 2 的出油口与泵体 11 的进油口断开。

3. *移动智能润滑装置优点*

（1）通过智能控制器控制两个电机分别驱动柱塞泵及驱动轮工作，使柱塞泵可根据需要向皮带输送机注油润滑，驱动轮带动柱塞泵及油箱沿皮带输送机的长度方向移动，对皮带输送机的不同部位定时定量地进行合理的润滑。

（2）油桶内的润滑油的液面上悬浮有磁性压簧，磁性压簧两端设置压片，油桶外壁上设置磁铁，磁铁透过油桶壁吸附压片，磁性压簧及压片随着油面的升降而上下移动，通过观察磁铁的高度可及时了解油桶内的润滑油量，随着润滑油油面的下降，当磁体旋转控制开关接触油桶外设置的油位传感器后，油位传感器发送信号给智能控制器，智能控制器发送信号从注油口向油桶内注油。

（3）出油口的内壁设置有排油速度传感器，排油速度传感器发送排油速度信号给智能控制器，智能控制器根据油速和时间计算排油量，并根据排油量控制进油阀的启闭。当排油量小需要打开进油阀时，智能控制器控制强力电磁铁得电，产生磁力，磁力吸附滑块向左侧移动，使透孔打开，油桶的出油口与泵体的进油口连通，油桶内的润滑油进入泵体；当排油量大，需要关闭进油阀时，智能控制器控制电磁铁失电，磁力消失，滑块在复位弹簧的作用下复位，将油桶的出油口与泵体的进油口断开，实现智能润滑。

（4）驱动轮上设置轮速传感器，轮速传感器连接智能控制器，智能控制器根据轮速调节柱塞电机及驱动电机的转速，轮速过快，则适当降低驱动电机转速，提高柱塞电机转速；轮速过慢，则适当提高驱动电机转速，降低柱塞电机转速，从而使皮带输送机始终保持稳定的润滑，避免了润滑不均匀现象的出现。

（5）油桶与柱塞泵的泵体之间设置第一连接层，柱塞泵的泵体与车架之间设置第二连接层，第一连接层与第二连接层均为减震吸噪层从而能够有效降低装置在运行过程中产生的振动及噪音，并且避免柱塞泵及两个电机产生的振动传递到油桶，减少油桶内油面的振动，使油桶内油面保持稳定，因此磁性压簧的高度能够真实反应油桶内油位。

（6）结构紧凑、独特，移动便捷，智能化程度高，使用操作方便，使固定皮带输送机得到合理润滑，可有效提高固定皮带输送机的使用寿命、延长固定皮带输送机的运行周期、降低成本，提高效益。

4.2.3 自动润滑装置

自动润滑装置主要是针对垂直螺旋输送机的润滑问题而设计的，该装置已申请国家发明专利，并取得授权。

1. 自动润滑装置设计意义

垂直螺旋输送机是通过旋转轴的旋转带动焊接在其上的螺旋叶片旋转，推动物料垂直向上移动，从而提升物料高度，达到向高处输送物料的目的。与其他输送设备相比，垂直螺旋输送机具有承载能力大、安全可靠、结构简单、所占空间位置小、功耗少、操作维修方便、制造费用较低等优点，并因此广泛应用于输送各种粉状和颗粒状物料。垂直螺旋输送机高效输送物料的保证是能够稳定工作，稳定工作的保证是合理的润滑，而适用于垂直螺旋输送机用的润滑装置，长期面临垂直移动分油困难、润滑效率低、自动化程度低、工作环境差等问题，使垂直螺旋输送机润滑不及时、润滑效果差，以致出现运行阻力增加、运行速度降低、能耗增加、安全性降低、使用寿命缩短等情况。因此，垂直螺旋输送机用润滑装置的改进和创新势在必行。

综上所述，为了解决现有技术问题的不足，本书设计了一种垂直螺旋输送机用的自动润滑装置，它是通过柱塞泵将油桶内的润滑油输送至分油装置，分油装置垂直上下移动，将润滑油实时输送给垂直螺旋输送机。该装置自动化程度高，能够对垂直螺旋输送机进行合理润滑。

2. 自动润滑装置结构及原理

垂直螺旋输送机用的高效自动润滑装置由储油装置、泵装置、控制器、分油装置等组成，其结构示意图如图 4-3 所示。

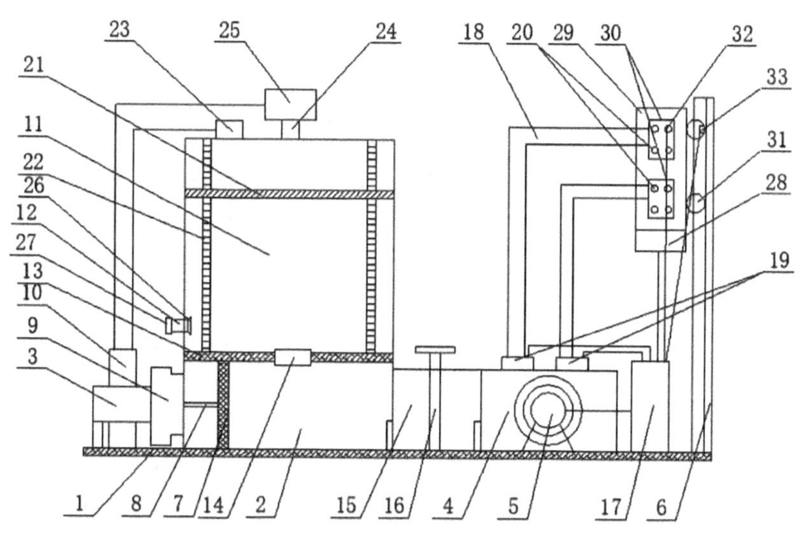

图 4-3 自动润滑装置结构示意图

1—底板；2—出油缸体；3—出油电机；4—柱塞泵；5—柱塞电机；6—滚动支撑板；7—出油活塞；8—出油活塞杆；9—连接旋转机构；10—控制器Ⅰ；11—油桶；12—注油孔；13—缓冲层；14—进油阀；15—出油管道；16—阀门；17—控制器Ⅱ；18—软管；19—排油阀；20—分油出油口；21—移动盘；22—刻度尺；23—排气阀；24—进气管道；25—压力气体生成器；26—过滤网；27—单向阀；28—分油电机；29—分油小车；30 分油器；31—滚轮；32—排油速度传感器；33—轮速传感器

其中，底板 1 为减震吸噪层，其上设置有出油缸体 2、出油电机 3、柱塞泵 4、柱塞电机 5 及滚动支撑板 6；出油缸体 2 内设置有出油活塞 7，出油活塞 7 通过出油活塞杆 8 连接旋转机构 9，旋转机构 9 连接出油电机 3 的输出轴，出油电机 3 通过控制线连接控制器Ⅰ10；出油缸体 2 上还设置有进油口及出油口，其顶端设置有油桶 11，油桶 11 为透明油桶，其内存储有润滑油，润滑油的液面上悬浮有随润滑油液面的升降而上下移动的移动盘 21；油桶 11 的外壁上沿油桶 11 高度方向设置有刻度尺 22，油桶 11 下部设置有注油孔 12，注油孔 12 上设置有过滤网 26 及单向阀 27；出油缸体 2 与油桶 11 之间设置有缓冲层 13，缓冲层 13 为减震吸噪层，其内设置有进油阀 14，进油阀 14 连通出油缸体 2 的进油口与油桶 11 的出油口，并通过控制线连接控制器Ⅰ10；出油缸体 2 的出油口通过出油管道 15 连通柱塞泵 4 的进油口，出油管道 15 上设置有阀门 16，阀门 16 通过控制线连接控制器Ⅱ17；柱塞电机 5 为双柱塞泵 4 提供动力，并通过控制线连接控制器Ⅱ17；

柱塞泵 4 的出油口通过软管 18 连通分油装置的进油口，其上设置有排油阀 19，排油阀 19 通过控制线连接控制器Ⅱ17；分油装置沿与垂直螺旋输送机平行设置的滚动支撑板 6 上下移动，且由分油电机 28、分油小车 29、分油器 30、滚轮 31 及分油出油口 20 组成；滚动支撑板 6 上沿其高度方向设置有轨道，滚轮 31 设置在分油小车 29 上，分油电机 28 驱动滚轮 31 带动分油小车 29 沿轨道上下移动；分油小车 29 上设置有分油器 30，分油器 30 上设置有多个分油出油口 20，分油出油口 20 连通垂直螺旋输送机的润滑油孔，分油电机 28 通过控制线连接控制器Ⅱ17；分油出油口 20 上设置有通过控制线连接控制器Ⅱ17 的排油速度传感器 32，滚轮 31 上设置有通过控制线连接控制器Ⅱ17 的轮速传感器。

油桶 11 的顶端设置有排气口和进气口，排气口上设置有排气阀 23，进气口通过进气管道 24 连接压力气体生成器 25，压力气体生成器 25 及排气阀 23 通过控制线连接控制器Ⅰ10。

使用时，控制器Ⅰ10 控制出油电机 3 启动，进油阀 14 打开，排气阀 23 关闭，压力气体生成器 25 启动，并向油桶 11 内注入压力气体，油桶 11 内的润滑油从出油口经进油阀 14 进入出油缸体 2 内，出油电机 3 通过旋转机构 9 及出油活塞杆 8 推动出油活塞 7 沿出油缸体 2 左右移动，将进入出油缸体 2 内的润滑油压入柱塞泵 4，控制器Ⅱ17 控制柱塞电机 5 和分油电机 28 启动，柱塞电机 5 带动柱塞泵 4 将润滑油输送至分油器 30，通过分油器 30 的分流，将润滑油输送至垂直螺旋输送机的各个润滑部位，分油电机 28 带动分油小车 29 沿滚动支撑板 6 上的轨道上下移动，实现对垂直螺旋输送机的实时同步润滑。

当需要向油桶 11 内注油时，控制器Ⅰ10 控制排气阀 23 打开，压力气体生成器 25 关闭，可从油桶 11 的注油孔 12 向油桶 11 内注油，滤网可放止杂质进入油桶 11，单向阀 27 可防止油桶 11 内的润滑油从注油孔 12 流出，油桶 11 内的气体可从排气口排出。油桶 11 内的润滑油的液面上悬浮有移动盘 21，移动盘 21 在压力气体的作用下，随着润滑油液面的升降而上下移动，通过对应移动盘 21 与刻度尺 22 的位置，可实时观察油桶 11 内润滑油的液位。

3. 自动润滑装置优点

（1）通过柱塞泵将油桶内的润滑油，输送至分油装置，分油装置垂直上下移动，将润滑油实时输送给垂直螺旋输送机，自动化程度高，能够对垂直螺旋输送机进行合理润滑。

（2）油桶为透明油桶，方便观察桶内的润滑油，润滑油的液面上悬浮有随液面升降而上下移动的移动盘，对应外壁设置的刻度尺的读数，方便观察油桶内润滑油的液面高度，及时了解油桶内的润滑油的量。

（3）油桶的顶端设置进气口及排气口，进气口连接压力气体生成器，压力气体生成器将压力气体通入油桶内，在压力气体作用下推动移动盘，并使油桶内润滑油加速从油桶的出油口流向出油缸体；当油桶需要注油时，打开排气口上的排气阀，方便注油。

（4）控制器Ⅰ控制压力气体生成器、排气阀、进油阀及出油电机，同时可根据油桶内油位情况对油桶内压力进行调节，并可根据油桶内压力的大小实时调节出油电机的转速，实现稳定出油。

（5）滚轮上设置轮速传感器，分油出油口上设置有排油速度传感器，二者均由控制器Ⅱ控制，控制器Ⅱ可根据垂直螺旋输送机的润滑情况调节排油速度及分油装置的移动速度，使输送机始终保持稳定的润滑，避免了润滑不均匀现象的出现。

（6）油桶与出油缸体之间设置缓冲层，该装置的底板及缓冲层均为减震吸噪层，能够有效地避免设备运行过程中产生的振动传递给油桶，减少油桶内油面的振动，使油桶内油面保持稳定，同时也能够降低运行过程中产生的噪音。

（7）结构简单先进，节能环保，自动化程度高，使用操作方便，垂直分油高效，能使垂直螺旋输送机得到及时高效的润滑，可有效提高输送安全性、降低能耗、延长使用寿命、扩大适用范围、进一步降低成本，提高效益。

4.2.4 多部位润滑装置

多部位润滑装置主要是针对谷物联合收割机的润滑问题而设计的，该装置已申请国家发明专利。

1. 多部位润滑装置设计意义

随着农业机械化、智能化、数字化的要求越来越高，行业对谷物联合收割机的使用功能要求也越来越高。但由于目前谷物联合收割机在使用时缺乏有效数据分析，达不到智能控制，导致使用效果不好；同时零部件在收割过程中受到的摩擦较多，易造成磨损，加之润滑不及时，润滑效果较低，不仅降低设备工作效率，更降低零部件使用寿命。本书设计了供谷物联合收割机解决上述问题的多部位润滑装置，该装置结构简单，能够快速对谷物联合收割机内的易磨损部件及时提供合理润滑，从而提高谷物联合收割机工作效率并延长整体使用寿命。

2. 多部位润滑装置结构及原理

谷物联合收割机用的多部位润滑装置由输送润滑装置、收割润滑装置、脱粒润滑装置、储油送油装置和基础装置组成，其中，输送润滑装置包括输送油容器 1、输送出油口 2、输送传感器 3、输送入油口 4、输送油管 5；收割润滑装置包括收割传感器 6、收割入油口 7、收割出油口 8、收割润滑板齿 9、收割油容器 10、油管 11；脱粒润滑装置包括脱粒油容器 12、脱粒传感器 13、脱粒润滑弓齿 14、脱粒出油口 15、脱粒入油口 16、油管 17；储油松油装置包括注油口 18、储油容器 19、送油电机 20、减速器 21、支架 22、送油泵 23、出油装置Ⅰ24、储油容器传感器 25、出油装置Ⅱ26、出油传感器 27；基础装置包括数据分析装置 28、安装板 29、控制器 30。其结构示意图如图 4-4 所示，控制原理框如图 4-5 所示。

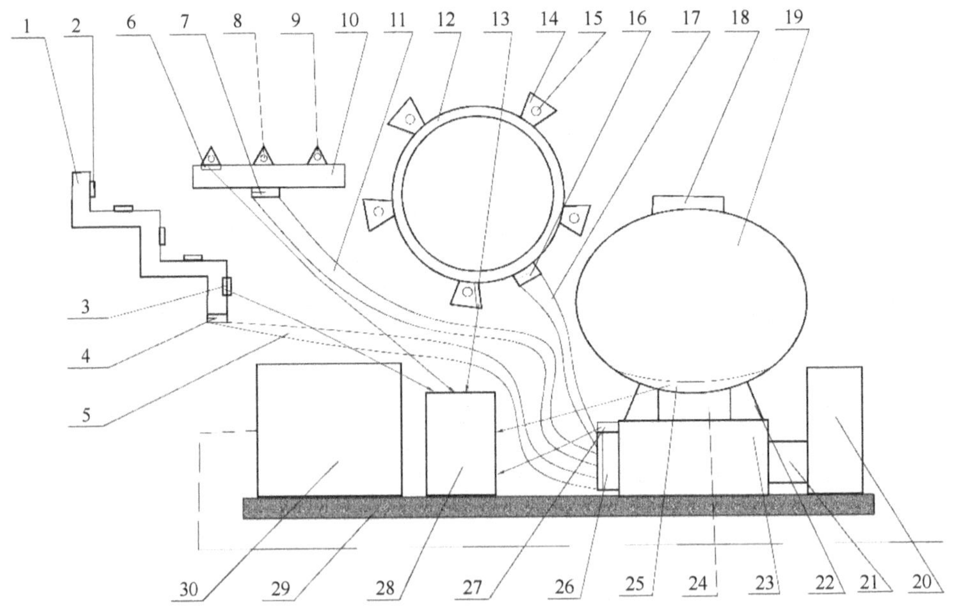

图 4-4 多部位润滑装置结构示意图

1—输送油容器；2—输送出油口；3—输送传感器；4—输送入油口；
5—输送油管；6—收割传感器；7—收割入油口；8—收割出油口；
9—收割润滑板齿；10—收割油容器；11—油管；12—脱粒油容器；
13—脱粒传感器；14—脱粒润滑弓齿；15—脱粒出油口；16—脱粒入油口；
17—油管；18—注油口；19—储油容器；20—送油电机；21—减速器；
22—支架；23—送油泵；24—出油装置Ⅰ；25—储油容器传感器；
26—出油装置Ⅱ；27—出油传感器；28—数据分析装置；29—安装板；
30—控制器

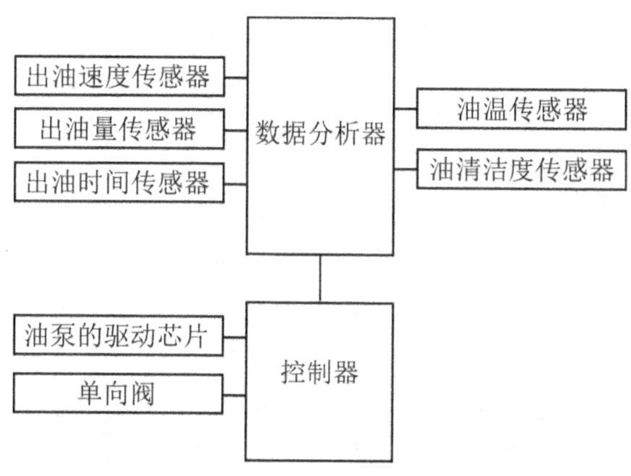

图 4-5　多部位润滑装置控制原理图

其中，储油容器 19 顶部设有可封口的注油口 18，底部的出油装置Ⅰ24 通过单向阀与送油泵 23 的进油口连接，送油泵 23 上设有数个用于连接输送管路的储油装置Ⅱ26，储油装置Ⅱ26 处设有过滤网和单向阀；储油容器 19 内还设有储油容器传感器 25，包括油温传感器、油清洁度传感器；储油容器 19 的储油装置Ⅱ的单向阀处还设有出油传感器 27，包括油速度传感器、出油量传感器、出油时间传感器；输送管路包括输送油管 5，输送油管 5 与贴合阶梯送料机构设置的输送油容器 1 的输送入油口 4 连通，输送油容器 1 的输送入油口 4 处设有恒温滤网，输送油容器 1 上贴合阶梯送料机构处设有数个输送油出口 2，输送油出口 2 处设有单向阀，且单向阀处还设有输送传感器 3，包括油速度传感器、出油量传感器、出油时间传感器；还包括谷物联合收割机的齿状收割机构，以及贴合齿状收割机构的收割润滑板齿 9，收割润滑板齿 9 中空且与收割油容器 10 连通，收割润滑板齿 9 上贴合齿状收割机构处设有数个收割出油口 8，收割出油口 8 处设有单向阀，且单向阀处还设有收割传感器 6，包括油速度传感器、出油量传感器、出油时间传感器；输送管路包括油管 11，油管 11 与收割油容器 10 的收割入油口 7 连接，且收割油容器的收割入油口 7 处设有恒温滤网。还包括谷物联合收割机的筒状脱粒机构、贴合筒状脱粒机构设置的圆环状容器 31 以及贴合筒状脱粒机构弓齿的脱粒润滑弓齿 14，脱粒润滑弓齿 14 中空并与脱粒油容器 12 连通，脱粒出油口 14 上贴合筒状脱粒机构弓齿处设有数个脱粒出油口 15，脱粒出油口 15 处设有单向阀，且单向阀处还设有脱粒传感器 13，包括油速度传感器、出油量传感器以及出油时间传感器；输送管路包括油管 17，油管 17 与脱粒油容器 12 的脱粒入油口 16 连接，且脱粒油容器的脱粒入油口 16 处设有恒温滤网。还包括数据分析器 28 以及控制器 30，传感器的输出端与数据分析装置 28 的输入端实现信号连接，数据分析装置 28 的输出端与控制器 30 的输入端实现信号连接，控制器 30 的输出端分别与送油泵 23 的驱动芯片输入端以及各出油口以及润滑油出口处的单向阀信号连接，单向阀均为电磁阀。各容器进油口处的恒温网采用相变材料制成，可以对相应输送管路中输送至容器内的润滑油进行升温或降温，保证润滑油的温度适宜。数据分析器、控制器、储油箱和油泵均设置于安装板 29 上，安装板 29 可拆卸连接于谷物联合收割机内。

出油速度传感器、出油量传感器、出油时间传感器分别采集润滑油的排出速度、体积、时长数据，这些数据由数据分析器进行收集、储存、分析后传递至控制器，控制器结合数据和相应设定的程序对各个单向阀的开合程度以及油泵的功率进行调控。什么时候需要润滑及具体的润滑方式，取决于对相应传感器实时采集的数据和数据分析器里面的数据库信息（如历史润滑相关数据）的综合分析。例如，数据分析器将实时数据与历史数据库比对后，在阶梯送料机构、齿状收割机构和筒状脱粒机构分别进行了与历史数据相近的工作量的情况下，分析得出对应的供油时间、供油量等信息并传给控制器，控制器将指令输出给出油阀，控制出油即可。

储油容器内设置的油温传感器和油清洁度传感器分别对储油箱内的润滑油温度以及清洁度进行监测，采集的相应数据由数据分析器进行收集、储存、分析后传递至控制器，如果整体油温或清洁度不达标，控制器发出指令闭合储油容器出油口处单向阀以停止供油。

3. 多部位润滑装置优点

（1）润滑针对性强，即主要为谷物联合收割机中三个易磨损的部件提供润滑。出油速度传感器、出油量传感器、出油时间传感器分别采集润滑油的排出速度、体积、时长数据，这些数据由数据分析器收集、储存，并结合其内预先存入的数据库进行比对后传递至控制器，控制器结合数据和相应设定的程序对各个单向阀的开合程度以及油泵的功率进行相应调控，实施润滑。

1）针对谷物联合收割机的阶梯输送机构润滑。当阶梯输送机构需要润滑时，控制器控制储油容器出油装置Ⅰ以及连接输送油管的送油泵出油装置Ⅱ处的单向阀开启，同时控制阶梯状输送油容器的输送入油口处的单向阀开启，送油泵将储油容器内的润滑油通过输送油管泵入阶梯状输送油容器，进而从输送出油口泵出以润滑阶梯送料输送机构。

2）针对谷物联合收割机的齿状收割机构润滑。当齿状收割机构需要润滑时，控制器控制储油容器出油装置Ⅰ以及连接输送油管的送油泵出油装置Ⅱ处的单向阀开启，同时控制润滑板齿的收割入油口处的单向阀开启，送油泵将储油容器内的润滑油通过油管泵入收割油容器，进而进入润滑板齿中并从收割出油口泵出以润滑齿状收割机构。

3）针对谷物联合收割机的筒状脱粒机构的弓齿润滑。当筒状脱粒机构的弓齿需要润滑时，控制器控制储油容器出油装置Ⅰ以及连接输送油管的送油泵出油装置Ⅱ处的单向阀开启，同时控制润滑弓齿的脱粒入油口处的单向阀开启，送油泵将储油容器内的润滑油通过油管泵入脱粒油容器，进而进入润滑弓齿中并从脱粒出油口泵出以润滑筒状脱粒机构的弓齿。

（2）通过大数据分析和智能控制，实现了精准按需润滑，提高了使用效率，延长了设备使用寿命。

4.2.5 多功能润滑装置

多功能润滑装置主要是针对秧苗栽植机的润滑和选苗问题而设计的，该装置已申请国家发明专利。

1. 多功能润滑装置设计意义

秧苗移栽机因结构简单、操作灵活、使用方便，大大降低劳动强度而得到了广泛应用，但由于其缺乏有效数据分析，达不到智能控制，导致栽植效果不好；同时秧苗栽植机的零部件在工作过程中受到摩擦较多，易造成磨损，加之润滑不及时，润滑效果较低，不仅降低设备工作效率，更降低零部件使用寿命。秧苗移栽机用的多功能润滑装置通过大数据分析和智能控制，深入分析栽植秧苗质量，提高栽植效果，同时利用智能控制实现精准按需润滑，提高栽植速度，延长设备使用寿命。

2. 多功能润滑装置结构及原理

秧苗移栽机用的多功能润装置具有润滑和选苗两项功能，主要由润滑装置、选苗装置、数据控制装置、安装板和插秧盘组成，润滑装置包括注油口、出油阀、漏斗形出油通道、润滑秧苗通道、润滑传感器、油膜板、润滑盘、气体流通通道、气体生成器；选苗装置包括选苗盘、抓苗传感器、抓苗器、抓苗盘、旋转轴、选秧苗通道、秧苗外观检测器、秧苗根茎检测器、秧苗分析器；数据控制装置包括控制器和数据分析器。其结构示意图如图4-6所示，其控制原理框如图4-7所示。

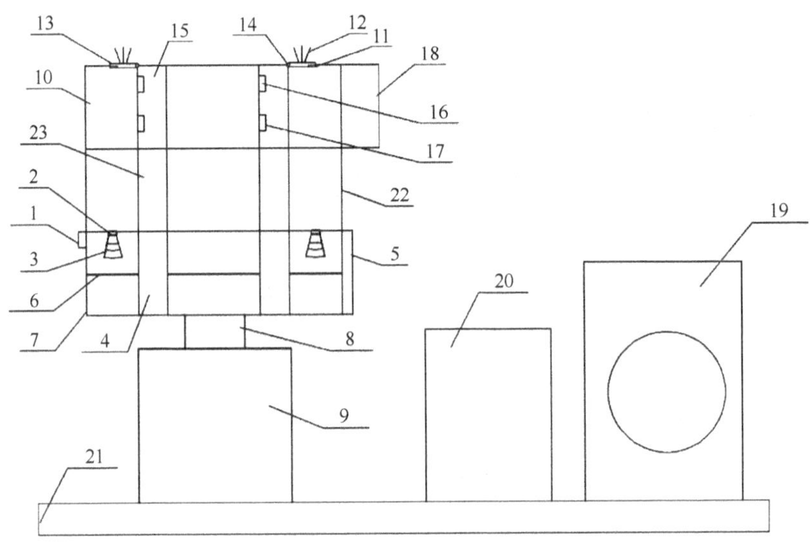

图 4-6　多功能润滑装置结构示意图

1－注油口；2－出油阀；3－漏斗形出油通道；4－润滑秧苗通道；5－润滑传感器；6－油膜板；7－润滑盘；8－气体流通通道；9－气体生成器；10－选苗盘；11－抓苗传感器；12－抓苗器；13－抓苗盘；14－旋转轴；15－选秧苗通道；16－秧苗外观检测器；17－秧苗根茎检测器；18 秧苗分析器；19－控制器；20－数据分析器；21－安装板；22 插秧盘；23－秧苗通道

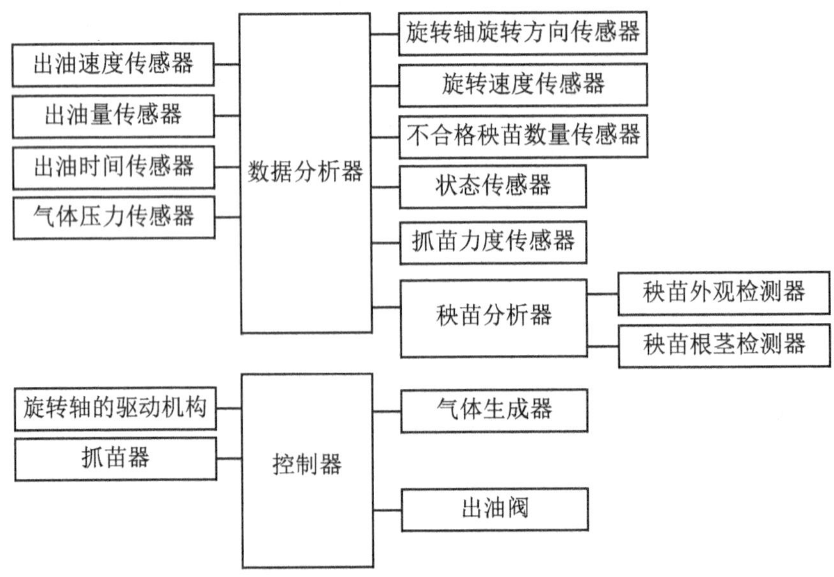

图 4-7　多功能润滑装置控制原理图

其中，插秧盘22的上方设有秧苗通道23，下方设有润滑盘7，润滑盘7上设有与秧苗通道对应的润滑秧苗通道4；润滑盘7中空且由水平设置的油膜板6上、下分隔为油腔和气腔，气腔通过气体流通通道8与气体生成器9的排气口连通，油腔与润滑盘7顶面设置的数个用于润滑插秧盘22的漏斗形出油通道3连通；漏斗形出油通道13内径由上至下递增，且分别设有恒温滤网、磁性滤网以及过滤网，其顶部设有出油阀2；润滑盘7的上部设有与油腔连通且可封口的注油口1，其出油阀处设有润滑传感器集成 5，该传感器集成包括出油速度传感器、出油量传感器、出油时间传感器，气体压力传感器设置在气腔内；气体流通通道8内还设有允许气体流入气腔内的单向阀；出油阀2为电磁单向阀；插秧盘22上方还设有选苗盘10，选苗盘10上开设有与秧苗通道对应的选秧苗通道15，每个选秧苗通道15的侧旁设有抓苗盘13，抓苗盘13上设有抓苗器12，底部边侧通过旋转轴14与选苗盘10连接，旋转轴14可使抓苗盘13朝向选秧苗通道15做180°的翻转以及复位动作，选秧苗通道15内壁设有减速油膜层；选苗盘10上于旋转轴14处设有抓苗传感器11，该传感器集成包括旋转轴旋转方向传感器、旋转速度传感器和不合格秧苗数量传感器，抓苗器23的爪上设有抓苗力度传感器和状态传感器，选秧苗通道15内还上、下设有秧苗外观检测器16和秧苗根茎检测器17；选苗盘10一侧设有秧苗分析器18，秧苗分析器18的输入端分别与秧苗外观检测器16以及秧苗根茎检测器17的输出端进行有线信号连接，其输出端与数据分析器20的输入端实现信号连接，数据分析器20的输出端与控制器19的输入端实现信号连接，控制器19的输出端分别与出油阀2的输入端、气体生成器9的输入端、旋转轴14的驱动机构的输入端及抓苗器12的输入端实现信号连接；数据分析器20、气体生成器9及控制器19设置于安装板21上，安装板21采用减震材料制成，其底部与秧苗栽植机形成可拆卸连接（包括但不限于吸附式连接）；选苗盘10底面和润滑盘7顶面均设有用于与插秧盘22连接的强力磁性膜。需要说明的是，选秧苗通道15和润滑秧苗通道4宜设置为与秧苗通道23同轴同径。

选苗盘10、插秧盘22和润滑盘7之间均采用强力磁性膜连接，以保证三者保持相对位置。气体生成器9、控制器19、数据分析器20可以通过安装板21安装于秧苗移栽机的相应部件处。数据传递连接可以采用无线、有线等数据传递方式，采用有线数据传递连接时，最好将相应的数据线长度设置为可伸缩式，以不影响秧苗移栽机各机构作业为宜。

3. 多功能润滑装置优点

（1）功能较多。除了可以对插秧盘进行润滑之外，还可以对秧苗进行科学筛选，提高栽种效果。

1）实施插秧盘润滑。润滑装置俯视图如图4-8所示，控制器控制出油阀打开，并控制气体生成器生成气体，生成的气体通过气体流通通道进入润滑盘的气腔内以提高气腔和油腔的压差，使得油膜板在压差作用下上移，从而将油腔内的润滑油从润滑油通道及出油阀处挤出至插秧板处实现对插秧板的润滑作业。

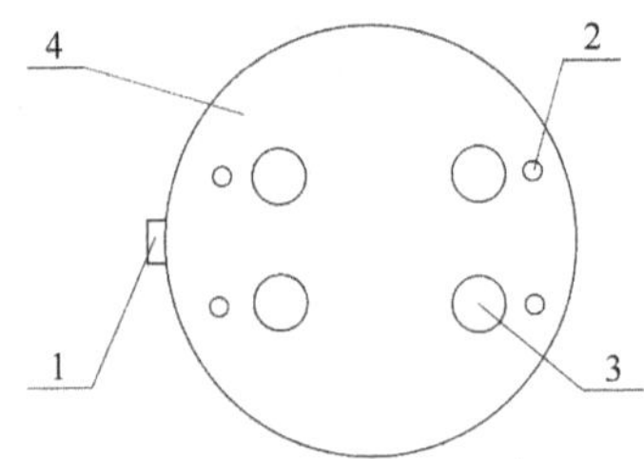

图 4-8 润滑装置俯视图

1—注油口；2—出油阀；4—润滑秧苗通道；4—润滑盘

出油速度传感器、出油量传感器、出油时间传感器分别采集润滑油的排出速度、体积、时长数据，气体压力传感器采集气腔内的气压数据，这些数据由数据分析器进行收集、储存、分析后传递至控制器，控制器结合数据和相应设定的程序对出油阀的开合程度以及气体生成器的功率进行调控。

2）科学选苗。选苗装置俯视图如图 4-9 所示，选苗过程中，秧苗首先落入选苗盘的选秧苗通道内，并在选秧苗通道内壁上的减速油膜层作用下实现减速下落，选秧苗通道内的秧苗外观检测器和秧苗根茎检测器分别对秧苗的外观和根茎进行数据采集，相应数据由秧苗分析器分析后传递至数据分析器，数据分析器对相应数据进行收集、储存，并与其内预先存入的数据库进行比对，得出该秧苗的外观质量是否合格，并将相应数据传递至控制器。如果质量合格，则秧苗在重力作用下通过选秧苗通道而落入插秧盘的秧苗通道；如果质量不合格，则控制器控制旋转轴的驱动机构动作，使得旋转轴带动抓苗盘及其上的抓苗器进行 180°旋转，使得抓苗器朝下探入选秧苗通道抓取秧苗，然后控制旋转轴的驱动机构使得旋转轴、抓苗盘以及抓握秧苗的抓苗器作 180°复位动作，并控制抓苗器松开秧苗，从而实现不合格秧苗的剔除。

旋转轴的旋转方向传感器、旋转速度传感器检测旋转轴相应的动作方向和速度；不合格秧苗数量传感器监测旋转轴的动作次数进而通过数据分析器计算不合格秧苗数量；状态传感器采集抓苗器爪的伸展弯曲状态，以确定抓苗器相应动作的完成度以便分析和确定后续动作的执行时机；抓苗力度传感器检测抓苗器对秧苗的抓握力度。以上传感器采集的相应数据由数据分析器进行收集、储存、分析后传递至控制器，控制器结合数据和设定的相应程序对旋转轴的驱动机构以及抓苗器的动作进行调控。

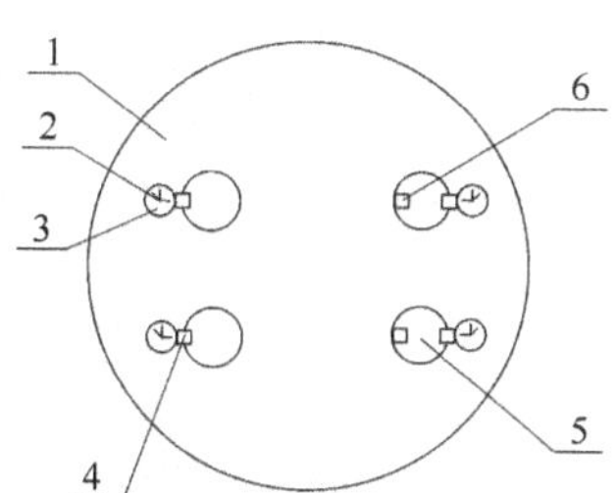

图 4-9　选苗装置俯视图

1—选苗盘；2—抓苗器；3—抓苗盘；4—旋转轴；
5—选秧苗通道；6—秧苗外观检测器

（2）结构比较简单，操作方便，能够有效对插秧盘进行及时、高效地润滑，同时还能剔除质量不合格的秧苗，不仅保证润滑效果，又提高秧苗栽种质量，更延长秧苗移栽机的整体使用寿命并提高其工作效率。

第 5 章　机械车辆集中润滑系统应用实例

机械车辆集中润滑系统的合理应用有利于减少机械车辆零部件运动副的摩擦磨损、减少机械车辆运行成本、降低事故发生率、延长机械车辆使用寿命，因此，应扩大集中润滑技术的应用范围和力度。本章分析了机械车辆的工作特点及润滑要求、集中润滑系统的应用要点及使用建议分析，具体论述了干油集中润滑系统在抱罐车、电动挖掘机、车辆底盘上的应用；稀油集中润滑系统在开口机和其他机械（压缩机、开坯轧机、连轧管机等）上的应用。

5.1　干油集中润滑系统在抱罐车上的应用

抱罐车是钢厂中对钢渣进行运输、倾倒的一种特种车辆，其工作条件比较复杂，润滑要求高，需要使用集中润滑技术。本节具体论述了抱罐车的工作特点及润滑要求，分析了抱罐车干油集中润滑系统的润滑点确定、主要输送管道长度计算、系统工作时间计算、主要输送管道油脂停留时间计算，并给出抱罐车干油集中润滑系统的使用建议。

5.1.1　抱罐车的工作特点及润滑要求

抱罐车的广泛应用，使钢厂中钢渣处理的污染得到了很好的控制。抱罐车从结构上分为 U 型抱罐车、铰接式抱罐车和整体式抱罐车，特点分别为：

（1）U 型抱罐车。U 型抱罐车由前车体、后车体和中间连接部分组成，其装载量为 35～210t，U 型抱罐车的后车体呈 U 型，使渣罐在车辆运行时可以保持很小的离地间隙，从而压低了整车的重心，提高了行驶稳定性，即使当抱罐车出现状况无法行驶时也能够很容易地将渣罐放下。U 型抱罐车的前车体和后车体可以绕车辆的水平纵轴线左右摇摆，即使前轮掉进小沟里面导致前车体侧倾时，也能确保后车体平稳。U 型抱罐车的后车体部分还布置了独立悬挂于其上的承重轮组，即便出现一侧轮胎悬空的状况，抱罐车也不会倾覆。

（2）铰接式抱罐车。铰接式抱罐车分为前、后车体两个部分，其驾驶室布置在后车体并高架在前车体上，这种布置方式扩大了驾驶人员的视野。铰接式抱罐车前车体与后车体中间的铰接式结构，可以实现 90°的折腰转弯，大大减小了转弯半径；其次，其后车体周围有把渣罐与车体隔开的防护钢板，在装载行驶过程中即使出现钢渣溢出的情况，也会由于防护钢板的作用不对车体造成损坏；最后，其后车轮采用实心轮胎，增大了抱罐车的承载能力，并且不会因为轮胎被刺穿或者烫伤而造成车体倾斜的严重后果。

（3）整体式抱罐车。整体式抱罐车的车架是一个整体，其强度和刚度大于铰接式抱罐车，但是灵活性略差。

抱罐车作为一种无轨运输设备，具有不需其他吊重设备便能进行抱罐和翻罐动作、可从地面上或小台上把罐抱到车上、可作180°倾翻渣罐、减少作业人数和工具设备数量、性能高、可靠性高、操作安全性高、操作快捷、效率高等优点，已在钢厂内得到了大规模的应用。由于抱罐车作为钢厂内运输高温钢渣的重载车辆，其工作环境十分恶劣，加之其造价较高（一般都在百万元以上），对可靠性要求非常高，因此对其保养维护显得尤为重要。

抱罐车对润滑的要求主要表现在：

（1）润滑点多。抱罐车的机械结构复杂且庞大，零部件繁多，对应的润滑点自然较多。抱罐车的润滑点主要分布在回转运动的机构连接处，如摆动架、鹅颈、转向油缸的铰接、工作大臂油缸的铰接、刚性悬挂等处。以80t抱罐车为例说明润滑点多的问题，见表5-1。

表5-1　80t抱罐车润滑点

结构名称	润滑点数量	润滑点位置
前车架	3	摆动架铰接 发动机前横梁铰接 结构鹅颈铰接
后车架	10	大臂油缸铰接（右） 大臂油缸铰接（左） 支腿油缸铰接（右） 支腿油缸铰接（左） 支腿连杆铰接 拔销油缸（左） 拔销油缸（右） 刚性悬挂组件 支腿靴子铰接 工作大臂铰接
转向鹅颈	3	转向油缸铰接（左） 转向油缸铰接（右） 结构后鹅颈铰接

（2）润滑要求高。抱罐车的各销轴运动副一般工作在潮湿、多尘、多杂质的环境下，且各运动副间是转速较低的间歇转动，需要油脂量不大，同时钢渣出炉时是高温的、半液态的红渣，温度高、冲击大，因此对其润滑必须保证要有良好的密封作用，阻绝水、灰尘和杂质对各运动副的侵蚀，更要起到一定的冷却作用。为满足以上要求，绝大部分抱罐车采用润滑脂润滑，随着干油集中润滑技术的不断提高，干油集中润滑系统因其注油精确、方便、节省资源、提高工作效率等优势，在抱罐车等大型工程机械中得到广泛应用。

抱罐车上如果能选择合适的干油集中润滑系统，就会使运动副得到定时、定量、定点的润滑，大大降低其磨损程度，同时达到节约资源，延长车辆使用寿命，降低维修成本的目的。

5.1.2 抱罐车干油集中润滑系统的应用

根据干油和稀油集中润滑系统的优缺点，并结合抱罐车自身特点及润滑要求选择干油集中润滑系统作为抱罐车用润滑系统。

干油集中润滑系统中单线阻尼系统最为简单，当一处润滑点堵塞，不影响其他点的润滑，但其弊端也最多，哪个润滑点的阻尼小，润滑脂就更多地送往那个点，各点的出油量不可控，容易造成过渡润滑和润滑不够，此系统工作压力较低一般小于 4MPa，在抱罐车等工程机械上很少用到；单线递进式干油集中润滑系统可以对润滑点高压输油，输油量控制精确、可靠，并能及时发现堵塞现象，但由于其系统压力较大，容易使润滑脂离析，整个系统中任何一处堵塞，将会造成所有出油口不出油，所以对润滑脂、周围环境、出油口情况要求严格；双线容积式干油集中润滑系统具有精确定量润滑、低润滑脂消耗、低压设计不会导致油脂离析等优点，并且当个别点堵塞时不会影响其他工作回路，因此可以在每个点处增加压力开关，以检测各点的润滑是否正常。由于各类润滑系统均有优、缺点，综合考虑抱罐车上各润滑点多、分布分散、润滑要求高、润滑量需求不同等因素，目前抱罐车上主要运用的干油集中润滑系统为单线递进式干油集中润滑系统和双线容积式干油集中润滑系统，比如 80t 抱罐车选择的是单线递进式干油集中润滑系统、BUG110 型抱罐车选择的是双线容积式干油集中润滑系统。下面以 BUG110 型抱罐车为例简要说明干油集中润滑系统在抱罐车上的应用。

中冶重机为国内设计制造抱罐车的专业厂家，其生产的 BUG110 型抱罐车采用的是双线容积式干油集中润滑系统，该系统对于单个润滑点来说，供脂量需求不变，但不同润滑点的供脂量是不同的，因此需要根据工况确定各个润滑点的供脂量。由于运动副的工况、摩擦状况不同，所需的润滑油量也有所不同。对抱罐车来说，集中润滑的润滑点是轴与轴套组成的滑动轴承运动副。各运动幅需要用油量确定公式见表 5-2，K_1 和 K_2 分别为转速和工况修正系数。

表 5-2 各运动副需要用油量确定公式

运动副	用油量 Q（$\frac{1}{8}$ml·h^{-1}）
滚动轴承	0.025×π×轴孔直径 D（cm）×列数 N（单列 2.5，双列 5）×(K_1+K_2)
滑动轴承	0.025×π×轴孔直径 D（cm）×轴承长度 L（cm）×(K_1+K_2)
滑动平面轴承	0.025×π×平面宽度 B（cm）×平面长度 L_1（cm）×(K_1+K_2)
齿轮	0.025×小齿轮齿宽 b（cm）×小齿轮节圆直径 d（cm）

根据公式可以粗略计算出各润滑点的供脂量，然后根据各润滑点供脂量确定分配器规格和润滑脂泵容积，并为其选择合适位置及防护。步骤是：首先，通过各润滑点供脂量来确定每个润滑点的分配器，分配器要布置在抱罐车的外部，便于在出现故障时拆卸、检查、调试，通过管道将润滑点和分配器相连，分配器最好能用一个防尘罩保护，拆卸检查分配器前应清理周围的尘土，因为润滑油中的杂质往往是系统维护时人为携带进去的；其次，通过计算润滑点的供脂量总和确定整个集中润滑系统的润滑脂总量，同时考虑输脂管路的长度等多方面因素，综合计算得出润滑脂泵的容积，润滑泵脂的位置要保证润滑脂泵到各润滑点距离适中且不能离渣罐太近。

为了干油集中润滑系统在 BUG110 型抱罐车上得到合理应用，需要计算三个参数，即主要输送管道长度、系统工作时间（通常是一个完成循环所需要时间）、主要输送管道油脂停留时间。

（1）主要输送管道长度。润滑脂输送管道直接影响润滑脂的输送，如果输送管道内径太大，会使润滑脂无法及时到达润滑点，造成滞留现象，同时润滑脂在管道时间过长会出现老化现象。一般抱罐车的主要输送管路采用 ϕ10mm 的硬管，二级输送管路为 ϕ6mm 的软管。BUG110 型抱罐车管路的主要输送管路最大长度

$$L=\frac{P-5}{r\times 1.2}$$

式中，P 为润滑泵额定工作压力，MPa；r 为润滑脂在每米管道内的流动阻力，MPa。

（2）系统工作时间。系统工作时间通常是按完成一个循环所需要时间来计算的，一个完成循环所需要的工作时间

$$T = \frac{Q_c + Q_d + Q_e}{Q_p}$$

式中，Q_c 为系统中全部双线分配器控制活塞排出的润滑脂量，cm^3；Q_d 为每个出脂口排出的润滑脂量总和，cm^3；Q_e 为主要输送管路内润滑脂压缩量，一般取硬管取管内容量的 1.5%，对软管则取 10%，cm^3；Q_p 为集中润滑泵单位时间的供脂量，cm^3/min。

（3）主要输送管道油脂停留时间。集中润滑系统中润滑脂的输送主要依靠管道两端的压力差，因此，一般距离近的运动副最先得到润滑脂润滑，管路最末端的润滑点最后得到润滑。在对集中润滑系统设计应用时，应考虑润滑脂在管内的平均停留时间，一般抱罐车的油脂停留时间不超过 3 个月。主要输送管路油脂在管内停留天数

$$t = \frac{\Sigma Q}{Q_d \times W}$$

式中，ΣQ 为系统中所有输送管路的总容量，cm^3；Q_d 为润滑泵工作一个周期各润滑点的供脂量，cm^3；W 为润滑系统每天工作周期数。

（4）润滑脂的选择。由于锂基脂属于长寿命、多用途的润滑脂，具有良好的抗水性、机械安定性、防锈性与氧化安定性，因此广泛适用于–20～120℃温度范围内各种机械设备的滚动轴承和滑动轴承及其他摩擦部位的润滑。抱罐车使用的干油集中润滑系统中，如果在–25～80℃下工作，可选用 NLGI2 号锂基润滑脂，如果在–45～–25℃的高寒环境下工作，可选用 NLGI4 号锂基润滑脂。BUG110 型抱罐车的干油集中润滑系统选择极压锂基脂为润滑介质。

5.1.3 抱罐车干油集中润滑系统的使用建议

（1）由于抱罐车干油集中润滑系统的润滑脂泵给油时间是由控制器给定的，建议为润滑脂泵的每个供脂口都设置一个溢流阀。对于整个润滑系统而言，设置溢流阀，第一，能够起到保护油路及相关部件不受高压冲击的作用，如果润滑点发生堵塞等现象，造成输送管路压力升高，溢流阀可溢流，防止高压润滑材料损坏润滑脂泵及其组件；第二，当分配器、润滑点出现阻塞后，溢流阀会持续溢流出润滑油，便于故障的诊断与检测。

（2）为了及时检测出给油口阻塞的分配器，建议在分配器的预备出口处安装一个泄压阀和超压指示器，当润滑点或管路阻塞导致压力升高超过规定值时，指示器外部销伸出，并通过系统发出故障信号，现场查找指示器是否伸出就可直接查找到所阻塞部位；同时，如果超压可以通过泄压阀泄压，减少事故发生。

5.2 干油集中润滑系统在电动挖掘机上的应用

挖掘机作为一种快速、高效的施工作业机械，目前已成为工程机械行业的主要机种之一。电动挖掘机除了具有一般挖掘机的优点之外，还具有节约能源、噪音低、无尾气污染、效率高等特点，其应用范围比较广。本节阐明了挖掘机及电动挖掘机的工作特点及润滑要求，分析干油集中润滑系统在 WK-35 电动挖掘机和 $4m^3$ 电动挖掘机上的应用，并给出电动挖掘机干油集中润滑系统的使用建议。

5.2.1 电动挖掘机的工作特点及润滑要求

据不完全统计，工程施工中约 60%以上的土石方是由挖掘机来完成的。挖掘机是用铲斗挖掘高于或低于承机面的物料，并装入运输车辆或卸至堆料场的土方机械。挖掘机按照驱动方式分内燃机挖掘机、电动挖掘机和复合挖掘机，其中电动挖掘机主要应用在高原缺氧与地下矿井和其他易燃易爆的场所。一般挖掘机的优点有：

（1）能进行多自由度作业。

（2）靠履带转移或移动整机的工作面。

（3）利用杠杆原理、液压缸推动动臂、斗杆和铲斗产生各构件之间的相对旋转运动从而实现人为控制的挖掘和卸料动作。

（4）上部回转平台绕垂直轴旋转。

（5）远距离悬臂挖掘和卸料。

电动挖掘机一般都工作在高温、高湿等恶劣的露天条件下，在工作过程中，挖掘材料的细碎颗粒和水很容易进入挖掘机的各个关节部位，因此保证良好的润滑可维持其正常工作和延长其使用寿命。同时，润滑介质可起到清洗、冷却、密封、防腐、减轻振动、降低噪声及减少摩擦磨损等作用，如何进行润滑系统的选择、润滑装置的设计、润滑参数的计算等是实现电动挖掘机高效润滑的前提条件，高效润滑工作是提高电动挖掘机使用寿命、降低运行成本、提高工作效率的主要途径之一。因此，电动挖掘机要求润滑系统能实现对运动副定时、定量、高压、不停车注油润滑，以此避免人工注油的遗漏，消除油道的堵塞现象，避免运动副的过度磨损。

5.2.2 电动挖掘机干油集中润滑系统的应用

电动挖掘机一般选用干油集中润滑系统中的单线递进式干油润滑系统和双线

容积式干油润滑系统。具体根据斗容量来选择润滑系统类型，斗容量小于 $12m^3$ 电动挖掘机一般采用单线递进式干油润滑系统，斗容量 $12m^3$ 及 $12m^3$ 以上的电动挖掘机大都采用双线容积式干油润滑系统。因此，下面以 WK-35 电动挖掘机和 $4m^3$ 电动挖掘机为例介绍干油集中润滑系统的应用。

（1）WK-35 电动挖掘机干油集中润滑系统的应用。WK-35 电动挖掘机包含动力装置、工作装置、回转机构、操纵机构、传动机构、行走机构和辅助设施等部件，其标准斗容量是 $35m^3$，因此选用双线容积式干油集中润滑系统对其大部分零部件的滑动轴承和滚动轴承进行合理润滑。

双线容积式干油集中润滑系统主要由补脂泵、气动泵、过滤器、换向阀、分配器、储脂箱以及管路等组成。压缩空气通过换向阀换向，驱动气动泵柱塞往复运动将储脂箱中的润滑脂吸出并形成压力脂；压力脂经四通阀进入润滑管路，并经分配器各组件对挖掘机进行润滑，由此可知各润滑点的供脂量由双线分配器根据具体工况调节。压力传感器检测润滑脂的压力，并将压力信号传递给控制器，在分配器达到一定压力且保持一定时间后，控制器控制气动泵泄压停止工作，结束一个循环的润滑。气动泵不工作时润滑系统不承压，这样可延长润滑系统的使用寿命。当需要润滑另一部位时，控制器控制四通阀改变分配器中润滑脂的流动方向，此时压脂管与回脂管互换功能，在四通阀作用下，两条主管路交替供脂和泄压，同时润滑脂利用分配器润滑口交替进回润滑脂。分配器各组件均与主管路连接，且润滑脂供给压力和时间间隔可通过分配器进行调节。

对于润滑脂的选择，由于锂基润滑脂优点突出，适合大型挖掘机使用。锂基润滑脂牌号越大，脂越黏稠，吸附性和密封性也越高，从而更能够有效地阻挡外界碎石等物体对运动副的磨损，但黏稠度高的润滑脂，流动阻力大，不容易被润滑系统输送。所以，通常选择 2 号和 3 号通用锂基润滑脂作为 WK-35 电动挖掘机润滑系统的润滑剂，温度高的环境下选择 2 号和 3 号通用锂基润滑脂均可，温度低建议选择 2 号通用锂基润滑脂。

WK-35 电动挖掘机采用的双线容积式干油集中润滑系统在使用时需要注意以下几点：

1）随着润滑系统的不断工作，储脂箱中的润滑脂不断被消耗，需要及时添加。

2）润滑系统不工作时，输送管路需要立即泄压，这样对润滑脂分配器和换向阀有一定的保护作用，可延长这两个部件的使用寿命。

3）输送管路需要及时进行功能互换，保证输送管路畅通，有效防止摩擦副过度润滑和润滑不良。

4）需要对润滑系统实施有效控制，以便对摩擦副定时、定量、定速地供脂。

（2）$4m^3$ 电动挖掘机干油集中润滑系统的应用。$4m^3$ 电动挖掘机由工作机构、回转机构、卷扬机构、推压机构、开斗机构、行走机构、气动控制机构等组成，标准斗容量为 $4m^3$，采用单线递进式干油集中润滑系统。润滑脂泵工作输出的油脂，通过两个控制阀分别送至对应的分配器，当压力达到分配器工作压力时，润滑脂将被压送到润滑点。当所有动作完成后，系统压力升高，当压力达到一定值时润滑脂泵停止工作，同时控制阀开启卸荷，完成一次供脂循环。

$4m^3$ 电动挖掘机采用的单线递进式干油集中润滑系统在使用时应注意以下几点：

1）润滑点的选择。$4m^3$ 电动挖掘机的润滑点主要包括滑动轴承、滚动轴承、滑道和齿轮等。润滑点在进行时选择需要考虑承受载荷的大小及是否经常工作等因素，一般选择承受载荷大且经常转动的轴承、承受载荷大的滚动轴承、斗杆、滑板、滑道、开式传动的齿轮施行集中干油润滑，以上部位总共可选择 60 多个润滑点。根据润滑点的数量、工作情况和机器分布区域的范围，将干油集中润滑系统划分为 3 个供油区域，即，车内供油区、动臂供油区和车下供油区。分布在同一个供油区内的润滑点，应该具有相同的工作性质，主要是为了保证在设备上布置的方便性和系统供油的可靠性。

2）润滑脂泵的选择。气动泵站虽然造价很低，工作的可靠度也较高，但考虑到 $4m^3$ 电动挖掘机设备自带压风机的风源余量比较少，这样就会使 $4m^3$ 电动挖掘机设备的气动控制系统的工作运行受到影响，而电动泵站虽然造价比较高，但不仅工作可靠度较高、使用寿命也很长，并且十分便于实现自动控制，因此 $4m^3$ 挖掘机通常选择全自动干油电动泵站作为润滑脂泵。

3）分配器的选择。通常选用公称压力为 32MPa、供油能力为每循环 0.13～3.1mL、动作压力为 4～6MPa 的 GDQ 型分配器。如果润滑脂泵输送润滑脂压力达到 4～6MPa，则自动定量向润滑点供给润滑脂。

4）管路和润滑脂的选择。根据已确定的系统区域和供油点的分布情况，布置主油管、支油管和连接的机器各润滑点的支管，选用无缝钢管作为输送管路，对于主要输送管路应选用可承受规定压力的高压管路。由于润滑脂泵的供脂压力通常为 20MPa，普通的钙基润滑脂达不到要求，所以应选择工作压力稍高的极压锂基润滑脂。

5）润滑脂泵位置和循环时间的确定。润滑脂泵一般要求安装在挖掘机走台附近靠近机棚的位置，尽量减少占用空间，预留出人行通道，方便换脂。缩短工作循环时间可减少油道堵塞现象的发生，还能防止灰尘污染润滑脂，延长设备的使用寿命，具体工作时间可根据其高温、砂土等工作环境综合确定。

5.2.3 电动挖掘机干油集中润滑系统的使用建议

（1）输送管路的长度决定了压力损失的数值，为了保证润滑脂有足够的输送压力，建议合理选择输送管路长度，达到整体最优。主要输送管路尽可能选择较短路径的走向。对于相同外径的高压软管和钢管，钢管的内径弹性较小，有利于减少压力损失，因此在结构件平顺无其他干涉的部位，优先选用钢管。支线管路连接注脂器的管路密集度较高，需选择零部件较少的区域排布。

（2）电动挖掘机作业环境恶劣，导致集中润滑系统零部件极易受损，建议在使用时做好安全防护。除了合理布置各部件位置外，还需要增加防护板或防护层，比如对设置在开放区域的组件增加防护板、对润滑管路包裹防护层等。

5.3 干油集中润滑系统在车辆底盘上的应用

车辆底盘是车辆四个基本组成部分之一，主要起支承、安装汽车发动机及其各部件、总成的作用，也是接受发动机传递过来的动力，使车辆正常行驶的重要保证，因此需要科学、合理、集中、高效的润滑系统维护其正常工作。本节阐明了车辆底盘的工作特点及润滑要求，分析了车辆底盘集中润滑系统的组成、工作原理及润滑脂的选用，并给出车辆底盘干油集中润滑系统的使用建议。

5.3.1 车辆底盘的工作特点及润滑要求

车辆底盘由传动系、行驶系、转向系和制动系四部分组成，其主要作用是支承、安装汽车发动机及其各部件、总成，形成汽车的整体造型，并接受发动机的动力，使汽车产生运动并保证正常行驶。尽管车辆底盘如此重要，但长期以来，其运动部件的润滑问题并没有受到人们重视，更不用说对底盘各运动副实施科学合理的润滑。早期，在国内车辆底盘上，运动部件出现严重磨损、故障多、使用年限短均与润滑不良有关。据统计，一般客车底盘上需加脂润滑的运动节点在 30 个左右，大型客车、卡车及工程机械更是达到 60 多个，几乎涉及客车底盘动力、传动、悬架、转向、制动、操纵等所有重要系统。虽然在车辆行驶时，这些运动节点温度不高，负荷不大，但裸露的注油嘴常和泥水、灰尘等脏物接触且难以密封，这对车辆的主要技术性能及工作可靠性、行驶安全性等影响很大，因此必须对车辆底盘实施科学、合理、集中、高效的润滑。

曾经车辆底盘多采用手工润滑，这种方式存在的问题有注油周期和注油量不易控制；由于不是全封闭环境，注油时易将泥砂带入油道，从而加速磨损；还有可能出现遗漏润滑点的情况，在长时间运行的车辆上也不可能实现手工在线润滑维护等。采用车辆底盘集中润滑技术能解决以上手动润滑所带来的多个问题。通过车辆底盘集中润滑系统的精确润滑，改善运动副的摩擦状况，降低检修保养频度，确保底盘在行车过程中保持良好状态，能有效地延长底盘的使用寿命，减少底盘的维护成本。

5.3.2 车辆底盘干油集中润滑系统的应用

车辆底盘干油集中润滑系统大多采用单线递进式干油集中润滑系统，该系统具有结构简单、注脂量精确、安装方便等优点，可对车辆底盘中的数十个运动副自动进行全封闭、定油量的润滑，从而保证油路的清洁和通畅。

（1）车辆底盘干油集中润滑系统的组成。车辆底盘干油集中润滑系统由润滑脂泵、电动泵、控制器、输送管路、配脂器等组成。

对于润滑脂泵的选用，叶片泵和轴向柱塞泵由于对油液较为敏感，不能在润滑脂中工作，所以不适用；径向柱塞泵由于其结构复杂，吸性能差，也不适用；齿轮泵中内啮合齿轮泵的轮齿加工精度高且复杂，导致造价昂贵，所以最好选择外啮合齿轮泵。

电动泵由直流电动机、溢流阀、齿轮泵和卸荷阀构成。直流电机驱动齿轮泵，储脂箱内的脂被齿轮泵吸入并压送至齿轮泵出口，当输脂管路的压力达到设定参数时，卸荷阀开始卸荷，管路的压力迅速降低，维持压力稳定。溢流阀在此起安全阀的作用，以保护润滑脂泵和管路附件等；系统正常工作时溢流阀不工作，这样可以阻止润滑脂途经溢流阀返回储脂箱，并带入空气。因此，通常选用直动式溢流阀，它具有调压范围偏差小、结构简单、注脂精确的优点。

控制器是集中润滑系统的重要组成部分，可以通过设置模糊控制对润滑进行智能控制。控制器会根据车辆的工作环境，车辆底盘各润滑点的负荷及相对速度的大小等情况，计算出合适的供脂时间间隔，当车辆工作运行时间达到设定参数时，控制器将启动指令发送给电机，电机驱动润滑脂泵开始进行吸脂和压脂，自动完成供脂润滑；当出现供油故障时，控制器会发出停止指令给电机，系统停止工作。

输脂管路采用无缝钢管，润滑管路采用软管，接口采用卡套等元件，保证管路的密封性和耐用性。

（2）车辆底盘干油集中润滑系统的工作原理。车辆底盘干油集中润滑系统就是将润滑脂高压泵送至配脂器，再由配脂器定时、定量地把润滑脂输送到各润滑点，以此保证运动副的润滑可靠性和运行稳定性，其主要工作原理是：车辆电控系统控制整个润滑过程，通过统计点火开关次数和汽车行驶里程及车速来确定车辆工作运行时间，当车辆工作运行时间达到设定的供脂间隔时间时，控制器就会将启动指令传递给电机，电机驱动润滑脂泵将润滑脂送至润滑脂泵出脂口，进入配脂器储存。当主输脂管路的压力达到压力开关设定的参数时，控制器向电机发送停止指令，润滑脂泵停止工作，卸荷阀开始卸荷，输脂管路的压力迅速下降，配脂器将储存在内部的润滑脂压送到各润滑点，供脂量根据各润滑点摩擦副的负荷和相对速度大小来确定。

（3）车辆底盘用润滑脂的选用。润滑脂的种类和牌号繁多，其特性和规格也大不相同。因此在选用车辆底盘用润滑脂时要保证润滑脂具有很好的抗水性，且其稠度满足运动副的需求，车辆底盘的工作环境恶劣，只有高黏稠度的润滑脂才能保证其在高温环境下的蒸发损失少。车辆底盘用润滑脂通常采用通用锂基脂，其特性能够满足车用润滑脂的多项性能要求，如 NLGI-00 号或 NLGI-000 号锂基润滑脂。

5.3.3 车辆底盘干油集中润滑系统的使用建议

（1）建议压力传感器、脂位传感器、压力开关组合使用。由压力传感器检测输脂管路中是否充满润滑脂，压力能否满足其需求，当主输送管内的压力上升至压力开关的设定压力时，压力开关闭合，将信号反馈到电子监控器，电子监控器给润滑脂泵指令，使其停止运转；卸荷阀自动卸荷，输送管路内压力降低。由脂位传感器检测储脂箱润滑脂的多少，当检测到储脂箱中脂位低于润滑脂泵进脂口，压力传感器检测输送管道压力没有上升，压力开关不能闭合，并且润滑脂泵运转时间达到电子监控器设定的工作时间时，监控器自动报警。同时，压力传感器将结果反馈给控制器，控制器再调节润滑脂泵的工作时间，这样可以保证干油集中润滑系统能够适应不同类型车辆底盘运动副的润滑。

（2）建议采用模糊控制技术进行润滑控制。采用微处理器的模糊控制器，具有储存、记忆、显示、控制、报警等功能。首先采用模糊控制方法进行加脂间隔时间设定，并进行监控，以车辆蓄电池为动力源，通过车辆点火开关的通断累计发动机运行时间，当达到控制器设定的间隔时间后，控制器给润滑脂泵电信号，同时，控制器开始累计工作时间。当压力开关在小于控制器设定的工作时间内闭合，则控制器给润滑脂泵发停止运转信号，同时为累计下一循环的间隔时间发出指令；当到达控制器设定的工作时间后压力开关不闭合，则报警器报警。

（3）建议润滑脂要合理更换。更换润滑脂的时候一定要保证在无尘、干燥的环境下进行，否则杂质将会污染润滑脂，甚至导致润滑脂失效。润滑脂应避免混用，不同润滑脂的组成成分不同，可能会导致润滑脂的某种特性降低。加注润滑脂时应尽量避免过度润滑。

5.4 稀油集中润滑系统在开口机上的应用

开口机就是用来打开高炉铁口的一种机械设备，在炼铁行业发挥着重大作用，各大炼铁厂几乎全部要使用开口机。开口机工作环境特殊，比如温度很高、灰尘很大等，因磨损导致故障率较高等工作特点，需要采用润滑系统减少零部件磨损。本节阐明了开口机的工作特点及润滑要求，分析了开口机稀油集中润滑系统的组成、工作原理及工作特点，并给出开口机稀油集中润滑系统的使用建议。

5.4.1 开口机的工作特点及润滑要求

开口机由机身、工作台、导轨、减速机、磨头平台及电气控制部件组成，各部件之间结构紧凑，外形美观合理。磨头平台为齿轮齿条传动，因其走刀匀速平稳、体积适中、重量大、易操作等特点，广泛应用于对各种直刃刀具的加工和磨刃。

高炉炼铁的生产效率与开口机的可靠性及使用性能息息相关。开口机具有结构复杂、维修困难，工作环境温度很高、灰尘大，相互运动的部位较多，各运动副极易磨损，故障率较高等特点，这些特点极大地影响开口机工作效率，因此对开口机各个运动副进行合理高效的润滑显得尤其重要。但现有开口机的润滑存在输送油量不稳定、部分零部件经常出现无润滑状态运行、润滑工人工作量大、润滑输出装置经常堵塞并容易漏油、可视化程度低等问题，导致开口机经常处于润滑不良、工作效率低、故障率高的状态，因此需要采用集中润滑技术提高润滑效果，目前开口机所使用的润滑系统主要是稀油集中润滑系统。

5.4.2 开口机稀油集中润滑系统的应用

（1）开口机稀油集中润滑系统的组成。开口机稀油集中润滑系统一般由储油箱、供油泵、冷却器、过滤器阀组、报警装置、传感器、管路及附件组成。

供油泵选择两台螺杆式供油泵，一用一备。压力传感器可提供系统油压信号，当油压达到设定值时主供油泵方可启动，当油压低于正常值则备用供油泵自动启动，若此时压力继续降低，将会发出低压报警信号，同时强迫主供油泵停止运转，直到故障清除后方可开始工作。

过滤器选择双筒过滤器，双筒可交替使用。双筒过滤器一般安装在油泵出口的主管路上，当过滤器滤芯堵塞时，过滤器自带的压差信号器就会做出指示，如果过滤器进出口压力差超过 0.1MPa，压差信号器就会报警，此时可通过阀门更换另一滤筒，换下来的滤筒应及时清洗并更换滤芯。

阀门装置包括调节阀、节流阀、球阀、止回阀、蝶阀、安全阀等，冷却器选择板式冷却器，传感器包括温度传感器、压力传感器等。自力式调节阀安装在进水管路上，实现对冷却器中冷却水量的调节，温度调节阀与节流阀并联安装，共同配合控制系统温度。

（2）开口机稀油集中润滑系统的工作原理：润滑系统工作时，螺杆供油泵将润滑油液从储油箱吸出，对其进行加压后排出，增压后的润滑油经止回阀、蝶阀、过滤器及冷却器后直接流向各需要润滑的部位，完成润滑工作后的润滑液经系统回油管道流回储油箱中，储油箱内部设有回油磁过滤器，当润滑油流回储油箱后，磁性过滤器对油液进行强磁性吸附过滤，去除回收润滑油中的杂质，经过处理的回收润滑油再次流进油箱中的吸油区，以便在下次润滑时供油泵吸入而循环使用。

润滑系统温度控制原理：当需要较多的冷却水时，首先应调节节流阀，让大量的冷却水通过；当需要适量的冷却水时，可单独用温度调节阀控制。为了控制油箱温度，在油箱上安装了蒸汽加热装置，此装置可根据油箱温度的高低自动调节蒸汽流量的大小，保证油箱温度正常。除此之外，还在温度调节阀旁路上并联安装了球阀，二者可以共同对系统温度进行调控。当需要较多的蒸汽时，可以首先调节球阀，使球阀中通过大量的高温蒸汽，剩余的蒸汽由温度调节阀控制；当蒸汽需要量较少时，可关闭球阀，单独使用温度调节阀控制。温度信号可由安装在油箱及出油管路上的温控开关发出，并且温控开关可以用来监测油温。

（3）开口机稀油集中润滑系统的工作特点。根据开口机稀油集中润滑系统的组成和工作原理，可知该系统工作特点如下：

1）供油泵上设有安全阀，不会出现供油泵过载的问题。

2）压力传感器和压力调节阀组合使用调节出油口的压力，能保证出油口压力稳定。

3）设置一用一备的两台螺杆供油泵，能保证润滑不间断。

4）设置了废油回收系统，降低能耗，节约资源。

5.4.3 开口机稀油集中润滑系统的使用建议

（1）建议根据开口机的工作温度选择润滑油，如经常在高温下工作，应选用高温性能好的润滑油。

（2）建议在储油箱上增加刻度和液位计，既方便观察润滑油量的多少，又可进行润滑和磨损的理论研究，比如通过观察油量消耗研究设备润滑和磨损的关系。

（3）建议在系统中设置流量传感器和流量控制开关，通过流量传感器检测输送管道流量的大小，并将信息反馈给流量控制开关，通过流量控制开关控制润滑泵的开启，达到设备及时自动润滑的目的。

（4）建议改变该稀油集中润滑系统的控制方式，比如可采用 PLC 控制、模糊控制等，以实现高效自动集中润滑，改善润滑效果，提高开口机的工作效率。

5.5 稀油集中润滑系统在其他机械上的应用

机械车辆大多数都使用集中润滑系统进行润滑，从而降低运行成本，延长其使用寿命，除了前面论述的抱罐车、电动挖掘机、车辆底盘、开口机上应用了集中润滑系统外，还有很多其他机械车辆同样应用了集中润滑系统。本节阐明了稀油集中润滑系统在压缩机、开坯轧机和连轧管机上的应用。

5.5.1 稀油集中润滑系统在压缩机上的应用

在压缩机的稀油集中润滑系统中，润滑油是和压缩介质接触的，因此压缩气体的性质对润滑油的品质有很大影响，很容易造成一些在其他机械设备中并不常见的润滑问题。在此以 4M50 重整氢压缩机为例说明稀油集中润滑系统在其上的应用，该压缩机属于大型设备，其功率为 2956kW，吸入流量为 9600m^3/h，采用压力强制润滑的稀油集中润滑方式，其齿轮油泵采用循环驱动的内传动方式。齿轮油泵将润滑油从储油箱吸出后再对其进行强制加压，经过增压后的润滑油经输油管路直接供往各润滑点。该稀油集中润滑系统的组成元件有齿轮油泵、安全阀、油冷却器及过滤器等，使用的过程中存在供油压力不足、供油量减少、压力脉动及流量脉动增大、油压波动、油液污染等问题。

为解决供油压力不足、供油量减少、压力脉动及流量脉动增大的问题，在使用过程中可以用螺杆油泵代替齿轮油泵。因为以上问题主要是齿轮泵造成的，齿轮油泵体积小、重量轻、结构紧凑、制造成本低且自吸能力强，具有良好的工作特性，适用于中、小型压缩机的润滑系统，而 4M50 重整氢压缩机属于大型机械设备，齿轮泵不适用。螺杆泵是容积泵的一种，其优点是几乎不会产生脉动，输出的润滑油流量及压力都比较均匀，密封性能相对也较好，能避免发生漏油；传动平稳，振动小，运转噪声低，使用寿命长；工作效率高，运转安全可靠；几乎可使用任何黏度的润滑油。同时，可采用两台螺杆泵相互配合的方式共同工作，其中一台作为主油泵，在压缩机正常工作时起启动，另一台则作为辅助油泵，在压缩机刚开启或需要大量油时，辅助油泵与主油泵一起供油；当主油泵出现故障导致系统供油压力低于正常工作压力时，辅助油泵接替主油泵进行短时供油，也可将辅油泵叫作压力补充泵。主、辅油泵能够在压缩机正常工作时，无需停机就能直接进行转换。为了能够随时掌握系统的供油压力，对其进行精确控制，还可以在稀油集中润滑系统中增设压力变送器，当系统供油压力低于原先设定值时，辅油泵将自行开始工作。

为解决稀油集中润滑系统油压波动的问题，使润滑系统供油压力保持稳定，可以采用两级压力调节。在油泵的出口设置自力式压力调节阀 A 进行一级调节，系统旁路与油箱连接，利用此方式可保持阀前压力处于稳定状态；另外再设置一个自力式压力调节阀 B 在润滑油被输送至各运动副的各摩擦表面前进行压力二级调节，使阀后压力保持在一定数值上下。此种方式能够消除润滑系统供油压力的波动，使供油压保持稳定。

为解决油液污染问题，需要在系统中加装过滤效果好的滤油器，比如带三通切换阀的双筒过滤器，该过滤器的滤芯采用筒式结构，骨架材料采用不锈钢材料，过滤精度较高。

5.5.2 稀油集中润滑系统在开坯轧机上的应用

开坯轧机的主要功能是将加热炉加热后的坯料往复轧制成一定尺寸的中间坯料供连轧机组使用。经加热炉加热后的热坯经辊道运输至开坯轧机前，控制系统按照预先设定的工具参数和轧制程序，决定翻钢设备是否翻钢；压下设备自动到达设定辊缝；在推床将坯料对准轧制孔型之后，辊道和轧辊运转将坯料送进开坯轧机，开坯轧机咬钢轧制开始。当开坯机抛钢之后，本道次轧制完成，并开始进入下一个道次，如此往复，直至轧制完成所需道次。开坯轧机包括开坯轧机主传动、开坯轧机主压下装置、开坯轧机辅助压下装置、开坯轧机换辊设备、机后工作辊道、机后延伸辊道等。开坯轧机的润滑系统选择稀油集中润滑系统系统，主要润滑部位是主减速机及三联齿轮箱。该润滑系统通常包括储油箱、润滑油泵及冷却器等最基本的元件，只能保证稳定供油，存在油液污染严重、油液温升快、油温油压未得到合理控制等问题。

油液污染严重是由于润滑系统中没有过滤装置，导致的含有金属颗粒、水分和灰尘等杂质的润滑油不经过滤就重新循环后再次进入各润滑点而造成的，因此建议在系统中增加过滤装置，比如双筒网式过滤器，也可以选用三段式油箱。三段式油箱包括三个区域：回油区、沉淀区和吸油区，润滑油经吸油区由油泵吸出，经输油管道对润滑点进行润滑，之后经回油管道进入油箱的沉淀区，在沉淀区中润滑油中的杂质得以沉淀滤除，沉淀后的润滑油进入回油区得到进一步清洁，最后进入下次循环使用。三段式油箱能够保证每次到达润滑点的润滑油的清洁度，增强了润滑效果，并且降低了润滑油的更换周期，从而降低稀油集中润滑系统的成本。

油液温升快是储油箱容积小、冷却器简单所导致的。储油箱容积非常小，没有隔板，使润滑油只能在在油箱中停留很短的时间，并且在油箱中的流动空间也很小，这就导致油液温度升高很快，很容易高于规定的温度限值。同时，润滑油在流动过程中带入的金属颗粒、水分、灰尘、等杂质也不能在油箱中得到沉淀，这就导致被污染的油液直接供往各润滑点；此外，冷却装置采用自制的螺旋管简易冷却装置，冷却效果极差，油液不能得到较好冷却。建议选择大容量的储油箱和冷却效果好的冷却器，比如板式换热器。

油温油压未得到合理控制主要是由于整个系统没有安装故障监控装置导致的，系统只设置有将油泵装置与主电机联锁起来的装置，无法对各部位油压、油温及油箱的油面标高进行监测。建议增设显示各部位油温、油压的控制仪表，中心控制室也可以在操作台上直接进行观察，当温度或压力达到设定值时，中心控制室的操作台会发出报警信号。

5.5.3 稀油集中润滑系统在连轧管机上的应用

连轧管机是一种高效率轧机，按机架多少有 7～9 架的多机架和 3～4 架的少机架之分，按芯棒运动方式分为轧管时芯棒随管子自由运动的浮动芯棒连轧管机和轧管时芯棒运动速度受到限制并可控制的限动芯棒连轧管机。连轧管机具有高生产率、较高钢管质量、钢管表面质量和尺寸精度比自动轧管机的好、可以轧长管、能承担较大的变形量、所需的毛管较厚、对管坯质量的要求可比自动轧管机低、高度机械化和自动化、操作人员少、机组生产率较高、金属消耗低、每吨管的折旧费较少、钢管成本较低等优点，且连轧管机组采用连铸坯为原料，钢管成本可与焊管相竞争。

在连轧管机的工作过程中，对机器进行合理润滑是十分必要的。连轧管机的结构有多种，此处以五机架三辊连轧管机为例介绍稀油集中润滑系统在其主传动的轴承及其减速箱中的齿轮运动副上的应用。润滑系统工作时，由润滑油泵对润滑油进行加压，经加压后的润滑油被送至主传动轴承或主传动轴减速箱中的齿轮副，润滑油可在轴承或齿轮副之间形成油膜，该油膜可以使零件的摩擦磨损减少，同时还可以通过冲洗摩擦部位带走摩擦所产生的热量，防止主传动轴减速箱出现故障，增加了主传动轴减速箱的使用寿命，保证连轧管机能够顺利进行生产，提高了经济效益。但该稀油集中润滑系统在使用中存在的主要问题是对不同位置减速箱的供油量很难进行精确控制，这是因为每个减速箱所在位置及与之配套的输油管路并不是完全相同，很难给每个位置的减速箱供应其所需要的理论润滑油量，有的减速箱得到的实际油量多于理论需求量，有的减速箱得到的实际油量则可能少于理论所需量。因此，建议将润滑油泵由原来的一个增加至三个，分别对三个减速箱进行供油，三条压力油路完全独立工作，安装在每个减速箱入口处的截止阀可用来调节流入该减速箱的润滑油量，使油量保持正常，同时在各减速箱的入口处以及润滑油泵各支路处安装了流量计和电子压力继电器，这样就可以在主操作室内对压力油的压力及流量进行模拟，以随时供给准确的润滑油量。

第 6 章　未来研究的展望

自改革开放以来，我国制造业虽然得到快速发展，建成了门类齐全、独立完整的产业体系，有力地推动了工业化和现代化进程，显著增强了综合国力。然而不可否认的是，与世界先进水平相比，我国制造业仍然是大而不强，实现从制造大国向制造强国的转变依然仍重而道远。目前，在国家和地方政策的支持下，大批量的基础设施工程要开工建设，需要数量多、质量高的机械车辆设备投入到各个工程项目上，这对机械车辆设备提出了更高的性能要求和使用要求。性能方面要求机械车辆朝着高精度、高效率、高速度、重载、节能的方向发展，使用方面要求机械车辆能在条件严酷、环境恶劣、工作强度高的情况下正常工作，要保证机械车辆满足以上要求，对其进行合理的保养和维护是必不可少的，尤其是对机械车辆的合理润滑。集中润滑技术是维持工业设备高质量运作的重要保障，在“工业 4.0”和“中国制造 2025”大背景下以及节能环保的要求下，集中润滑系统已逐步成为机械车辆装备中的标配。因此，开展机械车辆的润滑特性分析、润滑控制研究、先进润滑装置设计是机械车辆高质量生产和高效率使用中极为重要的一环。通过对机械车辆模糊控制、装置设计及应用的研究，在充分发挥机械车辆的性能和作用、延长使用寿命、节约能源和材料、提高生产效率等方面起到不可估量的作用，所发展的理论和方法也能够为机械车辆润滑相关问题研究提供新的思路和技术，因此本研究具有十分重要的理论价值和实际意义。

机械车辆集中润滑系统技术的研究关键在于如何针对不同温度、不同工况下机械车辆的润滑要求进行分析，以及如何通过科学控制的方法实现自动智能高效润滑。本研究充分分析集中润滑系统的原理及方法，如集中润滑系统用润滑材料的性能和特点，油脂润滑机理，润滑材料的作用，润滑材料的选用，集中润滑系统的分类、组成及原理等。同时，本研究针对机械车辆润滑特点、使用现状、存在润滑问题、润滑要求，建立机械车辆集中润滑系统模糊控制模型、开发软件及实例仿真分析，并针对润滑系统整体及关键部件设计要求进行实例设计。机械车辆集中润滑系统应用实例研究，为集中润滑系统在机械车辆上的设计应用提供了一定的理论支持，为同等规模或同种类型机械车辆的润滑从润滑要求、润滑材料选择、润滑系统控制到润滑装置设计研究提供了参考依据，并对集中润滑系统的应用具有一定的借鉴意义。

与之前的相关研究相比，本研究在以下方面做了创新：从机械车辆集中润滑系统的润滑要求出发，结合模糊控制理论，设计了车载集中润滑系统模糊控制数据分析软件和基于流变特性分析的车载集中润滑系统模糊控制软件，针对润滑间隔、供脂量、润滑时间控制设计了控制器并进行仿真实例分析；结合机械车辆集中润滑系统整体及关键部件设计要求进行可视集中、移动智能、自动、多部位、多功能润滑装置设计实例分析；针对抱罐车、电动挖掘机、车辆底盘、开口机、压缩机、开坯轧机、连轧管机的工作特点及润滑要求，分析集中润滑系统的应用要点，并提出了集中润滑系统在其上的使用建议。但机械车辆润滑问题，尤其是集中润滑技术方面，涉及学科多、领域广，影响因素更是错综复杂，有许多内容还需要进一步深入继续研究：

（1）机械车辆集中润滑系统模糊控制技术需要加强模糊控制理论研究，深入分析控制机制，对模糊控制器的设计方案进行优化，如常用的简单控制系统已经难以满足控制需要，必须结合多种控制策略和方法，来达到动态特性上的互补，实现更加完美的控制；模糊控制规则的制定也存在着很大的主观因素，还有许多不足的地方，需要进一步研究完善。

（2）机械车辆的种类复杂、数量庞大，既要进行通用集中润滑系统的设计，也要结合每种机械车辆独特的结构、工作特点和润滑要求，进行有针对性、个性化的润滑系统设计，尤其是对关键部位的现代设计，需要大力度、大投入、系统化的开展这方面的研究。

（3）对机械车辆集中润滑系统应用的研究不够深入、全面。一方面，集中润滑系统中压力、温度及润滑量等各种信号的监测与控制需要先进监控技术的支持，应在实际应用中不断优化设计；另一方面，结合集中润滑系统高效润滑、节能减排的目的，应用大数据，结合“互联网+”，加快智能集中润滑系统相关技术的研究，这也是后续需要继续深入研究的方向。

参考文献

[1] 中华人民共和国国务院．国家中长期科学和技术发展规划纲要（2006－2020 年）（中华人民共和国国务院）[J]．经济管理文摘，2005（4）：4-19.

[2] 杜壮，崔立勇．战略性新兴产业：回顾“十二五”展望“十三五”——《“十三五”国家战略性新兴产业发展规划》发布[J]．中国战略新兴产业，2017（1）：18-20.

[3] 王莉，苏波．智能集中润滑系统的研究与开发[J]．工况自动化，2010，36（5）：8-12.

[4] 张智勇．浅谈设备润滑技术及作用[J]．中国科技博览，2013（35）：67-67.

[5] Nakamura K, Ookawa R, Yasuda S. Solidification of the Lennard-Jones fluid near a wall in thermohydrodynamic lubrication[J]. Physical Review E, 2019, 100(3): 033109.

[6] Lee C Y, Veera D J, Chen H Y, et al. Optimization of the lubrication system in a turbocharged engine[J]. Modern Physics Letters B, 2019, 33(14n15): 1940011.

[7] Miyoshi K. Solid lubrication fundamentals and applications[M]. Boca Raton: CRC Press, 2019.

[8] Bartz W J. Engine oils and automotive lubrication[M]. London: Routledge, 2019.

[9] Hawryluk M, Gronostajski Z, Ziemba J, et al. Analysis of the influence of lubrication conditions on tool wear used in hot die forging processes[J]. Eksploatacja i Niezawodność, 2018, 20.

[10] Li Z, Lu S, Zhang T, et al. A simple and low-cost lubrication method for improvement in the surface quality of incremental sheet metal forming[J]. Transactions of the Indian Institute of Metals, 2018, 71(7): 1715-1719.

[11] Liou M S, Huang K L, W T C. Adaptive lubrication control device and method for axial system of machining center[P]. U.S. Patent Application 15/437, 461. 2018-8-23.

[12] Fast M J, Katragadda S, Demitroff D H, et al. Differential with lubricant control: US9920828[P]. 2018-3-20.

[13] Steffen P, Britta S. Lubrication technology[M]. Bentonite Handbook: Lubrication for Pipe Jacking, 2017.

[14] Sparham M, Sarhan A A D, Mardi N A, et al. ANFIS modeling to predict the friction forces in CNC guideways and servomotor currents in the feed drive system to be employed in lubrication control system[J]. Journal of Manufacturing Processes, 2017, 28: 168-185.

[15] Gritsenko A, Plaksin A, Shepelev V. Studuing lubrication system of turbocompressor rotor with integrated electronic control[J]. Procedia Engineering, 2017, 206: 611-616.

[16] Yamauchi Y. Lubrication control device for in-wheel motor unit for vehicle US9726057[P]. 2017-8-8.

[17] Fujita N, Kimura Y, Kobayashi K, et al. Dynamic control of lubrication characteristics in high speed tandem cold rolling[J]. Journal of Materials Processing Technology, 2016, 229: 407-416.

[18] Janssens O, Rennuy M, Devos S, et al. Towards intelligent lubrication control: Infrared thermal imaging for oil level prediction in bearings[C]//2016 IEEE Conference on Control Applications (CCA). IEEE, 2016.

[19] Shayler, Paul J, et al. A modified oil lubrication system with flow control to reduce crankshaft bearing friction in a litre 4 cylinder diesel[J]. engineeprints, 2016, 02: 1-11.

[20] Kuvaja J, Vehmaa R, Kärkkäinen J, et al. Advanced lubrication system US9353908[P]. 2016-5-31.

[21] Sharma V S, Singh G R, Sørby K. A review on minimum quantity lubrication for machining processes[J]. Materials and manufacturing processes, 2015, 30(8): 935-953.

[22] Kimura Y, Fujita N, Matsubara Y, et al. High-speed rolling by hybrid-lubrication system in tandem cold rolling mills[J]. Journal of Materials Processing Technology, 2015, 216: 357-368.

[23] Bansal P, Chattopadhayay A K, Agrawal V P. Linear stability analysis of hydrodynamic journal bearings with a flexible liner and micropolar lubrication[J]. Tribology Transactions, 2015, 58(2): 316-326.

[24] Sloan R J. Universal synthetic lubricant additive with micro lubrication technology to be used with synthetic or miner host lubricants from automotive, trucking, marine, heavy industry to turbines including, gas, jet and steam US9034808[P]. 2015.

[25] parham M, Sarhan A A D, Mardi N A, et al. Designing and manufacturing an automated lubrication control system in CNC machine tool guideways for more precise machining and less oil consumption[J]. The International Journal of Advanced Manufacturing Technology, 2014, 70(5-8): 1081-1090.

[26] Gaca H , Ruiter J , Götz M, et al. Metering Valves Distributors in Centralized Lubrication Systems[M]. New York: Springer, 2014.

[27] Tokuyama H, Mori M, Takami M, et al. Lubrication-condition detector, lubricant feeder, injection molding machine and method of detecting lubrication-condition US8668050[P]. 2014.

[28] MANG, T. Encyclopedia of lubricants and lubrication[M]. New York: Springer, 2014.

[29] Sparham M, Hamdi M, Rahbari R G, et al. Smart lubrication via pump response interval (PRI) variation in the machining process[J]. The international journal of advanced manufacturing technology, 2013, 67(5-8): 1755-1764.

[30] Baofang C, Fangpeng H. Application and Improvement of Centralized Lubrication System for Vehicle Chassis[J]. Bus & Coach Technology and Research, 2013 (4): 13.

[31] Nguyen T D, Sukumaran J, De P J, et al. Tribological behaviour of polymer bearings under dry and water lubrication[J]. International Journal Sustainable Construction & Design, 2013, 4(2).

[32] Erill D G I. Method for dynamically lubricating a wind turbine pitch blade bearing US8480362[P]. 2013-7-9.

[33] 中国城市公共交通协会科学技术分会．国标《公共汽车分等级技术要求与配置(送审稿)》六大特点[J]．人民公交，2008（4）：28-28.

[34] 雷洪钧．《公共汽车类型划分及等级评定》的发布对客车企业的影响[J]．交通世界，2014（6）：74-75.

[35] 张宇，王建平，唐冶，等．车辆底盘典型润滑点集中润滑系统设计[J]．安徽工程大学学报，2019（02）：34-41.

[36] 陈光，周元聪，钱雪凌，等．高速齿轮喷油润滑模拟研究[J]．润滑与密封，2019（10）：22.

[37] 王子阳．常温和低温自润滑轴承复合材料性能研究与仿生轴承设计研究[D]．长春：吉林大学，2019.

[38] 汪家辉．柔性支点固定瓦-可倾瓦组合轴承润滑特性及主动控制研究[D]．西安：西安理工大学，2019.

[39] 皮彪，丁上，王叶枫，等．基于 MPS 的某重型汽车主减速器润滑系统优化与分析[J]．润滑与密封，2018，43（1）：98-103.

[40] 薛晓昕．面向风力发电机的 GY08YA 集中润滑系统可靠性试验研究[D]．镇江：江苏科技大学，2018.

[41] 佳斯，佟文伟，郎宏，等．燃气轮机润滑系统磨损趋势预测[J]．润滑与密封，2017，42（6）：113-118.

[42] 李瑾宁．商用车变速箱自增力同步过程动力学及润滑系统研究[D]．武汉：华中科技大学，2017.

[43] 吴松．集中润滑系统标准件的二次开发与仿真[D]．郑州：华北水利水电大学，2017.

[44] 赵润．基于 PLC 和 WinCC 组态软件的工程机械智能集中润滑系统研究[D]．淄博：山东理工大学，2017.

[45] 赵晶文，徐伟，谢晓利．递进式润滑系统的可靠性设计[J]．润滑与密封，2016，41（3）：142-145.

[46] 张翼翔．基于 Isight 的集中润滑系统建模分析及多目标设计优化研究[D]．广州：华南理工大学，2016.

[47] 赵玉刚，刘新玉，王占军，等．采用步进式干油阀的智能干油集中润滑系统研究[J]．润

滑与密封，2015，40（10）：92-96.
[48] 刘新玉．步进电机驱动干油阀与智能干油集中润滑系统研究[D]．淄博：山东理工大学，2015.
[49] 李建，李建中，杨文龙，等．矿山大型机械设备智能集中润滑系统设计[J]．中国矿业，2014，23（4）：137-140.
[50] 吴迪．集中润滑系统润滑脂流动的数值模拟[D]．郑州：华北水利水电大学，2014.
[51] 吕晓林，郭世英．矿用液压挖掘机液动集中润滑系统的设计[J]．润滑与密封，2013（6）：114-116.
[52] 周益．风力发电偏航系统高效智能集中润滑关键技术研究[D]．南京：南京航空航天大学，2013.
[53] 孙志强．汽车润滑材料[M]．郑州：黄河水利出版社，2009.
[54] 曼格．润滑剂与润滑[M]．北京：化学工业出版社，2000.
[55] 刘泊天，高鸿，张静静，等．润滑油脂的评价检验[J]．理化检验：物理分册，2018，54（5）：332.
[56] 周江磊．干油集中润滑系统的工作原理及其应用研究[J]．河南科技，2013（13）：114-115.
[57] 李向东，张新海．干油集中润滑技术的发展趋势分析[J]．矿山机械，2011，39（3）：1-3.
[58] 张宝华，李晋东．浅谈干油集中润滑系统[J]．山西冶金，2008（1）：52-53.
[59] 秦绪平，谭国俊．模糊控制理论的发展应用与展望[J]．控制工程，2005（s2）：141-143.
[60] 丁永生，应浩，任立红，等．解析模糊控制理论：模糊控制系统的结构和稳定性分析[J]．控制与决策，2000（02）：1-7.
[61] 应浩．关于模糊控制理论与应用的若干问题[J]．自动化学报，2001，27（4）：591-592.
[62] 王川川，赵锦成，齐晓慧．模糊控制器设计中量化因子、比例因子的选择[J]．兵器装备工程学报，2009，30（1）：61-63.
[63] 侯媛彬，杨学存．模糊控制器设计方法研究[J]．西安科技大学学报，2003，23（4）：448-450.
[64] 柴飞燕．基于 T-S 模型的模糊控制器设计[D]．兰州：兰州理工大学，2007.
[65] 钟元兴．润滑系统的监控[J]．设备管理与维修，2004（9）：38-38.
[66] 白永胜．容积式集中润滑系统探索[J]．价值工程，2014（11）：48-49.
[67] 王成勇，杨惠君．与机械要求相匹配的润滑系统设计[J]．润滑与密封，2006（02）：194-197.
[68] 史书义，韩峰，王云耀，等．汽车行业标准《汽车底盘集中润滑系统技术要求》的说明[J]．交通标准化，2003（5）：14-15.

[69] 金明新．行标 QC/T 696《汽车底盘集中润滑供油系统》修订综述[J]．交通标准化，2010（10）：29-31．

[70] 李学智，盛奎川，陈庆樟．车辆底盘集中自动润滑系统设计[J]．液压与气动，2010（05）：35-38．

[71] 彭晗，田振中，姚林晓，等．一种可视集中润滑装置：2015100743615[P]．2015．

[72] 彭晗．固定皮带输送机用的移动智能润滑装置：2016110077988[P]．2016．

[73] 彭晗．垂直螺旋输送机用的自动润滑装置：2016110084888[P]．2016．

[74] 张天宇．铝铁铸造链板机高效润滑装置的设计与研究[D]．马鞍山：安徽工业大学，2016．

[75] 丘铭军，郭星良，聂朝瑞，等．板坯连铸机润滑系统浅析及应用[J]．连铸，2018，43（2）：55-61．

[76] 胡启林，李建华，郭少军．胶带运输系统排土机干油集中润滑系统的设计改造[J]．化工设计通讯，2017，43（5）：246-246．

[77] 谷樑．干油集中润滑系统的特性分析及其应用[J]．工程技术：全文版，2016（07）：198-199．

[78] 文卫东．干油智能润滑发展及其在钢铁行业的应用[J]．设备管理与维修，2017（6）：119-120．

[79] 付子龙．集中干油润滑系统改进[J]．冶金设备管理与维修，2016（02）：49-51．

[80] 曹进利．智能干油润滑系统的分析及应用[J]．工程技术（文摘版）．建筑，2017（09）：00109-00110．

[81] 李利民，张吉胜，成富根．抱罐车干油集中润滑系统设计[J]．湖北工业大学学报，2013，28（4）：98-101．

[82] 赵静一，曹文熬，王彪，等．80t 抱罐车干油润滑系统分析与设计[J]．润滑与密封，2010（10）：112，121-123．

[83] 侯庚，张迎辉，周峰，等．矿用电动挖掘机推压减速器滚动轴承润滑状态分析[J]．矿山机械，2017，45（11）：9-12．

[84] 廉广社，太重，王勇澎，等．WK-55 型电动挖掘机推压减速器输出轴滑动轴承的新型润滑方式[J]．矿山机械，2018（02）：24-28．

[85] 杜德军，赵靖一．4m3 电动挖掘机干油集中润滑系统设计及安装[J]．润滑与密封，2006（5）：190-191．

[86] 姜军泽．挖掘机润滑系统故障的分析与排除[J]．科技创新与生产力，2011，3：88-89．

[87] 张强，吴云国，刘建中．WK-10A 型挖掘机润滑脂加注方式的改进[J]．工程机械与维修，2014（5）：146-147．

[88] 吴路遥．挖掘机自动润滑系统研究[D]．泉州：华侨大学，2018．

[89] 苗根蝉，刘晓星，郭世英．WK-35 电动挖掘机集中润滑系统润滑间隔时间控制方法的改进[J]．矿山机械，2011，39（1）：43-46．
[90] 赵鹏兵，张亚茹．大型电动挖掘机油脂润滑系统原理及故障排查方法[J]．工程机械与维修，2015（8）：111-111．
[91] 魏俞涌．车辆底盘自动集中润滑系统的研究及应用[D]．杭州：浙江工业大学，2009．
[92] 张宇，王建平，唐冶，等．车辆底盘典型润滑点集中润滑系统设计[J]．安徽工程大学学报，2019（2）：34-41．
[93] 王雄健，刘捷．SZS3081 型双线润滑系统在汽车底盘集中润滑系统中的应用[J]．城市公共交通，2019（4）：19．
[94] 金杨军，陈益敬，王振永，等．KHB 型高压油脂润滑泵在汽车底盘集中润滑系统中的应用[J]．城市公共交通，2017（8）：31-34．
[95] 李学智，盛奎川，陈庆樟．车辆底盘集中自动润滑系统设计[J]．液压与气动，2010（5）：31-34．
[96] 赵大平，温志建．基于小排量多润滑点的客车底盘自动集中润滑泵设计[J]．城市公共交通，2017（9）：25-26．
[97] 王静静，臧铁钢，张中．工程机械底盘智能多点润滑泵设计[J]．机电一体化，2014（A01）：78-81．
[98] 李瑞平．汽车底盘润滑系统控制器设计与开发[D]．沈阳：东北大学，2014．
[99] 黄挺．车载集中润滑系统应用总结及关键技术分析[J]．液压气动与密封，2010，30（12）：10-14．
[100] 常宝芳，贺方鹏．汽车底盘集中润滑系统的应用及改进[J]．客车技术与研究，2013（4）：27-29．
[101] 盛奎川，钱湘群，宋慧芝．车辆底盘自动集中润滑系统的控制方法及技术[J]．农业机械学报，2005，36（8）：30-33．
[102] 赵冬章，韩清水．车辆集中自动润滑新技术[J]．客车技术与研究，2007，29（1）：42-43．
[103] 王莉，苏波．智能集中润滑系统的研究与开发[J]．工矿自动化，2010，36（5）：8-12．
[104] 马宁．双线式干油集中润滑系统原理与故障诊断[J]．山东工业技术，2014（21）：22．
[105] 陈光福．干油集中润滑系统运行优化[J]．重钢机动能源，2014（2）：30-34．
[106] 张汝贵．新型干油自动润滑装置[J]．铸造技术，2011，32（5）：741-743．
[107] 马晓琴，张继承，张大威，等．智能集中润滑系统的应用[J]．山东冶金，2011，33（3）：79-80．
[108] 祝明叶，王跃民．集中润滑系统的技术改进[J]．河南冶金，2010，18（4）：48-49．
[109] 白耀欢．开口机稀油润滑系统研究与应用[J]．中国新技术新产品，2015（3）：53-53．

[110] 孙其奎．高炉开口机润滑系统优化[J]．中国机械，2015（20）：81-81．
[111] 岳岗，谭昕．济钢 1750 高炉气动开口机润滑系统的改造[J]．机械，2009，36（6）：79-80．
[112] 祁卫能，高伟东，张文星．自动润滑在 2500m^3 高炉开口机上的开发应用[J]．黑龙江冶金，2013，33（4）：16-17．
[113] 贾卫东．连轧管机主传动稀油润滑系统的改进[J]．科技创新与生产力，2011（11）：99-100．
[114] 韩功波，张锋，张亮，等．纸机稀油润滑系统的设计[J]．纸和造纸，2011，10：24-26．
[115] 刘宏杰，王文友，李杰，等．大型往复压缩机稀油站润滑系统的故障分析与改造[J]．流体机械，2009，5：46-48．
[116] 李毅．现代轧钢设备稀油润滑系统的变频控制[J]．一重技术，2009，5：36-38．
[117] 刘竹梅．高速线材轧机稀油润滑系统的控制[J]．机械管理开发，2002（2）：41-42．
[118] 冯冬梅，赵灵，史长禄，等．稀油润滑系统油箱的结构及设计[J]．机械工程与自动化，2013（1）：181-182．
[119] 高致富，张峰，韩功波．浅谈高速纸机稀油润滑系统的改进过程[J]．湖南造纸，2013（3）：26-28．
[120] 刘楚．稀油集中润滑系统新型过滤装置的研究[J]．重型机械，2013，5：38-41．
[121] 邹长星．XYZ-100 型稀油站管路流场数值模拟[D]．沈阳：沈阳理工大学，2010．
[122] 陈微．高线稀油润滑 D 站控制系统的研究与设计[D]．赣州：江西理工大学，2010．
[123] 闫小楼．基于 CFD 技术的稀油站系统管路参数优化研究[D]．沈阳：沈阳理工大学，2013．
[124] 王志明，任德强．浅谈稀油集中润滑系统污染的控制[J]．南钢科技与管理，2009（6）：33-35．
[125] 欧志勇．新型润滑油系统的应用及故障处理[J]．中华纸业，2014（4）：53-56．
[126] 胡平利，张士学，朱毅．集中润滑系统在旋挖钻机上的应用[J]．机械工程师，2014(7)：264-265．
[127] 李鹏来．30 万 t 横切生产线稀油润滑加热系统改造[J]．重型机械，2014（5）：91-93．
[128] 王鹏．精矫移动式辊盒齿轮箱稀油润滑系统改造[J]．液压气动与密封，2014（9）：47-49．
[129] 李旭丰，张德龙．稀油集中自动润滑系统在挤出机上的运用——谈真空挤出机的轴承润滑[J]．砖瓦，2012（6）：30-31．
[130] 夏永刚，李毅．现代轧钢设备稀油润滑系统的变频控制[J]．黑龙江科技信息，2010（8）：13．

[131] 韩清刚．浅析稀油润滑系统油温控制[J]．液压与气动，2010（3）：58-60

[132] 韦荣，谢欣，刘强．集中稀油润滑系统对于印刷机滚枕润滑作用的分析[J]．科技创新导报，2010（11）：47，49．

[133] 柴雪平，赵永喜，王建辉，等．WK-10B 电铲稀油润滑系统改进[J]．设备管理与维修，2017（1）：55-55．

[134] 保骏．如何维护使用稀油润滑系统[J]．现代冶金，2019，47（3）：69-70．